世界的扬州·文化遗产丛书

一座世界名城的文明多元化

——扬州瘦西湖景观历史演进的文化解读

编　　委：
董玉海　顾　风　冬　冰　张福堂　赵御龙　汤卫华
刘马根　徐国兵　姜师立　刘德广

总　　编：董玉海
主　　编：韩　锋
副 主 编：冬　冰　刘马根

著　　者：王鑫磊

组织编撰机构：
江苏省扬州市文物局（扬州市申报世界文化遗产办公室）

课题承担单位：
同济大学风景科学研究所　同济大学景观学系

课题组成员：
王鑫磊　朱莉丽　邓　菲　罗　凯　李文敏　杨　晨
刘悦来　宋艳霞　林　云　岑孟旦　邵　静　李　辰
徐婧舒　陈　青　杨　曦　缪凌琰　吴津锋　黄俊彪
石晶晶　张轶佳　马　芳　许吴彬

东南大学出版社

图书在版编目（CIP）数据

　　一座世界名城的文明多元化：扬州瘦西湖景观历史演进的文化解读/韩锋主编．—南京：东南大学出版社，2013.3

　　（世界的扬州·文化遗产丛书）

　　ISBN 978-7-5641-4122-6

　　Ⅰ．①一… Ⅱ．①韩… Ⅲ．①文化史—扬州市

Ⅳ．① K295.33

　　中国版本图书馆 CIP 数据核字（2013）第 036102 号

书　　　名：一座世界名城的文明多元化
　　　　　　——扬州瘦西湖景观历史演进的文化解读
出 版 发 行：东南大学出版社
社　　　址：南京市四牌楼 2 号　　　邮　　编：210096
出 版 人：江建中
责 任 编 辑：戴　丽　杨　凡
网　　　址：http://www.seupress.com

印　　　刷：利丰雅高印刷（深圳）有限公司
开　　　本：960mm×650mm　1/16　印张：16.25　字数：212 千字
版　　　次：2013 年 3 月第 1 版
印　　　次：2013 年 3 月第 1 次印刷
书　　　号：ISBN 978-7-5641-4122-6
定　　　价：58.00 元

经　　　销：全国各地新华书店
发行热线：025-83791830

本社图书若有印装质量问题，请直接与营销部联系。电话（传真）：025-83791830

序

郭旃　国际古迹遗址理事会（ICOMOS）副主席

满怀欣喜祝贺《世界的扬州·文化遗产丛书》成书，发行。

关于扬州，古往今来，不知有多少记录和描述。

这次，史无前例地，是在世界遗产的语境中，从全人类文明史发展进程的角度和高度，对扬州所可能具有的世界价值进行新的探讨；是对扬州的过去和现在广泛、深刻的再发现，再认识；是在吸收新的考古发现和研究成果的扎实基础上，梳理和依据确凿的事实和深邃的内涵，进一步发掘、升华和弘扬她的历史成就和当代意义；也是对扬州文化遗产保护新的全面推动、引导、促进、加强和发展；并将影响到扬州以外相关的方方面面。

世界范围的对比，是彰显一个文化、一处文化遗产组合的特质、意义和价值最令人信服的一种途径和方式。

千百年来，不同文化、不同族群、不同地域之间的和平交流和融合，始终是促进人类文明整体进步和繁荣最重要、最明显、最富有成效、不可或缺的因素之一。海上丝绸之路因而受到了联合国教科文组织一致、高度的重视；也因而，有了上个世纪八十年代末、九十年代初来自全球的学者和政府代表对丝绸之路的国际联合考察盛举。

扬州不仅在海上丝绸之路中熠熠生辉，而且牵挂着陆地丝绸之路的远行……

运河作为人类文明交流、沟通的动脉，是人类历史上最伟大的工程和创造。其对文明社会发展的保障和贡献，犹如循环往复、融会交流的大动脉；在古

序

代社会，其作用和意义更是无与伦比。

国际公认，中国的大运河无疑是运河中最伟大的一个。无论悠远的过去，还是磅礴的现在，中国大运河对于人类文明进步的影响和作用，都值得全世界赞叹和借鉴。

有国际同行深思和探问，可以看出，西方很多运河都体现出中国运河的古老技术和成就。但是，无论是已经被列入《世界遗产名录》的，还是那些其他的运河，迟于中国运河千余年的她们，是何时，经过何种途径、方式和过程，实现了跨世纪的引进和移植，还是一个谜。

而无论这个千古之谜的答案会有多少，可以肯定的是，和大运河的初创与发展始终密不可分的最著名城市扬州的千年风流，都会是谜底中一幅华丽的篇章。

也有哲人讲，作为人类最杰出成就之一的大运河对于沿岸历朝历代的人民来说，"不是生母，就是乳娘"。作为不同经济、文化发展区域结合点和特殊地理、水域汇合处的扬州，在运河初创和形成过程中的关键地位和作用，和她伴随运河而促生、延续与蓬勃扩展的繁荣，使得她无论在城市格局、建筑、规模、风貌，还是在融汇北雄南秀的综合文化内涵与人文气质，乃至政治经济地位和影响力等各个方面，都独占运河城市的鳌头。以致有国际同仁感叹，世界上再也找不出哪座城市，如扬州般与世间一条最伟大的运河如此相辅相成，造就如此的人间昌盛和永恒。哪怕是驰名的运河城市，荷兰的阿姆斯特丹。

说到扬州融汇的"北雄南秀"，还会想到她历史上特有的庞大的盐商群体，盐商文化，可追溯到战争与和平的瘦西湖，那独具一格的扬州园林，以及这一切关联着的社会政治经济制度和变迁。

世界遗产事业作为人类深层次、高水平、多维度大环保事业和人类可持续发展战略的一部分，不分民族、地域、国度、政体，受到普世的关注、重视、支持和热情参与，长盛不衰。

扬州丰富的内涵、特色和潜质，给扬州争取世界文化遗产的国际地位带来了极大的优势，但也造成了"纠结"——多样的可能和选择，多种机会，但可能只能优先选一。这体现在本丛书的内容和章节中，分出了几大类：瘦西湖、大运河和海上丝绸之路。

一般单从世界遗产的申报来讲，考虑到世界遗产申报的组合逻辑，及当前世界遗产申报限额制与国家统筹平衡的现实，首先申报与扬州历史城市特征及盐商文化传统密切相关，同时也与运河相呼应的瘦西湖、扬州历史城区和园林，妥善命名，作为一组申报，不失为一种选择。

在这一组合申报成功之后，再在合理调整内容的基础上，分别加入大运河、海上丝绸之路的申报组合，形成或交错形成扬州多重世界遗产的身份，是可行的。

另一种选择，作为大运河最突出典范的运河城市和最关键节点，首先参加大运河的世界遗产联合申报。这无疑在近期排除了再单独申报扬州为世界遗产的选择。但这应当不会削弱扬州整体的文化地位和内在的遗产价值，也不影响未来在海上丝绸之路申报世界遗产时的关联。

海上丝绸之路的世界遗产申报还没有近期的计划和预案。可以肯定的是，一旦行动，扬州必会是其中一个亮点。

扬州申报世界遗产的"纠结"源于她的优势，是一种挑战，但不是负面的问题。相信《世界的扬州·文化遗产丛书》会给我们很多相关的启示，进一步有助于"解题"，更加明确地全面促进和推动相关的研究、保护、解读和展示工作。

最要紧的是，扬州有着深厚的文化底蕴，有着不同凡响深爱着家乡和国家、具有高度文化自觉和文明水准的民众和来自四面八方的拥趸；有着顺应民意、

序

3

愈来愈重视文化遗产保护与传承的当地政府；还有一支淡泊名利，珍视历史使命和机遇，痴心文化遗产事业，又特别能战斗，求实认真，并日渐成熟的专业队伍。这使得相关的努力与世俗的"文化搭台，经济唱戏"不可同日而语，成果和效应也必然会泾渭分明。《世界的扬州·文化遗产丛书》的编辑出版就是又一次明证。

扬州从来就是一个开放的国际化城市。近几年在文化景观、运河遗产等文化遗产各个领域的国际研讨中，扬州又成了全世界同行的一处汇聚地和动力源。联合国教科文组织倡导的新形势下的"历史城市景观"（HUL）保护，扬州的实践也早就在其中。

全世界庆祝和纪念《保护世界文化与自然遗产公约》40周年的活动还在余音缭绕之际，在中华大地上，《世界的扬州·文化遗产丛书》为世界遗产这一阳光事业又奏响了新的乐章。

是为之序。

2013 年 2 月 18 日

序：让历史成就未来
——扬州文化遗产概述

顾 风

2007 年夏，在时任扬州市长王燕文的倡导下，我们鼓足勇气赴京参加了由国家文物局主持的大运河牵头城市的角逐，并最终如愿以偿。政府破例给了十个全额拨款事业单位的名额，于是招兵买马，网罗人才，筹建大运河联合申遗办公室，开始踏上原本我们并不熟悉的申遗之旅。五年过去了，我们这艘"运河申遗之舟"，涉江湖，过闸坝，绕急弯，正在一步步驶近申遗的目的地。五年之中我们在承担大量行政工作的同时，有机会与不同学术背景的中外专家、高校和科研机构接触、合作，通过环境的熏陶和实践的锻炼，我们这支队伍正在快速地成长进步，成为当下和未来扬州文化遗产保护的生力军。五年当中，我们通过对扬州文化遗产全面的研究梳理，2012 年我市被列入世界遗产新预备名单的申遗项目已从 2006 年仅有的"瘦西湖及扬州历史城区"扩展调整为"大运河（联合）、瘦西湖和扬州盐商历史遗迹（独立）、海上丝绸之路（联合）"三项。五年之中，我们另外的一大收获是，通过学习和探索，得以用新的视角对扬州的文化遗产及其价值做出判断和阐释，使我们对扬州这座伟大的城市有了更加清晰、贴近历史真实的深刻认识。

扬州是一座在国内为数不多的通史式城市，她的文化发展史可追溯到 6500 年前新石器时代中期，在高邮"龙虬庄"文化折射出江淮东部文明的曙光之后，便连绵不绝。进入封建社会以来，更是雄踞东南，繁荣迭现，影响中外。从汉初开始，吴王刘濞凭借境内的铜铁资源、渔盐之利，把吴国建成了东南地区最具影响力的经济文化中心。其后虽有代兴，但终其两汉，广陵的地位未曾动摇和改变。六朝时期，南北割据，战争频仍，作为南朝首都的重要屏障，

5

广陵战略地位的重要性凸显出来，成为兵家必争之地。隋文帝南下灭陈，结束分裂。一统天下后，在扬州设四大行政区之一的扬州大行台，总管南朝故地，扬州成为东南地区政治、经济、文化中心。杨广即位后，开凿大运河贯通南北，连接东西，扬州具有面江、枕淮、临海、跨河的优越交通条件。作为龙兴之地的扬州，顺其自然地跃升为陪都。中唐以前，扬州虽然有着大都督府或都督府的行政地位，但主要还是依靠隋朝历史影响的延续。

"安史之乱"爆发以后，北方广大地区遭受了严重破坏；北方人口躲避战乱，大量南迁；唐王朝依赖东南地区粮食和财富；国家的经济结构和布局发生了重大变化，不得不作出相应的调整。扬州成为东南漕运的枢纽和物资集散地，赢得了历史上难得的发展机遇，区位优势得到了整体的发挥。扬州成为长安、洛阳两京之外，全国最大的地方城市和国际商业都会。唐末扬州遭受毁灭性的破坏，此后，通过五代、北宋的修复，依然保持着江淮地区政治、经济、文化中心的地位。进入南宋，淮河成为宋、金分治的界线，而扬州则成了南宋朝廷扼淮控江的战略要地。城市性质发生了相应的变化，由一座工商繁荣的经济城市逐渐向壁垒森严的军事基地转变。蒙元帝国建立后，对全国行政系统进行了重大改革，行省制度的建立从政治上巩固了国家的统一，加强了中央集权。元代扬州作为江淮行省机关所在地，管辖范围包括今天江苏的大部、安徽省淮河以南地区、浙江全省和江西省的一小部分。作为东南重镇，其政治、经济地位和文化的影响力远在同时的南京、苏州等城市之上。明清扬州作为两淮盐业中心和漕运枢纽仍然保持着持续的繁荣，尤其在文化方面所具有的影响力和号召力并不因为行政地位的下降而有丝毫的动摇和变化。相反，到清代中期，愈发熠熠生辉，光彩照人。扬州的衰落始于盐业经济的衰落；继之于上海、天津等地的开埠；江南铁路铺设；漕运中止；商业资本大量转移。在这些因素的综合作用下，熊熊的火炉渐渐地失去了以往的能量和温度而慢慢地熄灭。失去了历史风采的扬州，最终不得不让位于上海。这座兴盛于汉，鼎盛于唐，繁盛于清，持续保持了两千年繁荣的城市曾经为中国封建社会的发展进步作出过巨大的贡献，也因此经受了无数次的毁灭和重生。

大运河（扬州段）　盘点扬州文化遗产，大运河和扬州城遗址具有举足轻重的分量和特殊的价值。邗沟是中国最早开凿的运河之一，同时也是正式见诸史籍记载的最早的运河。邗沟的开凿为千年之后大运河的开凿起到了重要的示范作用，这是大运河扬州段的价值之一。其二，自春秋以来，扬州段运河的开凿和整治以及城市水系的调整几乎没有停止过。运河在扬州段形成了交通网络和水系，也形成了运河历史的完整序列，扬州段的运河就是一座名副其实的运河博物馆。其三，由于古代扬州优越的地理位置和经济地位，扬州从唐代开始，一直是漕运的枢纽，所以无论是隋开大运河以后，还是元开南北大运河以后，扬州段的地位都极为重要。其四，作为承担历代漕运繁重任务的运河淮扬段在处理与长江、淮河、黄河三大自然水系的诸多矛盾的过程中，在中国这一用水治水的主战场上，集中使用了最先进的治水理念和水工技术。其五，漕运停止了，北方的运河渐渐失去了活力，有的甚至消失得无影无踪。作为今天北煤南运的重要通道，作为南水北调的东线源头，扬州段的运河还呈现着勃勃生机，这种充满活力的状态不仅体现了大运河这个世界运河之母的强大生命力，也是对大运河这一大型线性活态文化遗产价值的有力支撑。

在农耕文明生产力水平十分低下的条件下，古人"举锸如云"，用血肉之躯开凿运河把一座座城镇联系起来，运河的形成又为沿河城镇提供源源不断的能量，让城镇得以成长和兴旺，同时还不断催生出新的城镇，运河不断积累着中华民族的智慧和经验，也不断促进着中国封建社会的繁荣与进步。

尽管运河城市大都有着相似的成长的经历，但是扬州城市和运河同生共长的历史和城河互动的发展关系堪称中国运河城市鲜活的杰出范例，同时也体现着扬州文化遗产的特殊价值。大运河孕育了扬州的多元文化，大运河也成就了扬州两千年持续的繁荣。

扬州城遗址（隋—宋）　扬州城遗址面积近 20 平方公里，是通过专家评审遴选出来，又经国家文物局正式公布的全国 100 处大遗址之一。把一个联系着城市的前天、昨天和今天的遗址公布为全国重点文物保护单位，它的突出及普遍价值在哪里呢？首先，扬州在文明发展进程中具有历史中心的地位和作用。长期以来作为国家或区域性的政治、经济、文化中心，它的作用和影响长期超越地域范围，是代表国家民族身份的。其次，由于城市东界运河，南临长江，特定的地理环境决定了城市的发展空间和发展模式。扬州城的历史发展变化具有空间和时间上的延续性，有别于长安、洛阳那些具有跨越发展特点的城市，从而成为中国历史城市类型的独特范例。其三，扬州兼有南方城市、运河城市、港口城市的性质，因此它在城市形态、城市水系、城市交通、建筑风格方面都有着鲜明的特点。其四，曾经作为国际国内的商业都会、对外交往的窗口、漕运的枢纽、物资集散地和手工业生产基地，扬州城遗址蕴藏的文化内涵是极为丰富的。它的考古成果对研究中国城市的发展历史十分重要。其五，城市制度的先进性。作为繁华的经济中心，发达的商业和手工业必然对城市的布局、功能分区有所影响，并在城市制度方面也应有所体现。根据史料记载，唐代扬州是有别于两京，率先打破里坊制，出现开放式街巷体系的城市。扬州热闹的夜市，丰富的夜生活，赢得了中外客商和文人雅士的由衷赞美。扬州城市制度划时代的变革对中国城市产生了深远的影响。其六，正因为扬州城存在着发展空间和时间上的延续性，所以城市遗址是属于层叠形态的。它的物理空间有沿有革，但始终存在着有机的联系。尽管扬州历史上屡兴屡废，大起大落，但城市的性质是延续的，城市发展规律还是渐变而非突变的。

明清古城　明清古城位于扬州城遗址的东南部，面积仅有 5.09 平方公里，属于全国重点文物保护单位扬州城遗址的重要组成部分。作为扬州主要的文化遗产，它的价值也是多元的。第一，历史空间和历史风貌。作为明清时代扬州的主城区，它是在元末战争结束之后，当时根据居住人口和经济状况重新规划建设的。但很快随着经济的发展和人口的增加，在城市东部出现了新的建城区，最终在嘉靖年间完成了新城的扩建，形成了新城、旧城的双城格局。明清古城蕴含着城市 600 年来大量的历史信息，尤其还保存着真实并相对完整的历史风貌和历史空间；第二，复杂而发达的街巷体系。由于商业的繁荣和高密度的居住人口，为不断适应城市生活的需求，交通组织需要作出相应的调整。复杂而发达的街巷体系成为了扬州独特的城市肌理。第三，城市物理空间的组织和利用。城市物理空间的组织利用水平体现了前人的智慧和能力。明代后期扩建新城一定程度上满足了城市功能的需要，缓解了人口居住的压力。但入清以后，随着盐业经济的迅猛发展，大量外地人口的迁入，这一矛盾又凸显出来。由于运河流经城市的东界和南界，建城区的扩张受到空间的制约。解决问题的有效办法只能是提高城市土地和空间的利用率。狭窄的街巷、鳞次栉比的建筑，凝聚着千家万户的智慧。不同的空间，不同的形式，在这里得到了统一；通风采光的共同需求在这里得到了满足。前人这种高度节约化又体现和而不同的城市规划成果，不仅赢得了当今国际规划大师的赞叹，也足以让众多死搬洋教条的规划师们汗颜。第四，建筑风格的多元化和对时尚的引领。扬州从历史上来说就是一个移民的城市，毁灭与重生，逃离和汇聚，在这里交替发生。商业都会的地位、漕运的枢纽、盐商的聚居，各省会馆的设立，带来了安徽、浙江、江西、山西、湖南等不同地域的建筑

9

文化。这些不同的建筑文化在扬州并不是被简单的复制，而是通过交流、融合，在结构、布局、功能分配甚至工艺、材料的运用上都不断创新，最终汇集为外观时尚新颖，内涵丰富多元的扬州地方建筑特色。博采众长，开放包容，和而不同作为扬州文化的主旋律在扬州建筑文化方面表现得十分直观和生动。扬州式样在引领时尚的同时，也不断辐射和影响着周边省市。第五，盐商住宅的独特价值。两淮盐业经济是扬州的传统产业，明清时期盐业成为这座城市赖以生存和发展的支柱产业。由于靠盐业垄断经营，作为两淮盐业中心的扬州，自然成为盐商聚集的首选之地。扬州在唐代就拥有许多以姓氏命名的私家园林，在盐业资本的作用下，盐业经济呈现出畸形繁荣。建造豪宅、庭园成为一时风尚。个性设计、外观宏伟、结构严整、功能齐全、材料讲究、工艺精湛、园亭配套，成为这类建筑的基本特征。现存的这批盐商宅、园既是扬州盐商的生活遗迹，也是曾经对中国经济、文化产生重要影响的扬州盐商的历史符号。更是中国建筑艺术的不朽作品。它们的独特形态和价值有力地支撑了明清古城的风貌和内涵。第六，传统生活方式的延续和传承。尽管扬州一直以来是一个移民城市，来自不同地域的人们从四面八方带来了不同的文化和习俗。加之盐业经济长期以来对城市生活的深刻影响，扬州的城市生活方式本应该是庞杂无序的。恰恰相反，扬州的城市性质和地位让扬州产生了超强的包容性和融合力，海纳百川，终归于一。扬州不仅有着自己独特的生活方式和风俗习惯，也有着自己的社会秩序和价值取向。丰富的传统节庆活动，和谐的邻里关系，相近的价值观念和人生态度。这种依附于城市特色物理空间的非物质文化遗产同样承载着城市的历史记忆，凝聚着城市的精神，反映了城市的个性，体现着城市的核心价值。

瘦西湖　瘦西湖历史上称保障河，是扬州文化遗产中的奇葩。它的前身原本是隋唐、五代、宋元、明清不同时代城濠的不同段落。作为城市西郊传统的游览区，对它的开发利用可以追溯到隋代。明清之际，在盐业经济的刺激下，盐商群体追求享乐，在历史景观的基础上，扬州的造园活动形成了新的高潮。这种风气从城市延伸到郊外。不同姓氏的郊外别墅和园林逐渐形成了规模和特色，扬州水上旅游线路正式形成。营造园林的市场需求吸引了国内，主要是江南地区的造园名家和能工巧匠向扬州汇聚；同时，本地的营造技术专业队伍也迅速地成长壮大。入清以后，康熙皇帝多次南巡，两淮巡盐御史营建高旻寺塔湾行宫，给扬州大规模的营造活动增添了政治动力。之后，乾隆皇帝接踵南巡，地方官员依赖盐商的雄厚财力，对亦已形成的盐商郊外别墅园林进行大规模的增建、扩建，并着力整合资源，提升景观品质，完成了以二十四景题名景观为骨干的扬州北郊二十四景，实现了中国古代造园史上最后的辉煌。瘦西湖景观作为文化景观遗产具有以下的价值：

一、景观艺术价值。瘦西湖景观是中国郊外集群式园林的代表作。瘦西湖狭长、曲折、形态丰富的水体空间，园林或大或小，建筑或聚或散，或庄或野，形成带状景观，宛如一幅中国传统的山水画长卷。它是利用人工，因借自然的典范；是利用人工妙造自然的杰作，极具东方艺术特质和审美价值。体现了清代盐商、文人士大夫和能工巧匠师法自然的追求；与自然和谐合一的理想。在这个景观之中，一座座园林，一处处景观象画卷一样徐徐展开，气势连贯，人工与自然天衣无缝地融为一体。

二、历史文化价值。瘦西湖景观经过历代演变，层累的历史记忆，深厚的文化内涵，使之最终形成了中国景观设计的经典作品。它既是中国文化景观发展史的缩影；代表了清代中期、中国景观艺术的伟大成就；见证了17—18世纪扬州盐业经济的繁荣和对国家经济文化生活的影响；见证了清中期盐商群体与封建帝王、官员和文化人相互依存的特殊社会关系；也见证了财富大量集聚对社会文化振兴和城市建设发展的特殊贡献。

三、体现人和自然和谐互动的价值。瘦西湖景观是城市聚落营建与水体利用充分结合的杰出范例。它在形成和发展过程中始终兼具城防、交通、生态、游赏等多种功能，与城市发展和人居环境存在着紧密的联系。同时，它在不同阶段功能各有侧重，生动地体现了人与自然和谐互动的关系。

四、瘦西湖景观折射出现世性价值取向。瘦西湖景观体现了造园者和文人雅士模仿自然、寄托理想、营造精神家园的共同追求；也反映了前人对山水的热爱，自然的尊崇和美的认知。2000多年来，扬州饱经战争的浩劫，战争的残酷成了这座城市痛苦悲摧，挥之不去的集体记忆。在和平的年代里，在繁华的现实中，人们追求及时行乐，注重感官享受，崇尚现世幸福，在城市的文化精神和价值取向上呈现出显著的现世性特征。这种现世性价值取向也深刻地影响了扬州景观的审美取向和使用功能。与东晋诗人谢灵运开辟的以寻求自然与隐逸，体现"人"的主体性为特征的中国文人的山水审美相比，瘦西湖景观则具有浓重的世俗社会色彩，大众文化情趣，呈现出更加鲜活的生命力。

五、瘦西湖景观诠释了战争与和平。扬州自古以来就是兵家必争之地。城濠是城市防御系统的基本设施。战争对城市的毁灭性破坏，城市政治、经济地位的变化都会对城市产生重大影响。因为城市的变迁，废弃了的城濠成为了城市变化的历史记录。能否化腐朽为神奇，考验着古代扬州人的智慧。饱受战争之苦的扬州人民把对战争的厌恶憎恨和对和平美好生活的向往追求的情感投向了这些水体和岸线；用千年的热情，持续地努力，把它改造成充满生活情趣和自然之美的景观带和风景区。化干戈为玉帛，瘦西湖成为战争与和平的矛盾统一体，瘦西湖风景区的前世今生，向全世界诠释了一部战争与和平的动人故事。

海上丝绸之路遗产 扬州是陆上丝绸之路与海上丝绸之路的连接点，它与海外的交通可以追溯到西汉时期。唐代扬州成为名闻遐迩的国际商业都会，又是中国的四大港之一。它不仅与东北亚的暹罗、日本有着频繁的联系，而且与东南亚、南亚、西亚、东非有着贸易的往来。大量西亚陶瓷的出土，印证了史籍上关于扬州有着大食、波斯人居留的记载；城市遗址发现的贸易陶瓷其品类与上述地区9、10世纪繁荣的港市出土的中国陶瓷有着惊人的一致性；印尼爪哇岛"黑色号"沉船打捞出6万多件瓷器和带有"扬州扬子江心镜"铭文的铜镜；扬州港作为中国最早、最重要的贸易陶瓷外销港口，"陶瓷之路"起点的地位和作用越来越清晰；成功派遣到大陆的13次日本遣唐使节，其中有9次是经停扬州的；鉴真东渡，崔致远仕唐，商胡贸易这些文化交流事件影响至今。南宋以来特别到元代，扬州是中外交流另一个重要的历史时期。穆罕默德裔孙普哈丁在扬州建造仙鹤寺传播伊斯兰教，最后埋骨运河边；一批阿拉伯文墓碑和意大利文墓碑出土；基督徒也里可温墓碑的发现；加之，著名旅行家马可·波罗、鄂多立克，伊本·白图泰等人在扬州的行迹证明侨寄扬州的外国人不但数量多，且来源广泛。道教、佛教、伊斯兰教、基督教并存的状况反映了扬州国际化的提升和文化交流的成果。

"海上丝绸之路"属于文化线路遗产。从公元前2世纪开始到公元17世纪，扬州作为中国对外经济文化交流的重要窗口，一直发挥着作用，但它的突出历史地位是在唐代，重点在公元8、9世纪的中晚唐时期。由于历代战争的严重破坏，城市的变迁，长江岸线的位移变化，扬州与海上丝绸之路相关的文化遗产已经很少，除了扬州城遗址（隋—宋）以外，直接相关的遗产点有大明寺、仙鹤寺、普哈丁墓园等。幸好还有扬州城遗址不断出土的考古资料做支撑，大量史籍记载作证明。

扬州海上丝绸之路文化遗产价值主要体现在这几个方面：

一、对佛教文化的东传的贡献。扬州自东晋、南朝以来，就是与朝鲜半岛进行政治文化交流的主要城市之一，也是佛教东传的重要节点。特别是作为新罗使节、日本遣唐使、留学生、留学僧登陆、经停的主要城市，扬州不仅具有特殊的经济地位，同时也是佛教传播的重点区域，它在佛教东传过程中的桥梁作用是独一无二的。鉴真东渡作为佛教东传过程中的重大历史事件，其在文化交流史上的意义超出了宗教本身。

二、在伊斯兰教传播过程中的作用。早在伊斯兰教创立之前，扬州就有大食、波斯人的踪迹和祆教的活动。伊斯兰教创立不久，从海上丝绸之路到达扬州的大食、波斯及东南亚地区的人越来越多，扬州成为他们在中国经商贸易的基地和传播宗教的场所。这种传播活动在唐以后，又形成了新的高潮。伊斯兰教的传入，丰富了中华文化的内涵，体现了中华文明多元并蓄，包容一体的特点。

三、见证了海上丝绸之路带来的繁荣。唐代扬州不仅是国内最大的商业、手工业中心，也是中外商品十分齐全，闻名世界的国际市场，当时它在世界上的知名度和影响力如同今天的纽约、巴黎、伦敦、上海一般。大食、波斯、东南亚地区的商人带来珠宝、香料、药材，运回中国的陶瓷、茶叶、丝绸和纺织品、金属器皿。扬州不仅是本国商人最理想的经商目的地，也吸引着大批国外的商贾聚居于此。就连各地行政机构也在扬州设立办事机构，从事贸易活动。通过海上贸易往来和交流，扬州增进了与世界上不同国家和地区的相互了解，推动了文明的进步，对世界也产生了深远的影响。

四、见证了陶瓷之路的兴盛。古代中国通过海上贸易最大宗的商品不是丝绸而是陶瓷，海上丝绸之路实际上也是海上陶瓷之路。扬州是唐代四大港口中地理位置和经济地位最为重要的港口，也是陶瓷贸易的主要港口。当时南北各地生产外销瓷的主要窑口，如浙江的越窑，江苏的宜兴窑，河北的邢窑、定窑，河南的巩县窑，江西饶州的昌南窑，湖南长沙的铜官窑，广东汕头窑等都把产品运到扬州，再远销东南亚、南亚、西亚，甚至东非。迄今为止，国内还没有哪一个城市遗址出土过数量如此巨大、品种如此丰富的陶瓷实物和标本。扬州的考古成果不仅见证了陶瓷之路的繁荣，也见证了扬州为中国陶瓷走向世界所做的历史贡献。

五、见证了中外文化交流的成果。作为当时中国经济中心的唐代扬州，在中外交流方面既能绽放美丽的花朵，更能结出丰硕的果实；既有量的积累，也有质的提升。中国的建筑艺术、造园艺术、中医中药，包括陶瓷、茶叶以及漆器等各类生活用品通过扬州传播出口到朝鲜半岛、日本、东南亚、南亚、西亚等地。对各个国家各个地区的审美观、价值观，包括生活方式都产生了长远的影响。与此同时，通过扬州这个交流窗口和平台，唐人引进了制糖工艺；改进和提升了金银器加工工艺技术；学会了毡帽等皮革制品的制作。"划戴扬州帽，重薰异国香"成为唐代社会上青年人追求的时尚，扬州毡帽成了炙手可热的畅销品。

长沙铜官窑的窑场主把在扬州市场上获取的经济信息迅速反馈给生产基地。他们通过外国商人了解西亚地区的风土人情、生活习惯、审美要求，甚至在外国商人的直接指导下，对外销产品进行包装、改进，确保实销对路。年青的长沙窑力压资深的越窑，一跃而成为中国唐代外销瓷的主角。同样，河南巩县窑，在三彩器物的设计、制作上也成功吸引了西亚文化元素。更值得一提的是，由于迎合西亚游牧民族的色彩喜好和风俗习惯，巩县窑还创烧出青花这一外销瓷器新品种，并从扬州出口进行试销。

扬州是一个通史式城市，传统的海上丝绸之路上的重要港口、古代的世界名城。今天我们用世界遗产的视角和标准对其保留的文化遗产进行审视和评估，我们既看到遗产历史跨度大，内涵丰富，具备潜质的综合优势之余，也看到遗产在真实性、完整性方面存在的不足和问题。尽管遗产数量较大、类别众多，但特色不够鲜明，质量不够优秀。扬州如同是一个参加竞技体育比赛的全能运动员，当他在参与每个单项赛事的时候，却没有绝对优势可言。这就需要我们用世界遗产的标准，而不是自订的标准；用文化的眼光，而不是行政的眼光；用敬畏审慎的态度，而不是随心所欲，急功近利的态度；用科学的手段，而不是普通的手段；对扬州现有的主要文化遗产进行深入研究，科学规划，整体保护，不断修复，全面提升，有序利用，合理利用。保护文化遗产是一项系统工程，需要有爱心，有信心，有决心，有耐心，有恒心，坚持不懈地做下去。

回顾新中国成立以来，扬州文化遗产保护的不平常的经历，从军管会一号通令开始，历经十几届政府的接力，依靠三代人的努力……在实践过程中，我们有经验、有心得、有贡献，但也有迷惘、痛苦、教训和失败。

扬州的文化遗产保护之路是中国文化遗产保护艰巨历程的缩影，新任扬州市委书记谢正义在总结扬州文化保护经验的时候说到，扬州文化遗产保护之所以取得这样显著的成绩，原因是多方面的。但从政府层面上总结，是因为我们舍弃了一些短期利益；克制了一些开发的欲望；控制了一些发展的冲动。值得中国城市的管理者尤其是历史文化名城的管理者思考和借鉴。

中国是世界文化遗产大国，多元文化内涵，连续发展的历史，创造和形成了富有民族个性特点的灿烂文化和与之相对应的文化遗产。但我们国家的文化遗产保护起步较晚，力量单薄。在砸烂旧世界、创造新世界的口号声中，我们原本饱经战乱，损毁严重的文化遗产更是雪上加霜。此后，又经历"文化大革命"急风暴雨的洗礼。改革开放以后，倡导一切以经济建设为中心，文化遗产保护事业更面临着空前的压力和全新的考验。三十年改革开放取得了伟大的成就，但如今需要对我们的发展方式进行反思和调整。唤起文化自觉，以高度的文化自觉来保护民族的文化遗产是时代的新要求、新任务，也是社会主义政治文明和精神文明建设的重要内容。当前，从世界范围看，对文化遗产的态度是衡量一个国家，一个民族，一座城市，一个社会人文明与否的重要标尺。一个不能敬畏自己的历史，不尊重自己文化的民族是可耻的，也是可悲的。乐观地估计，通过经济发展方式的转变，管理考核机制的调整，政府管理者文化遗产保护意识的增强和文化自觉的提升，全社会文明素质的提高，再有十五年至二十年，我们硕果仅存的文化遗产才能度过危险期。

在我们继往开来向更高水平的小康社会迈进的历史发展关键时刻，我们这座具有近 3000 年历史的城市即将迎来 2500 年城庆的喜庆日子。对一座城市来说，我们需继承物质遗产，但更需要积累精神财富，因为精神遗产对城市的作用更久远，更长效。我们申遗办的同仁在日常承担三项繁重申遗任务之余，对近几年的研究成果进行了梳理和筛选，编写出这套文化遗产丛书。它不仅记录了扬州申报世界遗产的足迹，反映了申遗工作的研究成果，同时也寄托了大家对这座伟大城市的深情和敬意。这套丛书也是我们向扬州 2500 年城庆献上的一份小小的礼物。

回忆过去，展望未来，我们愿同城市的管理者、建设者和全体人民一道，为把这些属于扬州、属于中国、属于全世界的系列文化遗产保护好、利用好作出我们应有的贡献！让历史告诉今天，让历史告诉未来，让历史成就未来！

2013 年 2 月 28 日

序：让历史成就未来——扬州文化遗产概述

目　录

第1章

1

瘦西湖

形成过程中

各阶段扬州政治、经济、文化地位及其特征

WATEr

在《2500 年，战争与和平的交响——扬州瘦西湖文化景观的历史断代研究》一书中，我们已经探讨了瘦西湖水系和景观的形成历程，以两条线索分别论述了瘦西湖不同方面的形成过程。下面我们将探寻在瘦西湖形成过程中，其所依赖的更大空间——扬州城市的背景，如不同历史时期扬州的地位变迁，以及不同文化特征在扬州、在瘦西湖如何体现，并进而形成瘦西湖所独有的景观文化。

首先，我们要研究的是瘦西湖形成过程中，各阶段扬州的政治、经济、文化地位及其特征。要顺利展开这种论述，就必须对《2500 年，战争与和平的交响——扬州瘦西湖文化景观的历史断代研究》的两条线索进行整合，否则就会陷入自相矛盾的境地。通过将瘦西湖的水系和景观两方面进行有机整合，我们认为瘦西湖的形成，综合起来可分为四大阶段：第一阶段，隋代以前，这是瘦西湖水系和景观发轫的时期，体现为瘦西湖 C 段水体雏形的奠定以及大明寺、吴公台和徐园等景观或景观意象的开始出现。第二阶段，隋至北宋，这是瘦西湖水系和景观大致奠定的时期，显著特征是瘦西湖 A 段水体的形成，天宁寺、平山、谷林堂、观音阁等景观以及迷宫、九曲池、二十四桥等景观意象的显现。第三阶段，南宋至明，这是瘦西湖水系和景观体系多元转型的时期，主要表现为瘦西湖 B 段、D 段水体出现，这样瘦西湖水系的骨架基本形成；崔伯亨花园、法海寺、红桥等景观也初具规模，因而瘦西湖景观体系的轮廓也大致具备了。第四阶段，清代以来，这是瘦西湖文化景观最终形成的时期，具体体现在瘦西湖水系的精细化和瘦西湖园亭景观的全面形成上，尤其是随着乾隆水上游览活动，将瘦西湖推动成为了一个整体。这一阶段包括清前期瘦西湖文化景观的鼎盛，清末民国的衰败，以及当代的重建和复兴。

扬州历史上曾经几度兴盛，又几度衰落。最繁盛的时候，号称全国第一；最衰败的时候，被称为芜城，荒无人烟。我们将按照上述分期法，具体探讨瘦西湖形成过程中各阶段扬州政治、经济、文化地位及其特征。

首先必须清楚的是，"扬州"一词，在历史上是有着不同含义的。关于这一点，清人姚文田有简短而精辟的论述：

> 扬州之名，昉于《禹贡》，广陵其境内地也。汉武帝置十三州刺史，以广陵国属徐州，自是扬州或治历阳，或治寿春，或治建业，或治建康，或治会稽，皆于广陵无预。隋开皇九年，扬州始治广陵。唐武德初，又徙润州；至九年，还广陵，继此乃不复迁改。至其疆域之分合，属邑之废置，又代有不同……古扬州为唐九州、虞十有二州之一，分域最广。扬州北距淮，东南距海。《禹贡》曰："淮海惟扬州。"《周礼·职方》曰："东南曰扬州。"（《通典》）今州仅汉广陵一郡也。[1]

也就是说，西汉至隋这段时期的扬州，包含甚广，却与今扬州无涉。隋唐以来，"扬州"逐渐固定为指江淮间大运河所经之南部区域，即今天扬州所在的地理范围。因此，我们必须注意区分隋代以前的扬州和隋唐以后的扬州之间的关系，当描述隋代以前的情形时，尽量避免称呼"扬州"，而尽可能称呼广陵或江都等当时的名字。

---

[1] 姚文田：《广陵事略》，广陵书社，2003年，第1页。

1.1　瘦西湖景观发轫时期扬州的地位与特征

隋代以前，瘦西湖文化景观处于发轫时期，这时候水系只形成了 C 段的雏形，景观和景观意象也只有大明寺、吴公台、徐园等几个，至于其所背倚的广陵（今扬州），这段时期，虽然也有波折起伏，但总体上处在一个地位不断提升的过程中。

简而言之，春秋末年至西晋时期，今天扬州所在的地方，总体上来说，城市规模不是很大，地位不是很高，不过期间也有辉煌之时，大致集中在两个较短的时期：一个是春秋末年至战国初年，即吴王夫差和越王勾践北上争霸中原的时候；另一个是楚汉相争至西汉初年，也就是项羽都江都和吴王濞统治吴国的时候。如果我们将整部扬州史看成一条上下波动的曲线，那么吴王濞时期是广陵（今扬州）史上的第一个"波峰"。其他时期大多默默无闻，尤为悲惨的是吴、魏对峙的三国时期，广陵成为无人区，这是扬州历史上第一次成为"芜城"。也是广陵（今扬州）史上经历的第一个"波谷"。东晋南朝时期，尽管数次成为"芜城"，但广陵（今扬州）都迅速恢复过来，总体上来说是史上地位较高的一段时间，主要表现在军事和政治方面。当时广陵所在的"兖州"或"南兖州"，是江南政权的北大门，也是经略北方的主要基地，因而常常统御整个江淮地区的军事；同时在政治上，（南）兖州长官的地位仅次于首都所在的扬州（即建康，今南京）及其东大门徐州（后称南徐州，今镇江），居南中国第三位。

下面我们将就这一时期扬州（广陵）的政治、经济、文化地位及其特征，进行具体的阐述。

自周敬王三十四年（前486），即鲁哀公九年，"吴城邗，沟通江淮"[1]，今扬州地区开始见诸史传。杜预注云："于邗江筑城穿沟，东北通射阳湖，西北至末口入淮，通粮道也。今广陵邗沟是。"周元王三年（前473），即鲁哀公二十二年冬十一月丁卯，越灭吴，扬州地遂入于越。

此后吴、越两国数次北上称霸中原，邗沟与邗城的作用都是极其重要的。邗沟沟通长江与淮、泗河，使得吴、越的"舟师"可以在东部平原河网地带纵横驰骋，对于习惯车、步战的中原诸侯国来说，这是很难限制与抵御的。尽管吴、越也还是会通过海上进攻齐国，但是一则海上风浪大，风险高；另则齐国沿海的防御也相当齐备，由海上进攻，吴国曾经吃过大败仗。还有就是吴、越两国北上的目的都是想称霸中原的，这样就必须深入中原腹地，由海路入淮则可，入黄河显然不现实。而运河的作用不仅是输送水军，最主要的还是"通粮道"，即作为漕运这一项基本功能，以加强后备补给。联系吴王夫差在修邗沟之后又凿通"菏水"，就可知道邗沟显然是发挥了大作用的。同时，作为邗沟沿线的城市，同时又襟带大江、临近大海，邗城的战略地位是无比优越的。这是江南大国吴、越北上、西进的枢纽，又是囤聚粮草、补充兵源的基地，在两国奉行"北霸中原"国策的日子里，邗城这一战略要地的重要性，当仅次于太湖流域和钱江流域的国都。

[1]《左传·哀公九年》。此据陈戍国撰《春秋左传校注》（岳麓书社，2006年，第1273页）、赵生群注《春秋左传新注》（陕西人民出版社，2008年，第1031页）、李梦生注释《左传今注》（凤凰出版社，2008年，第730页）等。《春秋左传集解》（上海人民出版社，1977年，第1762页）标点为："秋，吴城邗沟，通江、淮。"（上海古籍出版社1997年版同）不少书、文这样标点，是不理解邗城与邗沟之关系。

周显王三十五年（前 334），楚并越，尽取吴旧地至浙江[1]。楚怀王十年（前 319），城广陵[2]。秦王政二十四年（前 223），并楚地入于秦，既称帝（前 221），分京畿以外地区为三十六郡，广陵属薛郡，后属九江郡[3]。

这段时期扬州的地位比较尴尬，基本上处在被忽视的境遇。楚国虽然建立了广陵城，但是由于其政治中心在江汉平原的郢或淮河上游的陈、寿春，经济重心也在彼，而其努力的方向又是中原腹地，故对远在僻壤的广陵城并未投入过多的关注。秦代，广陵也只是县级政区，显然没有被重视。

秦末天下大乱，豪强蜂起，西楚霸王项羽称雄一时，曾短暂定都江都，统有九郡之地[4]，今扬州历史上第一次成为高级政治区域驻地，由此开启了扬州又一段光辉岁月。汉高帝六年，封荆王刘贾于此，统三郡五十三城；十一年，其封地为吴王濞继承，改荆国为吴国，治广陵[5]。"刘濞是个很有作为的王子，有强烈的政治欲望。他在吴王任内，利用江、淮间丰饶的自然资源，积极进行活动，招纳所谓'亡命'之徒，铸钱、煮盐，并开邗沟支道从茱萸湾（今俗名湾头）向东延伸，通海陵仓（在泰州境），以捍盐通商，在境内减轻百姓赋税……刘濞在广陵期间，除发展经济之外，还很重视文化活动。他招致了一批富有才学之士，有吴人庄忌[6]，齐人邹阳，淮阴人枚乘等。来自南、北两方的诗人、作家

[1]《史记·越世家》。
[2]《史记·六国年表》。
[3] 据何慕：《秦代政区研究》，复旦大学 2009 年博士论文（未刊）。
[4] 参见刘文淇：《项羽都江都考》，收入《扬州丛刻》二。
[5]《史记·吴王濞传》。
[6]《汉书》避汉明帝讳，写作严忌。

第 1 章 瘦西湖形成过程中各阶段扬州政治、经济、文化地位及其特征

在一起生活、活动，广陵一时成为全国的文学中心，这是前所未有的盛事，在文化史、文学史上很值得重视。枚乘的著名作品《七发》即写于这个时期。邹阳的作品有《上吴王书》和《狱中上梁王书》，都很有文采[1]，庄忌的作品有骚体《哀时命》一篇[2]，他把大诗人屈原的诗风带到了中原。庄忌、邹阳、枚乘等在广陵的文学活动，流风余韵，影响深远。"[3] 正因如此，后来扬州"大王庙"在供奉吴王夫差的同时，也将吴王濞附祀。

值得注意的是，吴王濞时期的广陵，还是此后扬州多种文化的创始期。运河文化虽然始于吴王夫差时期，但是当时仅仅是以军需为目的的，此后相当长的时间内，邗沟对于江淮间经济文化的交流，起了多大作用，也很难说。但是吴王濞时代，运河确实起到了转输干道的作用。因此，说扬州的运河文化真正开始于此时，也不为过。不但如此，因为吴王濞在东海煮盐，并开凿了运盐河，所以，后来成为扬州支柱产业的盐业，也兴起于这时候。从修运河运盐来看，当时盐业规模无疑是很大的，这么大的产业，不可能不通过商人来进行贸易，所以我们说扬州的盐商文化也始于此时。再者，枚乘、庄忌、邹阳等的活动也表明，扬州士大夫文化（或曰士人文化）的发源，应该也是在吴王濞时期。更有甚者，因为此前广陵城市和人口规模的局限，不大可能产生较繁荣的市民文化，而吴王濞时代，广陵城成为全国有数的大都会，因此，扬州市民文化也当源于此时。

[1] 收录在《昭明文选》卷39。
[2] 收录在《楚辞》中。
[3] 李廷先：《唐代扬州史考》，江苏古籍出版社，2002年，第5页。

吴王濞发动的"七王之乱"被迅速平定之后，西汉政府改吴国为江都国，后又改为广陵国。东汉或为郡，或为国，而幅员基本固定，无大变化。广陵遂从吴王濞时的鼎盛态势跌落下来，成为一个普通的郡国，这种情况持续了三百多年。

东汉末年以及三国时期，广陵为孙吴、曹魏之间的隙地，江淮一带不居者达数百里。史载建安十八年（213），曹操与孙权两军在江北一带相持。"曹公恐江滨郡县为权所略，征令内移。民转相惊，自庐江、九江、蕲春、广陵户十余万皆东渡江，江西遂虚，合肥以南惟有皖城。"[1] 既然只有皖城一个城市完好，则广陵城自然在残破之列。之后，黄初六年（225），魏文帝"如广陵故城……有渡江之志。吴人严兵固守。时天寒，冰，舟不得入江。帝见波涛汹涌，叹曰：'嗟乎！固天所以限南北也！'遂归。"[2] 这也说明广陵城其时无人，只有一座"故城"。当是时，孙吴居江南，江北只局部控制着极其狭窄的一线地域。曹魏总体上对孙吴占据着战略优势，然而水军不及孙吴，无法渡过大江，因此江淮地区就成了两国的缓冲地带。这一地带由于时有战争，人民无法安居乐业，加之曹魏在这一地区奉行坚壁清野的政策，所以非常残破与荒芜。扬州地处前线，首当其冲，"芜城"之说，即从这时候开始。

晋武帝时，置广陵郡，统八个县，但这时候的郡城在淮阴县[3]，而非广陵县或江都县。这说明自东汉末年开始，经过军阀混战和吴、魏战争，广陵遭到了极大的打击，其政治、经济地位急剧衰落。

[1]《三国志》卷47《吴书·孙权传》，中华书局标点本第 1118-1119 页。
[2]《资治通鉴》卷70《魏纪二》"文帝黄初六年"，中华书局标点本第 2225 页。
[3]《晋书·地理志》。

西晋末年，由于"八王之乱"以及更严重的"永嘉丧乱"，北方少数民族掀起了空前的对中原地区的征服运动，洛阳、长安相继被胡族所攻破，西晋灭亡。晋元帝司马睿渡江建立建康偏安政权，由于北人大量南迁，遂于广陵侨置青州。建武元年三月，封皇子衷为琅邪王，后乃以衷都督青、徐、兖三州诸军事，镇广陵[1]。此为广陵设州之始，且自此以后，镇广陵者，常为江淮一带之都督军事，即统领这一地区的军事防御与军事行动。因为黄河以北地区全部沦落，淮北部分地区亦反为胡守，淮南遂成为屏障首都建康的战略要地，沟通江、淮、海的广陵的战略价值遂空前突出，于是由西晋时期的一个县，一跃而为州、为方镇，变成节制数州之地的军政中心。晋明帝时，广陵又侨置兖州，刘宋时改为南兖州，南兖州之名始于此，此后齐、梁、陈三代因之。东晋名将谢玄即曾拜建武将军、兖州刺史，领广陵相，监江北诸军事，后加领徐州刺史。南朝宋武帝永初三年三月，檀道济出为镇北将军、南兖州刺史，镇广陵，悉监淮南诸军[2]。宋文帝元嘉二十七年，大举北讨，不料败绩，反而被北魏太武帝拓跋焘率众数十万追击，凡破南兖、徐、兖、豫、青、冀六州，一路打到江边。宋帝遂命焚烧广陵城府船乘，使广陵、南沛二郡太守刘怀之率百姓渡江。然而拓跋焘同样望江兴叹，遂尽杀所驱广陵民，轻骑引去。于是扬州再度变为"芜城"。刘宋孝武帝大明年间，南兖州刺史刘诞据广陵城反，宋廷派兵镇压，扬州又一次成为"芜城"。后侍中、

---

[1]《通鉴·晋纪十二》。
[2]《通鉴·宋纪一》。

中领军刘动镇广陵，为都督南徐、兖等五州诸军事[1]。南齐建元四年（482），分南兖州为五郡，广陵统县五，徙治海陵县。梁因之，南康王萧会理，曾为使持节、都督南北兖北徐青冀东徐谯七州诸军事、平北将军、南兖州刺史。侯景以郭元建为南兖州刺史、太尉、北行台。北齐更南兖州为东广州，置广陵、江阳二郡。其东南道行台辛术安抚淮南，前后二十余州城镇相继款附，于是移镇广陵[2]，不久复镇徐州（彭城）。陈太建中收复失地，广陵所在复曰南兖州，然不久即为北周梁士彦攻拔，改为吴州。

东汉末年至南北朝时期的广陵地区，由于南北对峙，战略地位大大提高。吴、魏与蜀汉鼎立之时，曹魏的地盘达到淮南地区，将孙吴牢牢压制。广陵城于双方皆为前线，无腹地支撑，故虽居间地，反为鸡肋。但东晋南北朝两百多年时间内，南北双方的争夺主要集中在淮北至黄河下游一线，广陵所在，是东晋南朝（不包括陈）江北地区的大后方，同时又是江南防区的前锋线，因为运河的存在，其临江近海的水利优势能够最大限度地发挥出来，所以成为长江下游地区最大的战略枢纽。在江左政权看来，其军事战略的价值，仅次于长江中游的荆州江陵，故在各州的排行上，（南）兖州（今扬州市）的地位与荆州相等，而仅次于首都所在的扬州（其时治所在建康，今南京市）和首都的东大门——南徐州（今镇江市）。故而该阶段扬州文化最为典型的，就是其中的军事与战争文化。其他的运河文化、盐商文化、市民文化以及士大夫文化等均因为频繁的征战而受到抑制，不过其宗教文化却由

[1]《通鉴·宋纪十四》。
[2]《北齐书·辛术传》。

于乱世而得到了较快的发展，今天扬州最著名的寺庙大明寺就始建于刘宋大明年间。

扬州在这第一个千年中，一直不曾脱离蜀冈而存在，瘦西湖也还不曾显现于世，但其源头已然发轫，那就是与扬州城相伴生的古邗沟。在《2500 年，战争与和平的交响——扬州瘦西湖文化景观的历史断代研究》一书中，我们曾详细论述过古邗沟与瘦西湖 C 段水体的关系，证明了两汉时期的古邗沟已经可能与今瘦西湖 C 段水体部分重合，至刘宋大明年间邗沟的走向基本已定，因而瘦西湖水系这一阶段已经发轫。不但如此，瘦西湖标志景观之一的大明寺，这时候也已建成。其东边还有吴公台，此台始筑于刘宋时期的沈庆之，原为进攻据广陵城叛乱的竟陵王刘诞所筑的弩台，南朝陈时吴明彻增筑，故后世称之为吴公台。关于此台，唐代刘长卿、白居易等著名诗人都专门作过诗。另外还有实际上并不在瘦西湖范围，但却成了后来瘦西湖园林景观意象来源的徐园。徐园事实上是徐湛之所造的几个园亭即风亭、月观、吹台、琴室的统称，这几个园林位于当时的扬州城北，即今蜀冈以北，后来却成了明清时人附庸的象征，以为是蜀冈以南的瘦西湖园林景观的发端。这中间尽管存在误会，但徐湛之造园为后来瘦西湖园林提供了借鉴和意象来源，却也是不争的事实。正是基于以上的几点，我们将隋代以前，判定为瘦西湖文化景观的发轫时期。

1.2　瘦西湖景观奠定时期扬州的地位与特征

隋至北宋时期，瘦西湖的水系和景观进一步扩展，大致奠定了后期的景观框架。水系由原来仅有的一条，即瘦西湖 C 段，扩展为互不相连的两条，即增加了 A 段。景观方面也有了极大的发展，今天的瘦西湖范围内，最初有证圣寺（即天宁寺的前身）的出现，后来平山堂、谷林堂、摘星寺等相继建成。同时景观意象也有了大的发展，迷楼与鉴楼、九曲池、二十四桥等纷纷出现。因此，我们将这一时期定义为瘦西湖文化景观的奠定阶段。

隋唐五代北宋时期，瘦西湖景观有了大的扩张，同时对于扬州来说，也是古往今来最辉煌最鼎盛的时期。隋唐两朝，无论政治、经济、文化或是军事战略地位，扬州都雄踞全国前几位。隋文帝统一全国后，广陵不但得到了"扬州"之名，而且取代原江南的"扬州"——建康，成为整个东南地区的最大都会，全国四个控御一方的战略枢纽之一。隋炀帝时期，扬州改名江都郡，享有事实上的陪都地位。唐前期，扬州也逐渐成为全国四大都督府之一，其地位与京师等夷。中晚唐的扬州尤其昌盛，当时掌握天下财赋大半的盐铁转运使，常驻于此，其繁荣程度甚至超过首都所在的长安、洛阳，号称全国第一。这是扬州史上的第二个"波峰"，也是综合地位最高的巅峰时期，而且持续时间特别长。一直到五代时期，这里还先后成为杨吴的首都和南唐的陪都，是长江中下游的名都重镇。北宋时期，扬州被分成几个州，总体实力有所下降，但仍是江淮地区首屈一指的文化和商业中心，全国大部分的财赋还是要通过扬州转运。

隋取代北周，吴州总管为对陈战事之最前线，恒以大将为之。开皇九年，平陈，统一全国，乃改吴州为扬州，仍旧置总管府，以皇子为总管。这是广陵第一次以扬州为名，且扬州总管府为全国四大总管府之一，地位与国都所在之雍州相等，备极尊崇，由

第 1 章　瘦西湖形成过程中各阶段扬州政治、经济、文化地位及其特征

此开启了扬州历史上最辉煌的一页。大业元年，废总管府，置江都郡，统县十六[1]。炀帝大业六年六月，制江都太守，秩同京尹[2]。也就是说，这时候的扬州（江都郡）虽无京都之名，却有陪都之实。

唐武德三年，以隋江都郡为兖州，七年，改兖州为邗州。八年十二月，以襄邑王神符检校扬州大都督，始自丹阳徙州府居民于江北[3]。省江宁之扬州，改邗州为扬州，置大都督府。从此，扬州之名成为原广陵一带地区的专指，延续至今。贞观十年，改大都督为都督。龙朔二年，复升为大都督府，再次与京都等夷。天宝元年，改为广陵郡，依旧为大都督府。肃宗至德元载十二月，置淮南节度使，领广陵等十二郡。乾元元年，复为扬州。自此扬州以亲王为都督，领淮南节度使；长史为节度副大使，知节度事，恒以此为治所。此后，扬州且常为盐铁使、转运使等的驻地。

唐昭宗景福元年八月，以杨行密为淮南节度使、同平章事[4]。"先是，扬州富庶甲天下，时人称'扬一益二'，及经秦、毕、孙、杨兵火之余，江淮之间，东西千里扫地尽矣。"[5]一般说来，这样大的打击之下要复兴很难，然而"淮南被兵六年，士民转徙几尽，行密初至，赐与将吏，帛不过数尺，钱不过数百；而能以勤俭足用，非公宴未尝举乐。招抚流散，轻刑薄敛，未及数年，公私富庶，几复承平之旧。"[6]此后，杨行密又长期担任江南诸道行营都统或东面诸道行营都统，兼中书令（宰相），封吴王。天祐三年四月，

[1]《隋书·地理志》。
[2]《隋书·炀帝纪上》。
[3]《通鉴·唐纪七》。
[4]《新唐书·昭宗纪》。
[5]《通鉴·唐纪七十五》。
[6]《五代史·吴世家》。

江西钟传卒，子钟匡时代立。杨行密之子杨渥遣秦裴率兵攻之，九月，克洪州，寻尽有江西全境。

在唐末的乱世中，杨行密名为唐朝的藩镇，事实上是半独立的王国。杨吴全盛之时拥有今江苏、安徽大部、江西全部，约为今东南地区之半壁，其都城为扬州，后改名江都府。也就是说，此时的扬州，控制着数十万平方公里的土地，而这片地区，又是当时全中国最富庶的地方。五代初年的扬州，当仍保持着全国首屈一指的地位。不过杨吴的权臣徐温后来长期坐镇金陵，其子徐知诰卒废杨吴，建立南唐，徙都金陵，称扬州为东都，这时候的扬州已经不复昔日繁华了。

后周攻占扬州后，以其为大都督府。北宋因之，不久分扬州为五：扬州、真州、泰州、通州、高邮军州，州各有属。淳化四年，分天下为十道，扬州属淮南道。至道二年，又分天下为十五路，扬州为淮南东路。原扬州被分割后，规模急剧缩小，且新的扬州城本身规模也比唐代大有不如。但其核心的水运码头仍然保留着，而且北宋对汴河的依赖程度，一点不比唐代轻，作为江、汴转运中心的扬州，仍旧繁华。北宋一朝，扬州依旧常为江淮发运使或淮南江浙荆湖都大发运使或淮南江浙荆湖制置发运使、诸路转运使或淮南转运使或淮南东路转运司、淮南（东）路提点刑狱、淮南等路提点坑冶铸钱事（荆、广、淮、浙）、发运使兼制置盐矾茶事等机构的治所。沈括在《扬州重修平山堂记》中开篇就说：

第1章　瘦西湖形成过程中各阶段扬州政治、经济、文化地位及其特征

> 扬州常节制淮南十一郡之地,自淮南之西、大江之东南,至五岭、蜀汉十一路,百州之迁徙,贸易之人往还,皆出其下。舟车南北,日夜灌输京师者,居天下之七。

由此可见,北宋时期的扬州,尽管与盛唐相比,稍有不及,但承唐余风,其地位下降得并不厉害。其中的关键在于北宋定都开封,然而其经济腹地却在江南一带,其对"汴渠"即大运河的依赖比唐代有过之而无不及,这与中晚唐的局势并没有很大不同,所以北宋的扬州虽然城池差小,辖境亦大大缩小,却依然保有全国贸易中心的不二地位。正因此,北宋一朝,任职扬州的官员,多为名宦,如王禹偁、包拯、韩琦、吕夷简、欧阳修、刘敞、吕公著、苏轼、王安礼等,亦皆当时名臣,所谓"选帅常用重人",即此之谓。这时期的扬州,不但运河文化依然兴盛,而且更突出的是,以上名臣所代表的士大夫文化的兴起。其显著遗产,就是欧阳修所兴建的平山堂和苏轼所建的谷林堂,此二者使得扬州文脉长传,也给日后的瘦西湖文化景观奠定了坐标。

在最繁盛时期,扬州有"扬一益二"之称,居于全国首位。"扬一益二"之说,始见于《资治通鉴》卷259昭宗景福元年(892)条下,洪迈《容斋随笔》卷9说是当时谚语,《全唐诗》卷877则据洪迈说作为"盐铁谚"。而在唐人现存记载中,没有说的这样明确,只是略具此意。如武元衡《奉酬淮南中书相公见寄并序》云:"时号扬、益,俱为重藩。"[1]武元衡是宪宗元和初年宰相,"淮南中书相公"指的是淮南节度使李吉甫,元和三年(808)由同平章事

[1]《全唐诗》卷317。

调任淮南节度使。武元衡诗序中所谓"时号扬、益"似已含有"扬一益二"之意。较为明确的是卢求《成都记序》。卢求，范阳人，敬宗宝历初年进士，为此文在文宗大和年间。文中说："大凡今之推名镇为天下第一者，曰扬、益，以扬为首，盖声势也。"[1] 推衍而言，即"扬一益二"。"扬一益二"之说，似即由此而出，而非唐人原语。[2] 其实李吉甫《元和郡县志》已云："（江都）与成都号为天下繁侈，故称扬、益。"[3] 结合武元衡的话，可知元和间人已有扬、益并重，超迈群伦之共识了。

会昌二年（842）沈绚《授杜惊淮南节度使制》："禹贡九州，淮海为大，阜员八郡，井赋甚殷，分阃权雄，列镇罕比。通彼漕运，京师赖之"[4]。唐代的扬州，不仅扼江南江北运河之口，而且有大江横贯其间，形成十字交叉，扬州就位于这个交叉点上，成为东南地区的交通枢纽，扬州就赖以发展为国内最大的经济都会，甚至是通向国际的重要港口。自扬州入江，东连大海，是通往日本的南路大道；溯江西上，至九江而南，可达洪州（江西南昌），沿赣江、北江转向交州、广州，可远航东南亚、东非各国；自九江而西，经鄂州（武昌），西抵巴蜀。东南七道浙江东、西、宣歙、江西、鄂岳、湖南、福建以及长江上游的益州、荆州的各种财货，皆可由水道运抵扬州……由于交通便利，波斯（今伊朗）、阿拉伯商人经广州，或由丝绸之路经长安来扬州从事商业活动的亦屡

［1］《全唐文》卷744。
［2］李廷先：《唐代扬州史考》，江苏古籍出版社，2002年，第369页。
［3］（唐）李吉甫撰，贺次君校点：《元和郡县图志》，中华书局，第1071页。不过《元和志》扬州部分阙逸，此为缪荃孙校辑。然王象之《舆地纪胜》（四川大学出版社，2005年，第1639页）所录与缪辑同，非虚也。
［4］《文苑英华》卷456。

见于记载。[1]

淮南道首府扬州所属各县水利，亦甚发达，如江都有了勾城塘，溉田八百顷，贞观中扬州大都督府长史李袭誉所筑。有爱敬陂，贞元四年（788）淮南节度使杜亚，自江都西，循蜀冈之右，引刚陂趋城隅以通漕运，并溉夹陂田。有雷陂，贞元中，淮南节度使杜佑，决雷陂以广灌溉，开海滨弃地为田，积米至五十万斛[2]。有七里港渠，宝历二年（826），淮南节度使兼盐铁转运使王播，自七里港引渠东注宫河（即漕河）以利漕运。[3]

安史之乱发生后，唐政府所需各项经费及物资，主要仰给于江、淮，直至灭亡。唐人多论及此事。至德元年（756）第五琦奏事至蜀中，谒见玄宗上言："方今之急在兵，兵之强弱在赋，赋之所出，江、淮居多。"[4]同年，萧颖士与宰相崔圆书，以为"今兵食所资在东南"[5]。宪宗《上尊号赦文》云："天宝以后，戎事方殷，两河宿兵，户赋不入，军国费用，取资江、淮。"[6]可知东南诸道财富实为唐朝后期命脉所系，而取资东南的财物，大都集中于扬州而北运，舳舻相接，衣冠萃集，这就构成了扬州一百多年特殊的繁荣局面，虽迭经战乱灾荒，而能衰而复盛。及至唐末，毕师铎、秦彦、孙儒、杨行密等大战江、淮，百姓流离，赋税不充，维扬丘墟，而唐朝亦随之而亡。[7]

[1] 李廷先：《唐代扬州史考》，江苏古籍出版社，2002 年，第 372 页。
[2] 参见两《唐书》本传及《权载之文集》卷 11《杜公淮南遗爱碑》。
[3] 李廷先：《唐代扬州史考》，江苏古籍出版社，2002 年，第 374-375 页。
[4] 《旧唐书·第五琦传》。
[5] 《新唐书·文艺·萧颖士传》，与崔圆书全文见《文苑英华》卷 668、《全唐文》卷 323。
[6] 《文苑英华》卷 422、《全唐文》卷 63。
[7] 李廷先：《唐代扬州史考》，江苏古籍出版社，2002 年，第 377-378 页。

正因为此，唐宋时期任职扬州的，往往都是名臣高官。唐时如李靖、杨恭仁、崔日用、李尚隐、杨再思、姚崇、高适、杜佑、李吉甫、牛僧孺、李德裕、李绅、高骈、杨行密等，其中很多任职扬州前后都是当朝宰相。北宋时如王禹偁、包拯、韩琦、欧阳修、刘敞、吕公著、苏轼、王安礼等，亦皆当时名臣，所谓"选帅常用重人"，即此之谓。

需要特别指出的是，隋唐时期的扬州是作为江南的代表而存在的。隋开皇九年统一以后，原南朝的帝都建康被摧毁，处于江北的广陵遂继承了其"扬州"的称号，但因为新扬州距离旧扬州非常近，其气候、物产甚至人文气息都具有江南的特点，所以其一方面是朝廷控制江南的战略基地，另一方面又是江南文化在江北的形象代言者。隋炀帝所以对扬州（江都）情有独钟，很大程度上也是因为此点。唐朝沿袭了这种统治策略，因此扬州的江南形象不但没有衰减，反而愈发明显。这也是扬州为何在唐中后期越来越富庶昌盛的一大原因，因为此时的唐朝，最发达的地区已然是东南八道了。

总而言之，隋代统一全国之后，扬州地位遽然提升，成为全国范围内的重镇之一，并取代建康（今南京）成为整个东南地区最重要的城市。隋炀帝大业年间，开凿了贯通南北的大运河之后，扬州地位稳中有升，成为全国三大都会之一。入唐以后，虽然不复为陪都，但却也长期是与首都地位相似的大都督府。安史之乱以后，由于中枢极度依赖东南财赋，盐铁使、转运使常驻于此，遂享有"扬一益二"之盛誉，达到扬州历史时期的巅峰地位。五代前期，扬州作为杨吴的首都，控制着东南半壁富饶地。北宋时期，其重要性虽稍有下降，但仍享有盐铁转运枢纽的地位，不失为一雄藩重镇。而这一切表现在文化上，除了互较短长的宗教文化、富庶为天下最的市民文化外，还有长盛不衰的运河文化，以及此期已广为人知的盐商文化。

在这一时期，瘦西湖无论水系还是园林景观等都有了一定的扩展。因为唐代扬州既然达到了其历史时期的鼎盛状况，而且扬州城本身的规模也是史上之最，所以其城濠的扩张也就成了题中应有之义。由于蜀冈以南罗城的修筑，罗城四面城墙以及相应的城濠体系建立起来，这样在蜀冈以南就形成了一个四方形的护城河水系，其中就包括后来成为瘦西湖 A 段水体的罗城西北城濠，这段城濠始开于隋炀帝时期，完成于盛唐年间，并在以后的漫长年月中逐渐演变成为瘦西湖水系的 A 段。不但如此，原来作为运河的古邗沟河道，由于新的运河的开凿，已然荒弃，遂成了唐代不通航的"九桥河"，也就是瘦西湖的 C 段。但此时这两段水体还是各自存在的，只是间接地由四面城濠体系和"九桥河"相通，并没有如同今天瘦西湖一样直接联结起来，不过瘦西湖两段南北向水体的框架已经奠定。

这时候的瘦西湖园林景观，也有很大的扩展。存续至今的有天宁寺的前身——证圣寺，从寺名来看，该寺应该是武则天证圣年间兴建的，后来在北宋末年改名为天宁寺。入宋以后第一重要的无疑是平山堂的兴建，平山堂是后来瘦西湖景观体系能够建立起来的重要坐标，其对于瘦西湖士大夫文化的重要意义后文将有详细阐述。紧随其后的有其附近的谷林堂和观音阁的修建，谷林堂其实一直扮演的是平山堂附庸的角色，但其对于平山堂景观价值的提升无疑具有重大作用；而观音阁原名摘星寺，后来发展为扬州北郊最负盛名的香会场所，其与旁边的大明寺、平山堂、谷林堂一起，使得扬州北郊蜀冈一带成了扬州城外不得不去的所在，也使得瘦西湖景观体系的北部坐标得以建立。此外，后来成为瘦西湖景观意象的也不少，比如隋炀帝的迷楼、九曲池，以及唐代的二十四桥。迷楼在今观音山寺一带，以豪奢华丽著称，后来成为隋炀帝亡国的象征，被历代引以为鉴，遂有在其原址上鉴楼的修筑。其南就是九曲池，九曲池一直到宋代都还存在，隋朝时候应该与迷楼一样曲径通幽，这种理念后来被瘦西湖景观所吸取，成为瘦西湖景观的特色之一。这一阶段最有名的景观意象无疑就是二十四桥了，唐代扬州实有通航的二十四桥，但是宋以后逐渐不存，于是后来不少人曲解为一座桥，而且还将其与隋炀帝联系起来，今天的瘦西湖二十四桥即以这种误解建成，这也不可谓不是一种错有错招了。

简而言之，隋唐时期，扬州城的扩张导致了瘦西湖水系的扩展，扬州的繁盛促成了迷楼、九曲池、二十四桥、证圣寺等瘦西湖文化景观或景观意象的产生，而北宋时期扬州城虽然有所缩小，但由于当时经济文化发达，所以已处于郊外的蜀冈中峰、东峰一带成了冶游的好去处，平山堂、谷林堂、摘星寺等景观逐渐兴建起来了。这样，隋至北宋的几百年间，南北向的瘦西湖水系，以及天宁寺、平山堂、观音阁等瘦西湖景观的重要节点，都已具备，所以我们将这段时期概括为瘦西湖景观的奠定时期。

第1章 瘦西湖形成过程中各阶段扬州政治、经济、文化地位及其特征

1.3　瘦西湖景观转型时期扬州的地位与特征

南宋、元、明三朝是瘦西湖文化景观基本形成的时期。经过南宋、元末、明后期三次改筑扬州城，瘦西湖的 B、D 段水体打通，并基本形成瘦西湖水系的框架，原来互不相连的水体完成了向连贯系统的瘦西湖水系的转型。而今天瘦西湖南部的园林景观，如法海寺、崔氏花园、红桥等，相继修建起来，瘦西湖园林景观也从原来集中于北部的大明寺附近，转而南北均衡发展，并逐渐形成一个相对完整的瘦西湖园林景观体系。如果说唐宋时候瘦西湖的景观特征是郊野风光的话，那么元末以后随着城市进一步南缩，和瘦西湖水系的扩大，此时已是乡野风光和湖上园林相结合的形式了。因此，我们将此期定义为瘦西湖景观的转型时期。

这一时期的扬州，其地位相对较低。总体说来，南宋主要是一个军事战略基地，经济、文化地位不高，由于屡遭战乱，甚至被视为"空城"。元代扬州也曾一度繁华，早期和晚期政治、军事地位也相对较高，但中期则比较衰落。元末又罹兵灾，再次成为"空城"，一直到明前期也不曾恢复，这是扬州史上的第二次"波谷"。明中后期，随着盐法、运法改革，扬州逐渐复兴，但此时也仅仅是经济地位突出，政治、文化地位却依然较低。

南宋建炎元年，扬州升元帅府，仍属淮南东路。驻扎在此的州以上机构，有江淮制置使（江淮制置大使、两淮制置使、淮东制置使）、江淮招讨使、淮南路镇抚使、淮东安抚使、两淮都统、都督江淮东西路军马、淮南转运司、淮南茶盐提刑司或提点淮南两路公事官兼领刑狱茶盐漕运市易事、江淮路提点坑冶铸钱官、淮东总领所等。

南宋时期的扬州，主要是一个军事要地，其军事战略意义，可与梁州（汉中）、襄州（襄樊）等量齐观，而由于其正当行在所（临安府，即杭州）的正北方，故尤为重要。江淮制置使是最高的军政长官，一般负责整个淮南江北的防务，对南宋朝廷的安危关系巨大。故担任此职者，多为名将重臣。北宋扬州虽然繁华，但城区偏小，南宋中叶，迫于金人的军事压力，不得不增筑城防，遂有堡寨城、夹城的修筑，南宋末年更是增筑平山堂城，将平山堂也包括在城墙内了。只是南宋扬州一切为军事服务，其他方面的地位殊为低下，完全不复北宋时期的兴盛局面了。这是多方面原因造成的。首先自然是时移世易，外部大环境不同，唐至北宋扬州赖以繁荣的局面不复存在了。唐都长安、洛阳，政治中心僻在西北，而中期以后的经济中心却远在东南，北宋都汴州（开封），形势与唐中后期颇相类似。故需大运河进行物资等的转运，扬州正处在整个东南水运与大运河航运的节点上，因此能长期保持繁华。但南宋朝廷偏安东南，其政治中心与经济和文化中心合二为一，对于"转运"的需求自然降低。而扬州这时候反而处在经济中心的北边，其被边缘化的命运自然无法改变了。其次由于女真人、蒙古人的频繁兴兵，不但摧毁了隋唐大运河的水利设施，而且使得南宋扬州地方政府一直处在高压之下，不可能开展其他方面的活动，比如欧阳修、苏轼之类的宴赏游玩、文人聚会自然是难以再现了。

南宋晚期，扬州地位还有下降。《舆地纪胜·扬州》谓："嘉定以来以楚州兼山东、淮东安抚节制司，而扬州止兼管内安抚。""比年徙帅府于楚州，而扬州仍兼管内安抚（嘉定之制）。"[1]

元初，扬州置大都督府，后改扬州路总管府。当时局势不定，作为南北中枢的扬州，十分形胜。江淮等处行中书省治所，往往在扬州和杭州之间摇摆，当治扬州时，则杭州建浙西道宣慰司；治杭州时，则置淮东道宣慰司于扬州。扬州此时还常常作为行御史台和行枢密院，以及江淮盐运使司的驻地，地位非常重要。这段时间的扬州，又出现了短时期的繁盛局面。但是，好景不长，自从至元二十八年（1291）罢江淮漕运司[2]，改行海运，扬州遂渐趋衰弱。几乎同时，江淮行省改为河南江北行省，移治汴梁，扬州遂只为宣慰司驻地，此后数十年间不复为省会，地位一落千丈。至正十二年（1352），立淮南江北行省；三年后，又立淮南行枢密院，均治扬州，不过已是末世的回光返照了。

元代虽然也新修了京杭大运河，将东部平原地带的五大水系联系起来，但由于中间的山东和苏北一带断流，事实上并没有起到多少作用，所以终元一代，海运一直占据主流，而且扬州传统经济的支柱——运河，经过南宋一百多年的荒废，此时也很衰败。因此，综观之，元代扬州虽然号称"依旧淮南第一州""东南重镇是扬州"，但只是就淮南这个区域而言，放眼全国，元代东南地区最繁华的，一是杭州，一是泉州，再就是明州（庆元）和苏州（平江），扬州是很靠后的了。当时其城池只是沿用了宋大城，而将其他几个全部废弃了。而且元代末年江淮地区迭遭兵燹，到朱元璋的部队打下扬州城时，全城只有十余户，明军（此时朱元

---

[1]（宋）王象之原著，李勇先校点：《舆地纪胜》，四川大学出版社，2005年，第1633、1635页。

[2]以后还保留两淮都转运盐使，不过仍以盐为主。

璋尚未称帝，仅称吴公，严格来说，应称吴军）不得不进一步缩小城区规模，唐以后最小的扬州城于是出现了。由此可想而知元代扬州衰落到了何等地步。

明以元至正十七年取扬州，置淮南翼元帅府，寻置淮海府，改维扬府，复改扬州府，直隶京师，领高邮、通州、泰州三个属州，并直接管理江都等九个县。洪武末年，分出二县，于是统州三、县七，建府治于江都。明初扬州底子薄，最初城内只有 18 户居民[1]；发展平台小，城市规模不到唐城的八分之一[2]；潜力也不大，明初都应天府（南京），财赋仰仗太湖流域和长江中游，对破败的江北没有多大需求。因此这时期的扬州几乎又回复到六朝时期的"芜城"局面。这种情况至少持续到永乐末年，最晚可能要到弘治年间（1488—1505）才有改观。

一个澳洲学者在书中说道："明初的扬州是一个非常普通的城市。一名朝鲜游客在 1488 年沿着大运河北上，他对南方的苏州、杭州以及北方的临清都留下了深刻印象，却只字未提扬州，虽然他沿途经过了这座城市。"[3]"扬州盐商虽然在明初就很活跃，但其数量的稳定增长应该归功于折色。从 15 世纪末开始，在弘治年间（1488—1505），'山陕富民多为中盐，徙居淮浙，边塞空虚'。"[4]大概从这时候开始，借助漕运"长运法"和"开中盐法"的实施，同时也得益于不断宽松的政治、经济大环境，扬州的商业于是又

[1]《明实录·太祖实录》卷五，中研院史语所校印本，第 58 页。
[2] 据考古发掘和文献记载，明处的扬州城大概只有 2 平方公里的面积，而唐代子城加罗城，其规模超过 16 平方公里。
[3]（澳大利亚）安东篱著，李霞译，李恭忠校：《说扬州：1550—1850 年的一座中国城市》，中华书局，2007 年，第 42 页。
[4]（澳大利亚）安东篱著，李霞译，李恭忠校：《说扬州：1550—1850 年的一座中国城市》，中华书局，2007 年，第 44 页。

第 1 章　瘦西湖形成过程中各阶段扬州政治、经济、文化地位及其特征

兴盛起来，再次成为"大贾走集，笙歌粉黛繁丽之地。""四方客旅杂寓其间，人物富盛，为诸邑之最。"扬州的商业除盐业外，米行、木行，造船、南北货业、铜器业、茶食业、刺绣、漆器等手工业也很有名。但明后期扬州的文化地位，却依然沉寂，并没有随着经济地位的复兴而相应提高，还是不曾在全国发出属于自己的强音。

综观之，因为大环境的改变，南宋时期的扬州，战火不断，最为突出的就是战争文化了。元至明初，扬州比较沉寂。明中叶以后，传统的运河文化和盐商文化得到复兴，但舍此之外，其他文化都还有待发展和壮大。

但是这段时期却是瘦西湖文化景观发展较为迅速的阶段，无论水文体系还是园林景观体系，其基本框架这时候都已大致成型。水系方面，由于南宋三城防御体系的构筑，联结瘦西湖 A 段和 C 段的水道打通，即今天瘦西湖 B 段——二十四桥至小金山一段东西向的水体。此前形成的瘦西湖 A 段和 C 段都是南北向的水道，彼此并未连通，因为南宋时期 B 段水体的挖掘，三者终于连通成为一个整体了，这是瘦西湖水系成型过程中极其关键的一段，否则各段水体都是互不相干彼此独立的，瘦西湖也就无法形成。元代末年，朱元璋的军队占领扬州后，因为人口极其稀少，所以将原扬州城大大缩减，只保留了原城垣的西南一小部分，这样就使得"明旧城"的北城濠成了瘦西湖水系的延伸段，即 D 段——大虹桥以南至冶春园一带。然而这并非瘦西湖水系的终结处，明后期扩筑的新城位于旧城东边，也就意味着其北城濠又是旧城城濠的延长，因而到万历年间新城的北护城河开通后，东到天宁寺的瘦西湖水系的骨架才完全成型。

这一时期瘦西湖的水系固然有极大的完善，而其园林景观体系的发展也颇为迅速。其后元代有法海寺的修建，法海寺后来改名莲性寺，本身并不是一个很大的寺院，但是其对于瘦西湖景观体系的形成具有非常关键的作用，因为在整个瘦西湖景观体系中，法海寺是中枢，是瘦西湖景区南来北往的必经之地。待到明末，红桥也修建起来了，此时的红桥不过是一座极其普通的小桥，但是由于其紧邻城郭的优越地理位置，后来成为士大夫聚会的不二之选。再加上宋代以来天宁寺的不断扩建，以及其他园林的建造和修葺，到明朝末年，瘦西湖景观体系的轮廓也基本上形成了。

总而言之，南宋至明时期，扬州城的变迁，不但加速了瘦西湖水系的形成，也使得瘦西湖的园林景观等向南发展，并促成了瘦西湖景观由郊野风情向乡野风光的转型。

1.4　瘦西湖景观最终形成时期扬州的地位与特征

清代以来，是瘦西湖文化景观最终形成的时期。清前期，经过帝王南巡、盐商捐资、士绅联谊等一系列活动，瘦西湖的园林景观渐渐达到鼎盛，号称"扬州以园亭胜"，加之这一时期瘦西湖水系的不断精细化，到乾隆后期，整个瘦西湖文化景观可以说已经全面形成。但此后文化景观逐渐衰败，到太平天国时期，更是断壁残垣处处。战后虽然稍有修复，可是却难以再现盛时气象。直到最近几十年，瘦西湖的文化景观才逐渐复兴，成为今天我们所看到的样子。

在这一时期，瘦西湖所在的扬州，其地位也经历了一个类似的过程。康乾时期，是整个扬州史上的第三个"波峰"，经济兴旺、文化昌盛，其影响甚至超出东南地区而辐射到全国。然而好景不长，随着道光年间的盐法和运法巨变，以及接踵而来的大规模战乱，扬州城市又一次残破不堪，由此进入其史上的第三次"波谷"，等到近代交通运输方式兴起之后，扬州就更加难以重塑旧日的辉煌了。

清初，扬州因遭清军屠城而沦为废墟，但由于其漕运枢纽地位和盐业发达，经济迅速得到恢复和发展。清朝将漕运、盐政、河运称为"东南三大政"，而扬州兼三者之利，号称东南一大都会。清代扬州"繁华以盐盛"，扬州的盐商一是数量多，二是资产雄厚，不少盐商通过垄断专利获得巨额利润。由于盐业的兴旺，"四方豪商大贾，鳞集麇至，侨寄户居者不下数十万"。手工业方面以漆器、玉器、铜器、竹器、香粉和雕版印刷等特色手工业见长。有的作坊年产漆器 1 万件，有的玉雕竟重 9000 斤，且工艺水平之高，冠盖全国；"天下香料，莫如扬州"；"竹不产于扬州，扬州制品最精"。清人孔尚任称："东南繁华是扬州，水陆物力盛罗绮。朱橘黄橙香若缘，蔗仙糖狮如茨比。"形象生动地描绘了清代扬州商业的繁荣。[1]

漕粮、盐政，还有作为税关口岸的地位，这些依然是对扬州有利的因素，当这些因素还在发挥作用时，它就依然是一个忙碌不停的口岸和贸易中心。1749 年制订的关税定额显示，扬州预计要上缴 20 多万两税银，在制订了个别定额的全国 40 个税关当中

[1]董文虎等著：《京杭大运河的历史与未来》，社会科学文献出版社，2008 年，第 164—165 页。

名列第七。在制订关税定额的基准年1735年，扬州是上缴税银超过10万两的仅有九个税关之一。[1]

清代扬州的极盛时期出现在乾隆年间，清代扬州学者阮元说："扬州全盛，在乾隆四、五十年间（1775—1785），余幼年目睹。"[2]事实上，扬州瘦西湖的众多园林也兴建于此时，当时甚至有一种说法："杭州以湖山胜，苏州以市肆胜，扬州以园亭胜，三者鼎峙，不可轩轾。"[3]扬州的园林亭台竟然能够盖过苏州，可知扬州盛时是何等景象了。

这时期扬州值得称道的，除了繁荣的商贸和富丽的园亭之外，还有灿烂的文化。其实当时扬州的地位比较特殊，与隋唐时期一样，扬州虽然是江北的城市，却是江南文化的代表。因为主导城市经济、文化的，多为徽州等地的商人及其后裔。其中包括由来已久的运河文化，富甲天下的盐商文化，康熙、乾隆南巡所营造出来的帝王文化，"早上皮包水，晚上水包皮"所刻画的市民文化，还有观音山香会所代表的宗教文化等。但该阶段在扬州史上最为突出的，却是士大夫文化，包括红桥修禊、扬州画派和扬州学派等。红桥修禊始于清初的王士禛，以后孔尚任、卢见曾等也相继主持过规模宏大的红桥修禊活动。继之而起的是以金农、郑板桥、罗聘等为代表的"扬州八怪"，其所形成的画派，就是远近闻名的扬州画派。其实"扬州八怪"中的很多人也参与了不同时期的红桥修禊活动。而将扬州清代士大夫文化推向最高潮的，则是被

[1]（澳大利亚）安东篱著，李霞译，李恭忠校：《说扬州：1550—1850年的一座中国城市》，中华书局，2007年，第30页。
[2]阮元：《扬州画舫录二跋》，李斗：《扬州画舫录》，江苏广陵古籍刻印社，1984年，第7页。
[3]李斗：《扬州画舫录》卷6，江苏广陵古籍刻印社，1984年，第144页。

广为推崇的本土文化的巅峰——扬州学派，以汪中、焦循、李斗、刘文淇、阮元等为代表的扬州学派，其综合成就甚至超过了吴派和皖派学术，站在了乾嘉学术的顶峰。

从道光年间开始，随着盐法和运法的剧变，以及接踵而来的太平天国之乱，扬州从乾嘉年间的奢华顶峰坠落下来，这个城市满目疮痍。后来虽然有所恢复，但是近代铁路等交通运输方式兴起，扬州逐渐地被边缘化，成为一座普通的城市了。

阮元《扬州画舫录二跋》记载：

> 扬州全盛，在乾隆四五十年间，余幼年目睹。弱冠虽闭门读书，而平山之游，岁必屡焉。方翠华南幸，楼台画舫，十里不断。五十一年余入京，六十年赴浙学政任，扬州尚殷阗如故。嘉庆八年过扬，与旧友为平山之会，此后渐衰，楼台倾毁，花木雕零。嘉庆廿四年过扬州，与张支塘孝廉过渡春桥，有诗感旧。近十余年间荒芜更甚。且扬州以盐为业，而造园旧商家多歇业贫散，书馆寒士亦多清苦，吏仆佣贩皆不能糊其口。[1]

阮元作此跋在道光十九年（1839）。以此观之，扬州在乾隆年间达到鼎盛期，进入19世纪以后，即渐趋衰败。自嘉庆八年（1803）开始，阮元即目睹其走下坡路，至道光年间（1821—1850）"荒芜更甚"，以至各行各业都呈现出一派萧条之景，乾隆间名园，"成黄土者七八矣"。[2]

---

［1］阮元：《扬州画舫录二跋》，李斗：《扬州画舫录》，江苏广陵古籍刻印社，1984年，第7页。
［2］阮元：《扬州画舫录二跋》，李斗：《扬州画舫录》，江苏广陵古籍刻印社，1984年，第7页。

对此，《说扬州：1550—1850 年的一座中国城市》中作了转述：

> 1817 年，行旅作家和社会评论家钱泳（1759—1844）沮丧地发现，扬州的著名园林已经处于荒芜状态。陕西临潼张氏的桐书室已被夷为废墟，"亭台萧瑟，草木荒芜矣"。徽州吴氏的片石山房卖给了一名老妇人，她在那里开了一家面馆。九峰园中的九块奇石只剩下四、五块。曾经辉煌一时的瘦西湖景观，被钱泳比喻为一个"瓦砾场"，使人想起废弃的建筑、坍塌的假山、杂草丛生的荒野形象。他用诗文写道："《画舫录》中人半死，倚虹园外柳如烟。抚今追昔，恍如一梦。"
>
> 怀旧情绪在关于扬州的 19 世纪文学作品中很常见。1844 年，阮元为李斗的《扬州画舫录》作跋，以类似的语调评论了自己故乡的衰落。乾隆末年，即 1795 年，他发现"扬州尚殷阗如旧"。八年以后的 1803 年，他告假出门，与一些朋友行经扬州。他写道："此后渐衰，楼台倾毁，花木凋零。"1834 年探亲期间，他发现商人家族和士人已经陷入贫困状态，贫穷的官吏转向服务和买卖以维持生计。1839 年，他在各省渡过了漫长而杰出的官场生涯之后退休，发现故乡的园林和图书馆或者无人照管，或者已经成为废墟。几乎已经认不出他幼年时期的城市模样。[1]

但这些还都只是扬州衰落的开始和表征。1830 年前后，两江总督开始盐法改革，扬州对盐商的吸引力大减；几乎与此同时，漕运改革也发生了，海运逐渐取代了河运成为主流，至 1853 年，全部改行海运。曾经的"三大政"，扬州只剩下了一项："河运"，然而没有了大宗的漕粮和食盐，运业又从何谈起？

接着，摧毁性的打击到来了：咸丰三年（1853），太平军攻

[1]（澳大利亚）安东篱著，李霞译，李恭忠校：《说扬州：1550—1850 年的一座中国城市》，中华书局，2007 年，第 269 页。

第 1 章　瘦西湖形成过程中各阶段扬州政治、经济、文化地位及其特征

占南京，接着打到扬州，以后十年间，扬州成为太平军与清军争夺的焦点地区，双方在此展开了拉锯战，如同东南地区的其他很多城市一样，这是对扬州的毁灭性打击。从此，扬州一直没有恢复到曾经的东南巨镇地位。可怕的是，类似的噩耗一个接着一个，两年之后的1855年，黄河在河南兰考铜瓦厢决口，虽然以前黄河也经常决口，但这次不一样，这一次黄河彻底地改道了。从夺淮由江苏入黄海，改由重归本路，由山东入渤海。本来这是一件好事，因为黄河的大量泥沙恰恰是元明清运河最大的痼疾，但是数百年的治河、治运，都是围绕这个展开的，黄河的突然改道，以前所有的努力完全不起作用了。京杭大运河北段自此退出历史舞台。

但更要命的革命紧接着到来。西方现代的工业和交通开始输入古老的中国，与现代快速、系统、适应性强的铁路、公路相比，运河的缺点逐渐被放大。尽管从历史记载和现代人的研究中，我们可以看到，当时的南北铁路主要是承担客运功能，对运河的冲击并不是很大。运河的货物运输功能，并未随着铁路的兴起立刻衰落，甚至在某种程度上，由于公路和铁路的推动，运河的运力反而有所提高。但是津浦铁路的全线贯通，意味着传统的大运河线路无可避免地边缘化，失去了交通干道的地位，扬州在与南京、蚌埠等附近城市的竞争中，逐渐落伍、掉队，作为大运河明珠的扬州，也风光褪去，只剩下满目疮痍。

另一方面，上世纪五六十年代之交，随着京杭大运河新航道的开辟，流经扬州市区的"古运河"更进一步被边缘化，扬州城被千百年来相依为命的大运河给抛弃了。扬州曾经"依江、靠海、傍河"的交通枢纽区位，全都不复存在。再加上新时代盐业在国民经济中的重要性不断下降，并且扬州也不再是全国盐业的中心。这样，扬州失去了传统经济的两个最重大的支柱——交通运输和盐业产销，在没有找到新的领先的支柱产业之前，扬州的重新崛起，只不过是美好的愿望。

改革开放以来，扬州有了很大的发展，但是不论与长三角的其他城市比，还是与自身的辉煌时期比，今天的扬州都显得特别尴尬。但愿随着科技的发展、经济的转型和文化的复兴，未来的扬州能重塑辉煌。

总体而言，清代以来，扬州的地位，无论是纵向的，还是横向的比较，都处在一个由高到低的变化趋势中。在清前期，扬州是全国盐业最主要的集散地，加上这里是上下江和苏南浙北漕运北上的必经之地，因而盐商巨贾云集，豪奢甲天下。极佳的地理区位，兴盛的都市文明，还吸引着南来北往的才子佳人。多种因素叠加，使得扬州市肆相连，亭台楼阁处处。扬州与苏州、杭州并称东南三大都会，俨然是江南文化的代表城市之一。当是时，这里无论运河文化、盐商文化，还是帝王文化、士大夫文化，乃至市民文化、宗教文化，都处在相当繁荣的境地。尤其是乾隆年间，不但各种文化异彩纷呈，而且随着扬州本土士人的崛起，在全国大放光芒的扬州画派，甚至更为辉煌的扬州学派，为扬州文化注入了前所未有的丰满内涵。嘉道以后，盐、运逐渐衰败，扬州渐显颓势。太平天国运动更是犹如一场暴风骤雨，将数百年的繁华都一朝打尽。之后的复苏缓慢而吃力，又由于时代巨变、技术革命，失去了赖以辉煌的根基，因此一个半世纪以来，扬州的地位也没有恢复过来。

第 1 章　瘦西湖形成过程中各阶段扬州政治、经济、文化地位及其特征

在瘦西湖的发展史上，这段时间，是最终形成的阶段。但是此前大体框架已定，所以这一时期只是不断的修缮和完善。水系方面，主要是对原有河道进行疏浚和扩容，进行局部精细化，例如莲花埂的凿断和莲花桥的修建，使得该处原有的曲折狭窄的河道变得笔直宽畅。而园林景观方面就变化更多了，如五亭桥、白塔、熙春台、小金山、钓鱼台，以及遍布瘦西湖两岸的众多园亭——影园、员园、冶春园、依园、卞园、王洗马园、贺园等名园也相继建成，形成"扬州以园亭胜"的壮观场面，而原有的景观如平山堂、天宁寺等也屡有修复和增建。但嘉道以后，随着扬州城的衰落，覆巢之下无完卵，瘦西湖也不可避免地荒颓。清末、民国时期，对不少景观进行了修复，然而时世不靖，不少景观还是永远地消失了，甚至瘦西湖的河道也曾淤塞过。新中国成立后的数十年间，瘦西湖基本处在自生自灭的境地，直到改革开放以来，才有较大的改观，不少景观得以复建，景区范围也逐渐扩大。但是，原来联成一体的大明寺、观音山寺、法海寺、红桥直到天宁寺、史可法祠等景观却被隔离开来，分属于不同的景点，这却不是正常的现象。

1.5　小结

综上所述，扬州的地位在历史时期波动甚大，盛衰相间：初时，当其为邗城时，城虽小而地位极其关键。当其为楚广陵城时，只是一般的小城邑。秦朝亦然。楚汉之际至西汉初年，广陵城地位陡然提高，吴王濞时全面繁盛，无论政治、经济，还是文化地位，都达到了其第一个千年中的顶峰。不过这段时间为时甚短，"七国之乱"后，一直至东汉末年，广陵城都只作为一个普通郡国存在着。三国时期，广陵城地处吴、魏间地，成为频繁交兵之地。西晋亦无起色。东晋南朝期间，广陵城又数次三番变成"芜城""空城"，显示出其在军事战争方面的异常重要性，所以其一直都是江淮地区的军政重地，因而此期扬州的地位在全国都是比较突出的。总体上说，这一千年正是瘦西湖的发轫阶段，扬州的地位是从低到高的。

隋唐是扬州最繁盛的时代，向称东南首善，甚至号称"扬一益二"，冠绝天下。无论政治、军事地位，还是航运、商贸、手工业，甚至文化艺术方面，其地位都空前绝后。此期，扬州的运河文化、盐商文化、宗教文化、市民文化等都很繁盛，这种繁盛大致持续到五代时期。北宋一朝，扬州地位略有降低，但仍不失为江淮军政中心，以及掌控东南半壁财赋的转运中心，此时士大夫文化开始崛起。这一时期瘦西湖无论水系还是园林景观，都有了很大的发展，大致奠定了后来瘦西湖文化景观的基本节点。

南宋至明朝前期，扬州又陷入一次长时段的衰败。明中叶起，扬州也逐渐恢复元气，再一次繁盛起来。这一时期扬州的地位是总体偏低，而瘦西湖此期却迅速发展起来，向南大大扩张，水系基本成型，南边的文化景观如法海寺、红桥等，也都建成了，从而发生了瘦西湖文化景观的多元转型。

清初扬州百废待兴，但到了清中期，却又一次达到辉煌的巅峰，只不过这一时期其政治和军事战略地位却颇平庸，其繁华主要体现在商业方面和文化领域：不仅传统的运河文化、盐商文化、市民文化、宗教文化再度大放异彩，而且帝王文化、士大夫文化也都大行其道。瘦西湖文化景观则成了当时扬州繁盛的最好注脚，在东南三大名城的比较中，号称"扬州以园亭胜"。但是，道光以后，天灾人祸接踵而至，扬州宿命似的又一次跌入低谷，瘦西湖与扬州城池一起，沦为丘墟。之后虽有恢复，却难以重振雄风，至今为一普通的地级市，泯然众城矣。

第2章

瘦西湖

景观对扬州

特征文化的演绎

Water

2.1 瘦西湖景观对扬州运河文化的演绎

在扬州的发展史上，盐业与运河是两大关键点。当二者齐备之时，扬州一般都比较兴盛，反之，扬州则市井萧条。而相比于盐业，运河对扬州盛衰的作用更大。在两千多年的岁月中，运河与扬州的关系，一直就密不可分，并在此基本上，形成了独具特色的运河文化。

2.1.1 历代扬州运河的变迁

要了解扬州的运河文化，首先必须清楚几千年里扬州运河的演变。简言之，扬州因运河而兴，而扬州区域内的运河，几千年里却经历了沧桑巨变。本文以今天扬州市区范围内（即不包括宝应、高邮、仪征等市县）的运河为研究对象，探讨其自春秋末年至今的演变历程。

扬州的运河，始于吴王夫差开邗沟。史载：鲁哀公九年"秋，吴城邗，沟通江、淮。"[1]鲁哀公九年即周敬王三十四年、吴王夫差十年，也就是公元前486年。"邗沟是我国历史文献中记载的第一条有确切开凿年代的运河。公元前486年，吴王夫差北上争霸，为了解决交通运输问题，开凿了一条南接长江、北入淮水的运河，后来这条运河屡经改道整修，一直是沟通江淮的主要运河。"[2]

邗沟又名邗江、韩江、邗溟沟、渠水，中渎水，以后历代的

---

[1]《左传·哀公九年》。此据陈戌国撰《春秋左传校注》（岳麓书社，2006年，1273页）、赵生群注《春秋左传新注》（陕西人民出版社，2008年，第1031页）、李梦生注释《左传今注》（凤凰出版社，2008年，第730页）等。《春秋左传集解》（上海人民出版社，1977年，第1762页）标点为："秋，吴城邗，通江、淮。"（1997年上海古籍出版社版同）不少书、文这样标点，是不理解邗城与邗沟之关系。
[2]安作璋主编：《中国运河文化史》，山东教育出版社，2001年，第10页。

名称有所不同，隋朝称山阳渎，因北起自山阳县（淮安），故名。大致唐以后邗沟的名称就不大用了，唐代称为官河、漕河、扬州漕渠，宋元时称扬州运河、楚州运河。运河的名称起于宋代。明清时称淮扬运河，至近代又称为里运河，里运河北自淮阴清江闸，南至扬州瓜州闸，长约一百九十公里。这段运河是京杭大运河中航道深、河面宽、水源丰富、通航能力大的河段，同时也是大运河两岸风光最壮丽的河段。[1]

关于古邗沟的基本情形，焦循的《邗记》有精彩的描述。[2] 关于邗沟邗城北段的状况，历来研究者颇多，北魏郦道元《水经注》、南宋程大昌《禹贡论山川地理图》、清代刘文淇《扬州水道记》、民国武同举《江苏水利全书》乃至今人安作璋《中国运河文化史》、嵇果煌《中国三千年运河史》等均有阐述，基本可以认定吴王夫差时的邗沟要绕道射阳湖，是为邗沟东道；而东汉末年、东晋时候数次改建之后，遂从西道走樊梁湖、津湖、白马湖，是为西道。因为超出我们的研究范围，故此不论。

但历来言邗沟者，均对邗城以南置而不论。如果说春秋末年初开邗沟时，江岸大致在今仪征县西北的胥浦、扬州市东北的湾头和江都县东北的宜陵一线，邗城正在这一线上 [3]。长江紧邻蜀冈，邗城以南无运河的话，那么以后千多年间的情形又如何呢？

---

［1］中国唐史学会唐宋运河考察队:《唐宋运河考察记》,陕西省社会科学院发行室发行，1985 年，第 74 页。
［2］（清）焦循：《邗记》，广陵书社，2003 年，第 1-2 页。
［3］扬州地区水利处：《扬州水利》。

《水经注·淮水》记载：

> 淮水右岸，即淮阴也。……县有中渎水，首受江于广陵郡之江都县，县城临江……自永和中，江都水断，其水上承欧阳埭，引江入埭，六十里至广陵城……中渎水自广陵北出武广湖东、陆阳湖西，二湖东西相直五里，水出其间，下注樊梁湖。

据《太平寰宇记》，江都故城在宋代江都县城的西南四十六里[1]。又据明万历《江都县志》，瓜洲镇在县南四十五里[2]。是汉晋江都县城与明清瓜州镇城位置相差不会太远。既然郦道元说邗沟（中渎水）"首受江于广陵郡之江都县，县城临江"，则其时邗沟南端入江口在今瓜洲镇附近一带，既曰邗沟"受江"于此，则汉魏时期邗沟当自此向北流，江都故城与广陵城（亦即今扬州城）之间的邗沟，应不存在时断时续的情形，如此则当时二城之间亦为陆地。由此反推，不过数百年前的吴王夫差时候，长江北岸应该不至于达到蜀冈南崖，也就是说，春秋末年的蜀冈以南，应已存在不窄的平原地带。若此推断成立，夫差之时，蜀冈以南必有邗沟故道。限于史料缺乏，亦无考古遗迹，夫差初开之邗沟南段情形，我们今天不可能复原出来。

《水经注》云"自永和中，江都水断，其水上承欧阳埭，引江入埭，六十里至广陵城"。这是邗沟南段第一次有明确记载的大改道，其南端入江口因而由江都故城上移至欧阳埭。对此，嵇果煌《中国三千年运河史》认为：

[1] 乐史：《太平寰宇记》卷123，中华书局标点本，第2444页。
[2]（万历）《江都县志》卷七"瓜州镇城""巡检司"条。

从以上所列第一次改建工程的记载中，可知在东汉顺帝永和年间（公元136—141年），原设置在邗城以南长江边的邗沟引水口，由于"江都水断"的原因，已无法引江水入邗沟，于是选择在上游名叫欧阳的地方（在今江苏仪征县境内）设立新的引水口。为此开凿了长约六十里的新引水渠道，并在引水口增建堰埭，以利于江水的引入和水量的控制，史称欧阳埭。而这条新开的引水渠道，也就成为邗沟的延伸段，历史上称它为真州运河，即为仪扬运河的前身。[3]

稽氏的解释中有一点可以质疑的地方，即对"江都水断"的时间判定。按郦道元之前有三个"永和"年号，一个在东汉顺帝时，即公元136—141年；另一个在东晋穆帝时，即公元345—356年；还有一个是后秦姚泓的时候，即公元416—417年；揆之情势，北魏时人郦道元不可能会用姚弘的年号，而另两个都有可能。《汉书补注》《后汉书疏证》《汉书地理志补注》等持东汉说，而《五礼通考》《尚书古注便读》《河渠纪闻》《甘棠小志》等书则持东晋说。由于没有其他资料佐证，故二者难以遽断。

以今天的情况观之，仪扬运河在扬子津附近与瓜洲运河相汇，再往北，就有一个较大的弯曲，然后基本上是笔直向北通向明清扬州古城南，如果一千多年来仪扬运河没有很大的改道的话，这种情形反映了在永和年间江都水断以前，古邗沟也是从扬子津北上的，换言之，扬子津至七里沟一段河道，基本上是古邗沟的故道。根据前文所述[2]，至迟刘宋大明年间（457—464），"九桥河"水

[1] 稽果煌：《中国三千年运河史》，北京：中国大百科全书出版社，2008年，第335页。
[2] 参看《2500年，战争与和平的交响——扬州瘦西湖文化景观的历史断代研究》"水系形成的断代研究"之"第一阶段：瘦西湖水系发轫时期（春秋战国至六朝）"。

道形成。结合两汉时期邗沟南端从江都故城发源的情况，则扬子津至"九桥河"一段河道的雏形，在汉代应已具备。

雍正《江都志》载："汉吴王濞煮海为盐，因复开邗沟，自扬州茱萸湾通海陵仓及如皋蟠溪，为运盐河之始。"对此，嵇果煌《中国三千年运河史》有较详细的解释：

> 据《太平御览·地部·沟渎》引阮胜之《南兖州记》的记载："吴王刘濞开茱萸沟，通运至海陵仓。"该运河西起茱萸湾，东迄海陵仓。茱萸湾在王都广陵（今江苏扬州）附近，海陵仓在江苏泰州境内。这条运河呈东西走向，其西端起点与北向的邗沟接通，成为邗沟的一条支线。除用于境内运输农业和业产品外，主要用于将制成的食盐运至广陵，集中后再分别运销各地，因此是我国历史上一条有名的盐运河。又据清乾隆年间编撰的《淮安府志·运河》记载："汉吴王濞开邗沟，自扬州茱萸湾通海陵仓及如皋蟠溪。"可知该邗沟支线盐运河的终点后来从海陵仓向东延长至如皋，成为今通扬运河（南通至扬州）的前身。《汉书·枚乘传》云："转粟西乡，陆行不绝，水行满河，不如海陵之仓。"[1]

这是扬州运河的第一次重大扩张，原来的运河——邗沟是南北向的，而运盐河则是东西向的，于是在西汉早期，扬州运河就形成了丁字形的结构。

扬州运河在吴王刘濞、"永和年间"两次大的变化后，南北朝期间没有大的变动，隋代有过两次大工程，分别为隋文帝开皇七年（587）和炀帝大业元年（605），前文已述。值得注意的是，隋炀帝所开之新邗沟，在扬州运河史上具有十分重要的地位，顾

[1] 嵇果煌：《中国三千年运河史》，第332页。

炎武《天下郡国利病书》卷 26 说：

> 古邗沟多迂曲，隋大业中发淮南兵夫十余万开邗沟，自山阳淮阴至于扬子江，三百余里，水面阔四十步，而后行幸焉。此后世运道直径之始也。

今人对此也有很高的评价：

> 大业时所开邗沟，"为后世运道直径之始"。邗沟重修后，自洛阳入通济渠，达泗州入淮，浮淮至山阳，顺流而下，又由扬子人江，邗沟也就成为沟通江淮南北交通的枢纽。[1]

至于隋文帝与隋炀帝所开运河走向的异同，至今争论不休：

> 对上述文帝开山阳渎，炀帝开邗沟这两条史料，有两种说法，一种认为是同一条运河，如清人刘文淇的《扬州水道记》说，"大业所开邗沟，系就开皇山阳渎又开广之"。近人朱偰亦以为"邗沟即山阳渎"。认为《通鉴》所载有误。一种认为是两条河道。顾炎武的《天下郡国利病书》认为山阳渎与邗沟是两条并存的河道，新《辞海》亦作为两条河道。[2]

在没有其他证据的情形下，对隋文帝所开山阳渎与炀帝所开邗沟的关系，我们不予置评。但可以肯定的是，隋代扬州运河又有了新的发展，古邗沟的蜀冈南麓段——"九桥河"已被废弃，至迟炀帝时，扬州运河的主道变为其东边的盛唐"官河"，这一河道，作为扬州运河的主河道，沿用了 200 多年，至中唐宝历年间（825—826），为城外新开运河所取代。

[1] 嵇果煌：《中国三千年运河史》，第 295 页。
[2] 中国唐史学会唐宋运河考察队：《唐宋运河考察记》，陕西省社会科学院发行室发行，1985 年，第 73 页。

唐代扬州运河有两个新的变化，正是这两个变革，奠定了以后一千多年扬州运河的走向。《旧唐书》卷190中《齐浣传》云：

> （开元）二十五年（737年），（齐浣）迁润州刺史，充江南东道采访处置使。润州北界隔吴江，至瓜步沙尾，纡汇六十里，船绕瓜步，多为风涛之所漂损。浣乃移其漕路，于京口塘下直渡江二十里，又开伊娄河二十五里，即达扬子县。自是免漂损之灾，岁减脚钱数十万。又立伊娄埭，官收其课，迄今利济焉。

对此，《资治通鉴》卷214记云：

> （开元二十六年，738年，十月）润州刺史齐浣奏："自瓜步济江迂六十里。请自京口埭下直济江，穿伊娄河二十五里即达扬子县，立伊娄埭。"从之。

《重修扬州府志》卷二二《兵志一》载：

> 伊娄河在府南二十里扬子镇，南通大江。自隋以前，扬子镇临江迳渡京口。唐时积沙二十余里。渡江者绕瓜洲沙尾纡行六十里。开元二十六年（738年）齐浣为润州刺史，请于京口埭下直趋渡江二十里，开伊娄河于扬州南。至德中永王璘作乱，据丹阳。淮南采访使李承式遣裴戎，以广陵卒三千戍伊娄埭。

《瓜洲续志》卷二《山川》载：

> 《唐地理志》伊娄河，开元二十七年（739年）润州刺史齐浣所开（按《浣本传》云：州北距瓜步沙尾，纡汇六十里，舟多败溺。浣徙漕路，由京口埭，治伊娄渠以达扬子，岁无覆舟，减运钱数十万）。《唐书·音训》：京口在润州城东北甘露寺侧。瓜步在今真州西六十里，距扬州一百二十里。宋文帝馈百牢于魏处也。

即从瓜洲南缘临江水处引江水一路北上，至高旻寺附近，与仪征运河汇合，这段河当时叫伊娄河，其南端的埭口，即伊娄埭。这就是一直延续至今的扬州"古运河"南段，此后1200多年里没有大的变化。

史载唐德宗兴元初（784），"扬州官河填淤，漕挽堙塞，又侨寄衣冠及工商等多侵衢造宅，行旅拥弊。"[1] "兴元初，（杜亚）入迁刑部侍郎，又拜淮西节度使。至则治漕渠，引湖陂，筑防庸，入之渠中，以通大舟，夹堤高印，田因得溉灌。疏启道衢，彻壅通埋，人皆悦赖。"[2]不过杜亚的工作，只是对就官河进行疏浚和修整，并没有进行大的改造。

但是敬宗宝历二年（826）王播的改造工程，对于大运河，对于扬州城，都是革命性的。在前文所引两《唐书》的史料之外，《册府元龟》也有详细的记载：

> （宝历）二年正月，盐铁转运使上言："扬州城内管（官）河通江淮漕运，或时遇旱浅，即行李艰难，舳舻接连，拥积成弊，动经旬朔，不及程期，非惟供输是忧，兼亦商旅难济。今请从罗城南阊门古七里港开河渠向东，屈曲取禅智寺桥，东通旧管（官）河，长一十九里，其所役工价并于当使方圆羡余支遣。"从之。[3]

结合《2500年，战争与和平的交响——扬州瘦西湖文化景观的历史断代研究》的阐述，可确定"古七里港"当在今城南文峰寺附近，与七里河有关。该处古运河有一个较大的拐弯，先是由

[1]《旧唐书》卷146《杜亚传》。
[2]《新唐书》卷172《杜亚传》。
[3]《册府元龟》卷497《邦计部·河渠二》。

南北向转为东西向，流了一段距离之后又转为南北向。今扬农集团以北，二道河呈笔直的南北向，以南，从七里河大转弯处至七里河从"汉河"引流处，基本上也是笔直的南北向。综合考察，今七里河南北向与东西向的转折处，当即唐代王播所开新河之南端，这个地方不仅是唐代"九桥河"与新开城外运河的分流处，还可能是城内官河的南端引流处。正因为这个大拐弯又显著又重要，所以"七里港（沟、河）"之名历经千年，直到今天仍然存在。

中唐的这次大规模改建之后，近200年间，扬州运河没有很大的变化，直到1019年。《续资治通鉴长编》卷93载：

> 天禧三年（1019年）六月，江淮发运使贾宗言："诸路岁漕，自真、扬入淮、汴，历堰者五，粮载烦于剥卸，民力疲于牵挽，官司舰舟由此速坏。今议开扬州古河，缭城南接运渠，毁龙舟、新兴、茱萸三堰，通漕路以均水势，岁省官费数十万，功利甚厚。"诏屯田郎中梁楚、阁门祗候李居中按视，以为当然。于是役成，水注新河，与三堰平，漕船无阻，公私大称其便。

对此，清人刘文淇在《扬州水道记》卷一说：

> 天禧三年（1019年）六月，浚淮南漕渠，废三堰。四年春正月丙寅，开扬州运河。此扬州运河废三堰，开新河，即今城南有运河之始。

从"今议开扬州古河，缭城南接运渠"，刘文淇以为"即今城南有运河之始"，可以推断：一、王播所开城外运河，当沿东城垣而流，故宋代所开新河"缭城南"可"接运渠"；二、王播所开河，南段不缭绕南城垣，故宋"开新河，即今城南有运河之始"。

王播所开运河，南段与今七里河西段当大体一致，在今东花园小学附近折向北行，然后紧贴东城墙北流。

但刘文淇的说法不一定对，因为贾宗说的是"开扬州古河"，很可能"古河"本"缭城南接运渠"，宋代只不过是重新疏通旧河道而已。如此，则唐代王播所开城外运河，很可能就是绕城南再折而绕城东的。嵇果煌即这样认为：

> 贾宗所说的开扬州古河，当是在扬子桥至扬州之间开凿一条新河并重开唐时王播所凿七里港河的部分河道，使之相接，再连通楚扬运河。具体说，就是：从瓜洲运河与真扬运河交会处的扬子桥，向北开凿一条有多处弯道的新河至扬州城南，接古运河（即唐时的七里港河），绕至城东，折向北行至东水门，再折向东行，经禅智寺桥至茱萸镇（今湾头镇）接楚扬运河。这条新开的运河，因起自扬州城以南，史称城南运河。其特点是弯道多，这是有意设计成这样的，借此可以延长流程，减小比降，减少河水流失，以利于取代龙舟、新兴、茱萸三座堰埭，这就是上引记载中所说"凿近堰漕路，以均水势"的含义。在开通的新河中引入江水后，结果水流平稳，并能保持着未废除三堰前同样的水位，这就是记载中所说"水注新河，与三堰平"的含义。最后，因废除了横卧在运河上的三座堰陡楚扬运河南段一路畅通，"漕船无阻，公私大便"。总之，当时采取开凿一条弯道多的新河以取代三座堰埭的工程措施，是十分成功的。[1]

嵇先生的说法，对解释今天古运河大弯道的出现，很有启发意义，但对于"古河"及其走向的看法，有待进一步考虑。如前所述，王播所开的七里港河是首先"开河渠向东"的，即近似今七

---

[1] 嵇果煌：《中国三千年运河史》，第884-885页。

里河的东西走向，考虑到与扬州城的方位，其不可能绕扬州南城垣，所以"向北开凿一条有多处弯道的新河至扬州城南，接古运河（即唐时的七里港河），绕至城东"，难与史实相符。而且，按嵇先生的说法，是先"向北开凿一条有多处弯道的新河"，与开扬州"古河"之意也相悖。真实的情况可能是：从古七里港开始，重新疏浚并拓宽"古河"，大致即今文峰寺至城南河道，这条河道与汶河路处在同一直线上，当即隋炀帝至唐前期的邗沟故道，这就是"开扬州古河"的提法之由来。不过新运河不入城，而是缭绕扬州城的南城墙向东流，转过东南城墙角与王播所开的七里港河汇合，再沿着东墙北流。只是这样虽然可以沿用部分古河道，却仍然是直道，水源问题还是不能很好地解决。因此，要在今汉河附近"凿近堰漕路"开新河，先略偏向西北，继而转向东流，再与隋唐"古河"相接，从而形成曲河，以平缓水势，并在"凿近堰漕路"的新旧河道分流处采取措施，形成蓄水池，大体就是今天的汉河之雏形。

除此之外，从北宋末年一直到民国时期，运河扬州段都没有大的变化。但破坏、维护、疏浚、整修等事情却经常有。宋室南迁以后，金兵不断发动南侵。为防御金军，南宋政权下令烧毁扬州湾头港口闸、泰州姜堰、通州白莆堰等运河设施，又令宣抚司拆毁真扬等段运河堰闸、塘坝等。真扬运河的重要水源陈公塘也遭砭破坏，致使运河阻塞。南宋政权偏安江南后，为了漕运等需要，复陆续浚治江淮运河。如绍兴五年（1135），高宗命淮南宣抚司调民夫开浚瓜洲至淮河口段运河浅涩之处。乾道六年（1170），孝宗命淮东提举徐子寅开浚自扬州湾头港口至镇西山光寺前一段运河。次年，又命淮南漕臣开浚洪泽至龟山运河等。淳熙十四年

（1187）又重修瓜洲、真州闸，并浚修高邮至宝应段运河。[1]

进入元代，扬州运河亦得到朝廷重视。当时淮扬运河因年久失修淤浅，使漕船过闸皆需人力盘驳。故世祖至元二十一年（1284），朝廷发兵夫疏浚扬州段运河。成宗大德四年（1300）正月复浚淮东运河。大德十年（1306）正月，再浚真州、扬州段运河，同时浚治江南漕河，是当时对运河一次较大规模的疏浚整修，使运河得以畅通。英宗延祐元年（1314）十二月，又浚扬州、淮安等处运河。元代扬州运河包括运盐河，宋代曾设军疏浚，元初渐淤。延祐四年（1317）两淮运司奏请修治。次年二月，中书省会河南行省、运司及各州县官吏勘察，通行修治，于是又有疏浚扬州运河之举。[2]

明代对江淮运河的治理主要是黄淮交汇处和邵伯至白马诸湖，以及泰州白塔河，扬州段没有大动作。清代依然如是，但康熙年间靳辅、张鹏翮治河等，都涉及扬州运河的维修和疏浚。

不过咸丰年间太平军占领南京、扬州等地，切断了大运河的航运；两年后的1855年，黄河铜瓦厢决口，改道北流，对京杭大运河的摧毁更为严重。此后，扬州运河虽然还在发挥作用，但由于大运河北段逐渐停航，清政府改行海运直至废止漕运，再到近代铁路、公路的兴起，扬州运河再也不能恢复往日的风光了。

1949年以后，作为京杭大运河建设与整治工程的一部分，扬州运河新挖了河道，即从湾头镇笔直向南至六圩入江的新运河，相应的，原来从瓜洲至茱萸湾的曲折河道就被叫做"古运河"了。

---

[1] 参见安作璋主编《中国运河文化史》，山东教育出版社，2001年，第673-674页。
[2] 参见安作璋主编《中国运河文化史》，山东教育出版社，2001年，第691页。

综观今扬州市区文昌路一带的运河发展史，可以看到，从古至今，南北向的扬州运河有着一个自西向东逐渐转移的过程，先秦的古邗沟且不说，秦汉六朝的古邗沟大致是今二道河的走向，在从古至今的四条运河中最靠西边；隋至中唐的新邗沟基本上与今玉带河、汶河路重合，已在旧邗沟的东面；唐宋元明清的运河即今"古运河"，又比玉带河更往东；至于今天的京杭大运河扬州段，相较汉晋古邗沟来说，已比明清运河更靠东一倍距离了。

2.1.2 扬州运河文化的特征

运河，是扬州之所以成为名扬天下的"扬州"的根本原因。没有运河的扬州，充其量只是一个普普通通的城市，而不可能在历史上屡次成为大都会。从扬州几千年的运河史，可以看出扬州运河文化具有以下特征：

首先，扬州的运河文化是一种商业文化。虽然有人主张，运河文化本质上是一种农业文明和商业文明的结合物，但这是从南北大运河作为漕运大通道的角度说的。具体从扬州来看，运河文化的本质却是一种商业文化，经济性是它最重要的特征。正是因为运河源源不断地汇集来自江南北、海内外的各种商品，扬州才能成为唐后期天下第一的大都会，此后北宋、明清时期扬州的鼎盛，也都与运河的这种商业功能密不可分。

其次，扬州的运河文化是一种政治文化。政治性是南北大运河的根本属性之一。最初的邗沟，出于吴王夫差北伐中原的需要。隋代的山阳渎，以及后来贯通涿郡和余杭的大运河，分别出于军事征服和巩固统治的目的。至于唐宋的汴渠，明清的京杭大运河，更是中原皇朝赖以生存的根本。扬州运河作为南北大运河的一部分，这种特征体现得最为明显。如隋炀帝数次三番经运河临幸江都，表面上是因贪恋扬州的美好，深层目的却是为了巩固他的根据地。唐宋时期，转运使一般都常驻扬州。清代康熙、乾隆两位帝王几度南巡，必经之路都是大运河，也是为了维持皇朝基本经济区的稳定和谐。

再次，扬州运河文化具有包容性和开放性。联合国教科文组织关于《保护世界文化和自然遗产公约》的最新一版《行动指南》把大运河的特点归结为："它代表了人类的迁徙和流动，代表了多维度的商品、思想、知识和价值的互惠和持续不断的交流，并代表了因此产生的文化在时间和空间上的交流与相互滋养，这些滋养长期以来通过物质和非物质遗产不断得到体现……"不同文化的交融、滋养，正是扬州运河文化包容性和开放性的体现。扬州居于南北交流的中心地区，其文化本身就具有南北交融、东西交汇的特征，而这种特征却是由运河所赐予的。包容性，表现为不同的文化在扬州和谐共存，如佛教、道教、伊斯兰教、基督教以及儒家文化，又如盐商文化、市民文化的丰富多彩。其典型代表就是瘦西湖中白塔和五亭桥一带，不但南北方不同的艺术理念完美地融合在一起，而且佛教（法海寺）、道教（关帝庙）、儒家（钓鱼台）等共处于一地，互利互惠。

2.1.3 运河对扬州城濠水系的影响

运河对扬州的影响，不仅表现在政治、经济、文化等宏观的形而上的层面，事实上，对于扬州城池本身，运河也发挥了直接的深远的影响，二者几乎就是密不可分的共同体。

众所周知，吴国邗城本身即因运河而兴建。虽然今天已经无法确知两者的具体位置，从而不可能真实复原当时的情形，但大致上邗城位于蜀冈之上，邗沟沿着其东、南方流过则是不成问题的。而且，其南边，很可能是以邗沟作为护城河，从而使邗沟同时具有了城濠与运河的双重功能。正因此，对于邗城来说，邗沟也是其联系外部世界的重要纽带，且很可能是最主要的交通途径。

邗城之后，继有楚广陵城的修筑和汉广陵城的扩建，关于此二城的方位，《2500 年，战争与和平的交响——扬州瘦西湖文化景观的历史断代研究》已述，邗沟在其南边，其情形略如邗城。考古发掘出汉广陵城的东南水门[1]，说明当时运河与城内相通，亦证明城与河的关系极其密切，城市的发展与运河休戚相关，不可分离。

至刘宋大明年间，刘诞开南门，与邗沟运河相接，则在南水门之外，运河与广陵城的联系通道又多了一条，这一状况至唐、五代不改。

隋文帝、炀帝两次开运河，前文已述，其中炀帝复开邗沟的意义更为重大。因该"邗沟"即为唐代扬州"官河"，其对唐代扬州的繁荣尤为重要，所谓"春风十里扬州路"等等均是谓此。

中唐王播开城外新河，是扬州运河发展史上的重要转折点，其规制直接影响了其后一千多年扬州城池的发展。如前文所述，当时的城外新河，主要是沿扬州城的东城墙而行。也就是说，在王播开河时，直接利用了原先的扬州城墙及其护城河。而如果我们认为扬州城的最大规模是后来高骈才完成的话，那么扩筑的扬

[1] 按：该水门亦有可能在邗城时已存在。目前考古学界比较认同汉广陵城包括邗城与楚广陵城，邗城在其东南角，而楚广陵城在其西部。如此，则东南水门也许邗城即有，楚广陵城无，但汉广陵城有。

州城东城墙南段，反过来倒是借用了运河作为护城河。这种复杂的城濠与运河的角色转换，在北宋末年又一次发生了。当时要对运河进行改建，即前引《续资治通鉴长编》卷93载："今议开扬州古河，缭城南接运渠，毁龙舟、新兴、茱萸三堰，通漕路以均水势，岁省官费数十万，功利甚厚。诏屯田郎中梁楚、阁门祇候李居中按视，以为当然。于是役成，水注新河，与三堰平，漕船无阻，公私大称其便。"据前文考证，今天"古运河"的南城墙段即形成于此时，而学界早已公认，唐代罗城的南城墙与清代几乎重合，也就是说，北宋末年的该段运河，事实上也借用了唐代的城濠。到了明代嘉靖三十五年（1556）建"新城"，其南边和东边的城濠，又再次沿用了古运河，而不用另建城濠。

但扬州运河与护城河的关系远不止以上这些。北宋的州城，乃是截取唐罗城的东南部分改建而成，其东城濠沿袭唐末的运河自不待言，然而其西城濠事实上也是借用了运河，只不过这条运河，已是被废弃的，当时不具有"运河"的功能罢了，然而其名气一点也不小——这就是古邗沟，亦是《2500年，战争与和平的交响——扬州瘦西湖文化景观的历史断代研究》已经详细论述过的"九桥河"。九桥河在唐代，因为东边"官河"的缘故，不再发挥运输作用，然而河道仍在，于是后周末年，乃将之改修为城濠，在其东侧修筑城墙，北边亦缩建，沿用唐代的东、南城墙，"周小城"遂成。"九桥河"作为城濠，其各段的时间是不一样的。南段最久，从10世纪中叶一直到20世纪中叶，整整一千年，其退出历史舞台，还是扬州城墙被全部拆除，连带不需要护城河了。中段次之，从10世纪中叶至14世纪中叶，朱元璋的部队又一次缩建扬州城为止，其作为宋元扬州的西护城河，历时400年。而北段为时最短，只是南宋朝作为夹城的西城濠，存在了大约百年的时光。值得指出的是，南宋时期，因夹城和堡城的修筑，古邗沟运河的蜀冈南麓段，再一次变成了护城河，而且是同时作为两座城池的护城河，即宋堡城的南城濠与夹城的北城濠，这在扬州城池史上，也是独一无二的。

2.1.4　瘦西湖与运河文化的关系

扬州运河与瘦西湖的关系比较复杂。既不像某些人认为的那样毫无关系，也不同于有些人所主张的：明清时期瘦西湖水系依然是运河的重要组成部分。

根据《2500年，战争与和平的交响——扬州瘦西湖文化景观的历史断代研究》的考察和分析，扬州运河的始祖——邗沟，即唐代的"九桥河"，其走向本来是跟瘦西湖C段一致的。至少在刘宋大明年间至隋初，今天的瘦西湖C段水体，曾经做过运河。即是说，今天的扬州运河与扬州瘦西湖，具有共同的历史渊源。

除此之外，瘦西湖本是扬州城不断演变的副产品，而扬州城的历次变化，莫不与运河息息相关。建在蜀冈上的扬州古城，乃倚冈南之运河而生，且从不曾与运河割除关系。蜀冈下的扬州城，与运河间的关系更紧密，一般都以运河及其遗产——"市河"作为城中的生命线，自唐，历宋、元，迄于明、清，莫不如此；其东、南的城垣往往傍河而筑。这就使得扬州城的发展不断偏向东南方，而西北遂不断湮废，其废弃或新建的护城河，于是就成了瘦西湖的湖体。

具体说来，自从隋炀帝开凿新邗沟，形成"直河"后，扬州运河的河道，遂东移至唐代的城内南北向"官河"，今天瘦西湖的 C 段水体，于是与运河分离，不再有直接的关系。但唐城内的这条"官河"，却与今天瘦西湖 D 段所在的地方是相交的，只是当时瘦西湖 D 段水体尚未形成，这种关系并没有任何实质性的意义。

中唐王播开挖城外新河之后，运河的主干道遂不再入城，瘦西湖与运河之间也就没有直接的交集了。但这并不是说二者从此不存在任何的联系。因为扬州地区本是一个纵横交错的水网，运河并非一独立的水系，而是与大大小小的自然河流，以及人工开挖的护城河、旧运河等，共享一个彼此交融的水网的。瘦西湖的水流，在不同的时代，都可以通过不同的河道与运河相通。唐后期是通过"北江"，以及南边的"九桥河"源头。北宋城垣缩小后，直接通过西、北的护城河。南宋修建"夹城"后，瘦西湖本身水系扩充很大，与运河的水道联系也就更多，甚至可在一定程度上补充运河的水源。元代至明中期，这种状况基本上没有变化。万历年间新城的北城濠凿通后，瘦西湖与运河的联系就更方便了。雍正《扬州府志》曰：

> 保障河一曰炮山河，南通古渡桥，北抵红桥，西绕法海寺。明崇祯十年开，雍正十年知府尹会一重浚……市河自便益门外高桥运河口起，历保障河、砚池口，至南门外二道沟接运河。

《甘泉县续志》也说：

> 长春岭四周湖水广阔。又南为保障河，即炮山河……会北门城濠之水，为西门外濠，过西门二钓桥，南入江都县境，汇为南湖及砚池，东南出二道沟口接运河。

这是说二者在南边的交汇。此外还有两种汇流方式，一是瘦西湖 B、C 段过长春桥，通过北部的漕河；一是瘦西湖 D 段直接向东，通过新城北护城河，二者皆在东边与运河相汇。

这是就瘦西湖的水体而言。其实瘦西湖的园林景观，也与运河有千丝万缕的关系。首先，建筑园林亭台的材料，如木头、石料、盆景、奇花异草等，往往并非扬州本地所产，都是要通过运河从别处运来的。其次，建造园亭的花费，往往是官绅、盐商的私财，这种私财，很多都来自于盐业收入，而食盐不经过运销，是很难变成钱财的，这运销的方式，大多又都与运河相关联。

更重要的是精神层面的联系。运河沟通不同的水系，本质上是开放的。瘦西湖的水系，四通八达，已如前述，故而它与运河一样，也具有天然的开放性。而瘦西湖的景观，也处处体现出开放性的特征来。我们知道，苏州和北京等地的园林，往往都是私家园林，是园主私人的财产，因此是封闭的空间，不对外开放的。扬州城内的园林也大多如此，可是瘦西湖的园林，却具有半开放的性格，在节庆日，或者某些特殊的时候，会对部分民众开放。至于大明寺、平山堂、观音山、法海寺、关帝庙、天宁寺等景观，则更是全开放的公共空间了。所以说瘦西湖的景观，具有别处所不具有的一种开放性，而这种开放性，其实与运河的开放精神是一脉相承的。这种特征在瘦西湖的十里水路中得到延续，且瘦西湖的两岸景观，往往也具有这种非封闭性。

瘦西湖与运河一样，也具有包容性。其包容性体现为儒家文化和佛教文化、道教文化的和谐共存，典型的即是平山堂、谷林堂和大明寺一千年来一直共处一地，法海寺、关帝庙、钓鱼台等也相距不远，更别说整个瘦西湖的景观体系中，最具代表性的四大寺庙与三贤遗迹（即二堂与红桥）了，毫不夸张地说，正是这几大儒、佛教标志性景观，撑起了瘦西湖的整个景观系统。瘦西湖的这种包容性，更可以具体到一座景观上，那即是五亭桥，众所周知，五亭桥的桥墩厚重朴实，是北方建筑的风格；而亭檐轻盈美丽，又具有南派特征。事实上，瘦西湖的景观，很多地方都透露出其融汇南北、涵盖东西的特点，不必一一列举了。

另一种二者共有的特征，是对豪奢、壮丽和精美的极致追求。运河具有这种特征是不必言的了，古代的运河，经常是千帆竞发的宏伟场面，除了漕粮及类似的生活物资的运输，其他的船舶，鲜有不富丽堂皇的，隋炀帝和乾隆皇帝的龙舟且不必说，就是达官贵人或盐商巨富的座舟，也都是雕梁画栋、穷极工巧。这种极致的追求，同样表现在瘦西湖上，尤其是其中的园林，大多是名绅巨商所建，号称"扬州以园亭胜"，即便杭州、苏州亦不能比，可知其此种追求所达到的境界了。所以说，瘦西湖的性格与运河文化具有十分的契合之处。

总之，瘦西湖与运河之间的关系十分紧密，瘦西湖对运河文化的演绎也是颇堪探讨的。

2.1.5　小结

今扬州市区一带的运河，最早为邗沟，其走向大致即唐代的"九桥河"，亦即今天瘦西湖C段的前身；隋代在其东面新挖了一条运河，即唐代城内的"官河"，宋以后称"市河"，新中国成立后被填作汶河路；中唐的运河主干道又一次向东迁徙，变成城外靠东城墙流淌的新河，其南段在宋代改沿南城墙而流，此后一直沿用，即今天所谓的"古运河";新中国成立后,在茱萸湾一带开挖了新的南北直向的大运河航道。因此,扬州运河几千年来一个大的总体的趋势是东徙。

扬州运河与城池和瘦西湖的变迁也息息相关。当扬州古城在蜀冈上时,运河不仅是其南城濠,还是瘦西湖一部分的前身。隋唐罗城扩张至冈下平原,运河则纵贯其中,后来逐渐改绕城东而过,北宋后期,更进而萦绕城南。于是宋、元、明、清乃至民国,运河都不仅成为扬州的护城河,甚至还成了约束城市发展的一条主要界限。此期,运河并通过扬州四通八达的水网与瘦西湖水系相沟通,为瘦西湖的建设源源不断地输送各种物资。

扬州运河文化即是一种商业文化,也是一种政治文化,因此既具有经济性,也具有政治性,同时它还具备包容性和开放性。这几种特征,恰好也都与瘦西湖的景观特征相契合。

2.2 瘦西湖景观对扬州盐商文化的演绎

今天我们一谈到扬州的历史和文化,往往都会提到盐商这样一个群体的概念。事实上,盐商作为一个商人群体,肇端并不在扬州,而是主要由徽商发展而来。但是,由于种种历史的机缘巧合,特别是扬州作为一个运河交通枢纽、水路贸易中心城市的地位奠定之后,盐商的活动逐渐向扬州集聚,而扬州也就变成了盐商活动的中心。应该说,扬州和盐商是互为影响的两个层面,两者在不断的交互中共同得到发展。没有扬州的历史地理优势地位,盐商也就没有发展的基础,而盐商的发展壮大及其在扬州当地的政治、经济、文化、生活中产生的作用,也反过来进一步推动了扬州各方面的发展进步。而这，也就是扬州与盐商两者之间的辩证关系。

从扬州的整体历史发展脉络来看，盐商的历史只能算作其中一个片段，而并非贯穿始终的因素。从宏观上理解，这个片段所展现的只是在某一段历史时期扬州的城市经济的发展所达到的一个高峰。当然，我们不能忽略扬州与盐商的这一段历史，但是也应避免过于夸大盐商历史地位的倾向。最严谨的做法应该是将盐商的历史限定在特定的历史时间和空间中加以客观的分析评估，既不抹杀其贡献，也不夸大其影响，尽可能地还原其真实面貌。无论如何，历史上扬州的繁荣和盐商的辉煌都已经成为过去，还原并尊重历史的真实，是我们今天唯一可以做并且也是应该去做的事。

在界定了扬州与盐商的关系之后，我们可以进一步来讨论一下扬州的"盐商文化"这样一个概念。首先，盐商是有其文化的意义的，这一点应该不存在争议。历史上，随着盐商经济活动的成功和财富的大量积累，他们借助自己手中的财富，对地方乃至国家的政治、军事、社会、文化都产生了一定的影响，而其群体内部也逐渐发生一些质的转变，即从商人向所谓的绅商乃至士商转变，其群体的知识内涵和文化素质亦在不断发展，最终形成一个集财富、文化乃至权力于一身的特殊群体，这一过程本身就是一种重要的文化现象。其次，盐商的活动在全国各地都有展开，但是像这样一种"盐商文化"的现象，在历史上以扬州这一城市为地域舞台的呈现，却可以说是最具代表性的。

最后，我们将把讨论集中到瘦西湖如何演绎扬州盐商文化的问题上，聚焦到瘦西湖，我们可以发现，瘦西湖和历史上扬州盐商的活动有着千丝万缕的关系，比如盐商群体在瘦西湖范围内大量营造私家园林，奠定了瘦西湖鼎盛时期的景观基础；又如盐商群体在乾隆南巡期间对瘦西湖的大规模修建，直接造成了瘦西湖有史以来最繁盛的景观状态；当然，在基础建设活动之外，不能忽略的还有盐商群体在其中的活动所体现的休闲性、公共性特征对于瘦西湖景观功能的影响；最后，盐商的衰落也成为瘦西湖景观阶段性衰败的重要诱因之一。今天我们已经看不到昔日盐商们围绕瘦西湖所展开的各种活动场景，但是瘦西湖仍然还在那里，通过瘦西湖的景观演绎，还是能够向我们传递大量关于扬州盐商文化的历史信息。

2.2.1 扬州盐商文化的肇端

对历史上的商人问题稍有研究就能知道，古代商人行商获利的根本模式，是通过不同地区间的货物运输、交换以赚取高额差价。因此商业盈利取决于两个关键因素，首先是交易物品的选择，其次就是交通运输的状况。而具体到盐商而言，首先其交易物品是固定的，那就是盐，盐是居民生活必备物品，销路不成问题，且盐业历来为政府掌控，基本属于垄断行业，其利润率极高，而因为盐的产地局限，其经营必须依靠运输，因而解决运输问题也就成为盐业的核心问题。从历史上可以看到，一旦运输条件比较顺畅，盐业的获利就相应较高，反之则获利微薄，运输可谓其唯一的成本支出。因此我们就不难理解，利益优先的盐商，必然会追逐交通便利之地而聚之。

事实上，因为盐的问题事关民生，所以盐的运输也是政府十分关注和致力解决的问题，在这一点上，政府和盐商的利益是一致的。历史上，从隋代开凿大运河开始，这种人工干预、创造交通运输途径的理念，使得中国的运输状况，特别是水路运输的状况发生了质的飞跃，关于大运河在中国历史上的政治、经济、文化影响，如何评价都不过分，这在之前的论述中已经有所展开。这里我们仅需要注意一点，那就是大运河带来的水路运输条件的飞跃，对扬州和扬州盐商文化，都是一个关键性的前提。

我们或许会问这样一个问题，如果说大运河是盐业运输的关键，那大运河沿线城市诸多，为何独独扬州成为了盐业贸易和盐商活动的中心呢？这当然是有其内在逻辑和原因的，这和历史上政府在对大运河及其水运系统的规划中，把扬州作为一个关键性的节点加以建设有着直接的关系。

大运河的大规模开凿始于隋代，但隋代二世而亡，在一个政权并不稳固的时代，像大运河这样的工程很难真正得到完善和利用。所以说，大运河真正发挥其应有的功能和价值，基本上是要到进入唐代以后，整个社会趋于稳定，政府有了实在的统筹和建设能力之后了。有唐一代，对于大运河的进一步建设，才使其真正成为一条水路运输的主干道。但是，光有水路运输的条件还是不够的，水上运输的另一个重要条件是中转和补给点的建设。而唐朝政府为了解决这一问题，把目光投向了扬州这座城市。

为了适应大规模运输的需要，唐朝政府很注重扬州附近的水利建设。据《资治通鉴》，开元二十六年（738），润州刺史齐浣奏："自瓜步济江迂六十里。请自京口埭下直济江，穿伊娄河二十五里即达扬子县，立伊娄埭。"这就是说，由于历年江沙淤积，原来露出江面的其形如瓜的瓜洲，至唐代已与北岸相连，扬州入江渡口的扬子镇已不在江岸上，南北往来需绕道六十余里，且多风涛，不便运输，建议改移漕路，由润州的京口埭渡江二十里，再从瓜洲开出一条二十五里长的伊娄河直通扬子镇。朝廷批准了这个建议，由齐浣主持开出了这条瓜洲、扬子镇之间的伊娄河，亦称瓜洲运河或扬州新河；于江口设埭立斗门以通漕运。伊娄河的开成，省去迂道之苦，舟不漂溺，岁利甚巨。李白在《题瓜洲新河饯族叔舍人贲》一诗中赞云："齐公凿新河，万古流不绝。丰功利生人，天地同朽灭。"当时瓜洲虽与江北相接，却划归润州管辖，所以这条河由润州刺史主持开发。直到唐代宗时，淮南节度使张延赏请以江为界，瓜洲遂划归扬州。

又如唐敬宗宝历二年（826），盐铁使王播因"时扬州城内官河水浅，遇旱即滞漕船，乃奏自城南阊门西七里港开河，向东屈曲，取禅智寺桥通旧官河，开凿稍深，舟航易济，所开长一十九里"。此前，扬州原有爱敬陂水门，贞元四年（788）因"扬州官河淤垫，漕挽埋塞，又侨寄衣冠及工商等多侵衢造宅，行旅拥滞"，淮南节度使杜亚遂疏浚官河，自城西引陂水流向城隅，复疏浚陈公塘、勾城塘，建斗门，筑长堤，引水至城内官河，使舟船畅通。过了三十多年，城内官河又复淤塞，于是王播自城南阊门西七里港开河向东曲折，取道禅智寺桥新旧官河，开凿浚泻，计长十九里，甚便漕运，即七里港河。此河至今尚发挥作用。

应该说，隋代开凿大运河，但远远没有达到完成的程度，正是唐朝的继续建设才发挥了其应有的功用，而为配合大运河的后续建设，扬州作为一个中转要冲，同步得到了建设和发展，最初是水利建设的完善，继之则是配套设施的建设，而正是因为有了这些至关重要的基础建设工作，奠定了扬州的地理、经济的优势地位，也决定了其作为盐运路程中核心环节的位置。

当然，基础建设只是一个方面，另一方面，政策法规的改革也为盐业的发展提供了发展的土壤，不仅如此，唐代的盐法改革，在很大程度上也直接促进了扬州大发展。唐肃宗时定榷盐法，由产盐地设立盐院，制盐的亭户生产出来的盐一律统归官卖，严禁走私，"尽榷天下盐斗，加价百钱而出之"，盐税成为朝廷的重要收入。至唐肃宗乾元三年（760），著名的理财家刘晏任度支、铸钱、铁盐龟等使，认为盐使多则州县扰，取消盐院，只在产盐地设盐官，收亭户制成的盐转卖给商人，任其贩卖。对离盐乡较远的地区，则转贮官盐发售，对盐商不到、盐价昂贵的地区，则减价出售，名"常平盐"。这样，国家既收厚利，而民亦不觉盐贵。刘晏初任职时，江淮盐利才四十万缗，至大历末期，达到六百余万缗。天下的赋税，盐利占了一半。作为海盐集中地的扬州，也就成了全国最富饶的城市之一。

"南北东西不失家，风水为乡船作宅。"这是当时盐商生活的写照。这些盐船大都是从扬州出发的。唐代淮南沿海一带生产的盐，多先集中于扬州，再由扬州分配给各地。刘晏改革盐法，由产地盐官收亭户盐转卖给商人，任商人自行贩卖。盐商就更以扬州为中心点，从这里把盐运往各地，甚至远达长安。《新唐书·刘晏传》记，有一年京城长安食盐价格暴涨，唐朝廷命从淮南取盐三万斛，以救关中之急。命令下达后，仅用了四十天时间，就从扬州将盐如数运到长安，时人以为奇事。盐为人人每日所需，销售量极大,盐商来往也极为频繁。诗人白居易《盐商妇》一诗中写道:"婿作盐商十五年,不属州县属天子。每年盐利入官时,少入官家多入私。官家利薄私家厚,盐铁尚书远不知……"可见盐商获利之丰。

但是,总的来说,这一时期,从事盐业的商贾们的流动性是很大的。他们绝大多数不是扬州本地人,而是从四面八方来到扬州,然后又从扬州去到四面八方,只是以扬州为根据地,做着运往输来的大买卖。他们所到之处极广,有携家带眷前往江西的,所谓"大舸高帆一百尺,新声促柱十三弦,扬州市里商人女,来占江西明月天";有一别数年远赴长安的,所谓"扬州桥边少妇,长安城里商人。三年不得消息,各自拜鬼求神"。这种全国性的商业活动,促进了各地物资的广泛交流,但却没有改变盐商们四处漂泊的命运。

随着时代的发展,扬州城市发展的一步步成熟,商人们也开始意识到应该有一个稳定的落脚点,而作为他们交易活动的中心,扬州也就成了他们的不二之选。我们都知道,早期从事盐业贸易的,以徽商居多。而我们现在也知道,这些徽商中的盐商,后来很多都移籍扬州,在扬州生活了下来。

扬州的盐商以徽人为多。民国《歙县志》说,"两淮八总商,邑人恒占其四",占了一半比重。不在总商之列的,人数更多,成为庞大的徽商集团。徽商来扬州经商时间最长,根基也最深,非其他地方商人可比。近人陈去病《五石脂》谓:徽人在扬州最早,考其时代,当在有明中叶,故扬州之盛,实徽商开之,扬,盖徽商殖民地也。故徽郡大姓,如汪、程、江、洪、潘、郑、黄、许诸氏莫不有之，大略皆因流寓而著籍者也。这就是说，有些徽州大姓已落籍扬州了。而这种现象，到了清朝就已经表现非常明显了。

至此，我们大致可以认为，经过唐以后的逐步建设，宋、明两世的酝酿，及至清代，原先以徽商为主的盐商，陆续在扬州一地落户，成为这座城市不可分割的组成部分，他们在这座城市中生活，经营着他们的历代相传的家族事业，同时也作为这座城市发展重要的推动力量，和扬州这座城市紧密交融在一起。而所谓的扬州盐商文化，也正是在这样的基础和背景之下，逐步生成和发展起来的。

2.2.2 扬州盐商的文化特征：政治、经济社会属性及其影响

盐商在扬州这座城市落地生根之后，在生活状态相对稳定和商业利益不断扩大化的基础上，在各方面都得到较前一历史时期更为快速的发展，而其中最关键的变化就是其构成人群本身的素质发展，使他们不再仅仅只是一个商业性、经济性为主的群体，而逐步开始向政治、文化领域转向或渗透，即其群体属性发生了根本的转变。当然，这是一个不断积累、逐渐变化的过程，而且是盐商群体有意识地自我努力的过程。如果说自唐以后，及经宋、明两世，都可以看做是盐商群体发展的酝酿期的话，那么清代大概就可以算作这一趋势发展最终达到了质变状态的时代。清代扬州的盐商，特别是清中期以后，盐商完全转变成一个集经济、政治、文化影响力于一身的群体。这一点从种种历史现象中，已经不证自明。

扬州这个城市，为盐商的发展壮大提供了重要的地域平台，盐商自然深知这一点，因此，他们也有意识地将建设和发展扬州

这个城市视作自己应尽的义务。而盐商所聚集的大量财富，也成为建设扬州的资源依托，从某种意义上说，或许也只有盐商的人力物力，才能让扬州这样一个历史上饱受战火洗礼的"芜城"，以最短的时间，恢复并超越其昔日的辉煌。盐商活动对于扬州的影响，大致可以从硬件和软件两个方面来分析，硬件方面主要是城市建设，软件方面则是对城市生活的影响。

（1）盐商群体与政府的互动及其政治影响的显现

首先，这一时期的盐商是一个显赫的经济集团，这一点已毋庸置疑。不仅如此，其在经济主导的地位，使得其对整个政治大环境也产生了举足轻重的影响。这一点也不难理解：一方面，当时两淮盐税直接关涉到清朝廷的经济命脉，所谓"关系国库，最为紧要"。盐商们的大量财富，是统治者特殊开支的来源。另一方面，盐商的垄断利益又靠清政府的庇护，所以很自然地形成了上自皇帝、下至臣僚和盐商在政治上、经济上相互利用和相互依存的微妙关系。应该说，以当时的现实情况，说盐商是官商一点都不夸张，从官督商销的体制、盐商的垄断地位，乃至官商一体的身份，都说明了这一点。举一个典型的例子，比如康熙年间，刑部尚书徐学乾曾把十万两银子交给大盐商项景元从事投机贸易活动，这个项景元很有实力，当然也为徐学乾赚了不少钱，1705年康熙南巡扬州时，项景元还破格受到接见，这和其与官员间微妙的关系当然是分不开的。像这样一种官商互利的模式，在当时一定不是个别的现象，甚至可以说是普遍存在，而这也就是原本作为纯粹商人团体的盐商一步步接近政治核心的重要途径之一。

当然，这还不是他们唯一的手段。我们知道，盐商向政治核心运动的努力，是出于一种有意识的自发意愿。事实上，盐商对经济利益的追求，到清代极盛时期已经达到了饱和的状态，盐商赚取的大量钱财，实际用于扩大再生产的并不可能太多，这一方面是他们还不可能意识到扩大再生产对资本积累的重要性；另一方面在闭关自守的情况下，也没有新兴产业需要大量资金的投入。在这样的情况下，他们的财富流向，一是购买田地，扩大自己的固定资产；二是供自己挥霍享乐；除此之外，用自己的财富报效朝廷，从而谋求整个团体更好的政治地位，也就是他们斥资最巨的方面了。

从报效朝廷的角度来说，盐商支持朝廷财政急需或特殊支出，从来是不遗余力的。康熙时因治河经费不足，扬州盐商"集众输银三百万两以佐工需"；乾隆五十一年（1786）清军镇压台湾林爽文起义，扬州盐商江广达自动捐银二百万两"以备犒赏"；嘉庆年间，朝廷镇压川陕白莲教起义，因军饷匮乏，扬州盐商鲍漱芳积极向朝廷"输饷"，为此还获得了一个盐运使的头衔。此外，盐商在皇帝身上也不惜本钱。乾隆帝首次南巡，扬州盐商捐二十万两银子为之修建行宫。关于瘦西湖白塔的传说，则更是这方面一个极致的例子。

扬州盐商"挟其重资结交权贵"，首先的目的是为了自己获得更大的利益。他们用金钱控制官员，以便在官府的庇护下，用压低价格收购食盐，然后用短秤、掺沙，或故意哄抬市价等方法，来牟取暴利。一些收受盐商利益的官员，往往被盐商玩弄于股掌之间。盐商甚至还利用其雄厚的经济实力，阻挠、干预盐法的整顿与实施，甚至还参与地方政治的决策与执行。扬州盐商勾结政府官员，与政治势力相结合，固然是他们赚取商业利润，求得自身发展的一个重要方面；但更为重要的是，他们希冀自身及家庭子弟能借此跻身于官场中，提高自己的身份与地位，从而在与封建政府官员打交道的过程中，畅通无阻，获利更大、更多，在与其他盐商竞争中处于优势。所以他们的最高理想目标就是直接接近最高皇权，而清代康熙、乾隆两帝的数次南巡就为他们提供了最佳的机会，他们以扬州为舞台，极尽表忠之能事。此后，盐商通过直接向国家的"乐输报效"，实际上直接和最高政治权力建立了互利关系，至此，扬州盐商集团的政治影响力可谓达到了顶峰。

然而，盐商与政治的关系最明显的一点就是其政治上的依附性或者说不独立性，甚至表现为对帝王政治、权贵政治的趋媚性。事实上，这和他们的自身属性是密切关联的。作为政府控制的商业物品——盐的经营者，其商业活动，盈利模式，经济收入等最关键的因素，无一不是依赖于政府的政策或者说官员的管理，在这种情况下，政府的态度直接决定了他们的生存发展状态，这也是盐商不得不唯政治权力马首是瞻的原因。在封建统治之下，即使盐商拥有再多的财富，他们也很难完全独立地成为自身命运的主宰，因此从维护自身利益的考虑出发，他们也不得不趋附于政治力量，以求得最大可能的保护。盐商在政治上的趋媚性在瘦西湖景观发展上也有直接的表现，为迎合乾隆南巡而开展大规模捐建活动，以及营造园林中大量渗透北方皇家园林的气质因素等等，无疑都是这方面的体现。抛开盐商自身的各种因素，对于瘦西湖来说，这些历史现象的沉淀，最终都以最直接的景观感受呈现在我们面前，也成为一种瘦西湖的景观文化。

（2）盐商群体的文化追求及其文化辐射作用的展现

随着物质生活的满足，盐商群体越来越重视自身素质的提高，随着时间的推移以及对后代文化教育的重视，累世行商的盐商门第中也涌现了不少具有很高的文化素质，颇有"儒贾"之气的盐商代表，他们乐于把手中的资财用于文化建设事业，从而对清代扬州文化的繁荣贡献了不小的力量。

清代扬州盐商中颇有一批饱学之士、真才实学之人，如马曰琯、马曰璐、江春、江昉、汪楫、汪懋麟、许承宣、安岐、孙枝蔚、程梦星、程晋芳、郑元勋、鲍志通、鲍漱芳、鲍勋茂、汪应庚、郑鉴元等。举例言之，马曰琯（1688—1755）、马曰璐（1697—1766）兄弟，祖籍安徽祁门，因业盐定居扬州。他们家有"街南书屋"，内有"小玲珑山馆""觅句廊""透风漏月"等建筑，"家多藏书，筑丛书楼贮之"。乾隆时修四库全书，诏征江浙藏书家秘本，马家兄弟呈送的书籍被采用的有七百七十六种，朝廷为奖励他们，特赐《古今图书集成》一部，艺林深以为荣。全祖望的《困学纪闻三编》，厉鹗的《宋诗纪事》、《南宋院画录》、《辽史拾遗》等，都利用马氏藏书而撰成。王士禛的《渔洋感旧集》、朱彝尊的《经义考》等著作的刊印，也是马家给予了财力上的资助。程晋芳（1718—1784），业盐而以儒者自居，聚书五万余卷，筑藏书楼名"桂宦"（因楼前有桂树），"招致四方宾客，由此名日高"，著名文人如赵翼、袁枚、蒋士铨等，都曾在这里阅览图书，共论艺文。后来程曾出任四库全书馆纂修。

盐商对自身文化素养提升的追求，还体现在对后代的教育上。清代扬州盐商中的一些人在自己业儒无望成名于当世，或者由科举考试而入仕的通道被堵以后，往往把希望寄托于儿孙后代身上，希望他们"就儒业"，进仕途，心情是十分迫切的。正是基于此种思想，他们不惜重金延名师为儿孙们授业，购书籍教育子弟。有的盐商为了让更多的宗族子弟们接受教育，积极捐资兴学，建立书院、学校，培养更多的人才。在这一背景下，清代扬州书院教育发展起来了。正是因为对教育的重视，清代扬州盐商中有一部分人实现了"先贾后儒"的转变，即是在解决了家庭生计，积聚了一定财力后，转而业儒的。如盐商吴门第，他在晚年弃贾业，专意课督诸子儒业，其子吴绍濂没有辜负他的期望，考中了进士，授武英殿总校官，他也被诰授资政大夫衔。

扬州盐商对于文化的影响和辐射作用，不仅体现在他们自身对于文化的热衷和追求，更重要的是体现在他们利用自身财富对整个文化事业发展的资助上。他们的文化资助活动不仅包括对文化人的直接资助，还涉及各种文化设施的建设，文化氛围的营造等等。

许多盐商在资助学者方面可谓尽心尽力，常把他们作为宾客养在家中，给予种种照顾，以至"奇才之士，座中常满"。如学者全祖望住在马氏家中，因患重病，马氏以千金为之延医治疗。又如朱彝尊的《经义考》是一部研究中国古代经学流派、版本目录的重要著作，由于该书部头甚大，虽世人多愿见之，康熙也曾赞赏此书，希望早日刊刻，但朱彝尊财力无法完成此书的刊刻，马氏出资千金赞助付梓，终于完成了全书的出版。

盐商对文化设施建设投入的例子比比皆是。雍正末年，马曰琯出巨资重修扬州著名书院之一的梅花书院；乾隆初，汪应庚捐资五万余金重修扬州府学，又捐银一万三千余两置学田一千五百亩，"以待学宫岁修及助乡试资斧"；嘉庆时，洪箴远捐资在扬州十二门各设义学一所。当时扬州的安定书院、梅花书院，仪征的乐仪书院，均隶属于盐官，以其财赋之余培育人才。盐官的财赋来自盐商，扬州书院的生存繁荣离不开盐商的财力支撑。除书院外，藏书楼的建设也是一个方面。马氏的"丛书楼"是最具代表性的例子，除了供自己阅读、研究需要外，它对社会上的名流学者都是开放的，是研讨学问、交流思想、探究创作的重要场所。

盐商们不仅富藏书以供有学之士观览和流传，还常举行诗酒之会，以活跃文艺气氛和推动艺术创作。扬州文人"雅集"的倡导和组织者，很多情况下就是盐商，文人雅集大多利用盐商私家园林别业和名胜古迹之地，常在花信之期，或民间消灾祈福之日举行。《扬州画舫录》载：扬州诗文会，以马氏小玲珑山馆、程氏篠园及郑氏休园为最胜。至会期，于园中各设一案，上置笔二，墨一，端砚一，水注一，笺纸四，诗韵一，茶壶一，碗一，果盒、茶食盒各一。诗成即发刻，三日内尚可改易重刻，出日遍送城中矣。每会酒肴俱极珍美。一日共诗成矣，请听曲。可谓一证。这样的活动，凝聚了诗人文士，切磋琢磨，颇有助于文学艺术的提高和繁荣。

总的来说，拥有雄厚盐业资本的清代扬州盐商不仅自身文化素养有了很大的提高，还大力资助、参与扬州的文化基础设施建设，营造浓郁的文化氛围和人文环境，从而有力地推动、促进了扬州文化的繁荣与发展。

盐商群体对于文化的追求，在更多的情况下体现为一种对于文人文化的附庸，尽管不乏一些真正有文采的盐商或者盐商后人，但绝大部分盐商还是以一种表面的修饰来显示自身的文化涵养，对文人的资助、对文人活动的参与、藏书楼建设、书籍出版等等，更多的是以金钱和财富换取一时的文化之名。而这样一种对于文人文化的附庸，实际上是盐商群体希望借此提升自身社会地位和影响力的努力，因为在传统社会，与良好的名声风评相比，金钱财富往往影响短暂而有限，盐商在这一点上应该说是认识得相当透彻的，他们也竭力想使自身在社会评价系统中有一个可持续性的发展，以免有朝一日因为失了经济的优势，而变得一无所有。他们在文化方面的努力，当然取得了卓著的成效，也产生了实际的社会影响。之前提到过对于文化人和文化事业的支持方面的贡献暂且不论，他们在修建景观方面也同样注重文化内涵，在营建景观时注入各种文化的因素，这也使得今天盐商留下的许多历史遗存，不仅仅是空泛的建筑，更是一处处富有文化深度的景观。瘦西湖，当然也属此列。

（3）盐商对扬州城市建设的影响

谈及扬州的城市建设，我们首先会想到的就是扬州的园林。扬州自古便有筑园的传统，在唐代流传的"车马少于船，园林多是宅"便是这种传统的写照。至于真正意义上的扬州园林则是指明清以后的扬州园林，此时的园林才有了自身的文化、区域的各种特征，才在全国城市中有了相当的声誉，所谓的"杭州以湖山胜，苏州以市肆胜，扬州以园亭胜，三者鼎峙，不可轩轾"便是扬州园林时代意义的表现。而谈起扬州园林，特别是清代的扬州园林更离不开盐商，所以说盐商们的热衷既为扬州园林的营造提供了充足的资金，也为造园家们聚集于扬州，相互切磋、共同提高创

第 2 章　瘦西湖景观对扬州特征文化的演绎

造了好的氛围，可以说扬州园林许多特征都与盐商的文化涵养与个性密切相关。园林的兴衰是盐商的兴衰的直接反映，园林也成为我们今日观照当年盐商生活的重要实物之一。盐商热衷于修建和营造园林的动因很多，有受官府之命而建，主要是为了迎接皇帝南巡整治、美化城市和居住环境而建；另外一些园林则是由当时的盐务衙门或盐务官员维修、管理及居住的，这部分园林在扬州园林中占有一定的比例；还有一些园林则是盐商们自身的住宅、别墅之类。园林集中体现了盐商发展的重大事件和自身特征，也表现出扬州文化某些内在的因子。如康熙、乾隆南巡对扬州城市发展的影响，盐商们在园林中的种种举动等都深刻地反映出了盐商在扬州地方和帝王及各方面的关系，并由此表露自身群体的各种特征。盐商所建设的大量园林建筑，叠加在一起就构成了当时整个扬州城市面貌最突出的特征。可以说，盐商建筑的不是一个个单一的园子，而是在打造一个以园林景观为代表性特征的城市全景。从今天大量的历史记载、书画作品中，我们可以想象当时园林鳞次栉比的扬州城的景象，只可惜这一幅图景，已经宿命般地又一次湮没在历史的尘埃之中。仅仅留下一个似是而非的瘦西湖，能让我们借以凭念盐商时代的扬州城胜景。

相对于园林这样一种外在装饰性的建筑而言，盐商在一些基础性的市政建设方面的投入，也是值得重视的方面。扬州盐商为了迎接康熙、乾隆两位皇上驻跸扬州，供邀宸赏，使出了浑身解数，不惜工本，大兴土木，其中扬州御道、御码头的建设便是如此。为了迎驾，扬州官商做了充分准备。御道用文砖砌筑，其次等用石工，再次等用土铺垫。御码头则用棕毯铺垫。从城外东北的香阜寺直抵新城天宁寺行宫，由两淮众商新开一条河（称"新河"），以供乾隆轻舟临幸。这些基础性的建设工作，虽说是为皇帝南巡而做，但实际上对整个市政建设都是有长远的意义的。除此以外，历史上扬州遗留下了许多名胜古迹，由于岁月的流逝，人为的、自然的破坏，损坏日益严重。扬州盐商对这些名胜古迹，也出资重修，或者在名胜古迹之处又配套建设了一些新的景处。应该说，盐商群体在发展到鼎盛的时期，在扬州开展的大量修桥、铺路工程，当然还包括其他一些如河道疏浚、商业区扩展之类的市政建设活动。盐商财力雄厚，他们对城市环境的改善投入资金，有政治的原因，有经济的原因，也有公益的原因。但无论如何，这些活动的最后结果都是积极的。应该说，正是由于盐商的巨大投入，扬州在盐业鼎盛时，城市建设也走向了辉煌。

（4）盐商对扬州城市生活的影响

扬州在历史上为四方杂处之地，受四面八方习俗的影响也较大，所以扬州有句民谚"出门三里路，各地各乡风"，扬州人对各地的风俗见识很多。两淮盐商以扬州为其业盐活动的主要舞台，社会各领域受其影响较大，他们与扬州社会各阶层联系密切，他们将其家乡的社会风俗带到了扬州。他们又是扬州社会中最富有的一个阶层，因此他们的活动容易成为社会注目的焦点。他们对居住、饮食、服饰等的讲究往往为扬州社会其他阶层的人所模仿。同时那些外地来扬州的盐商也受扬州社会习俗的影响，融入扬州社会之中。

扬州盐商对扬州社会风俗的影响是很大的。而其中最关键的一点就是他们引领了一种极度奢靡的生活风尚。而这样一种奢靡之风，对历史上的扬州具有甚为深远的影响，甚至可以说成为扬州城市一种鲜明的历史特征。明清时代扬州盐商的奢侈性消费是非常著名的。由于盐商的奢侈性消费，使得扬州的服务性行业特别发达，在扬州的平民百姓中也形成了讲究饮食、服饰，讲究享受的社会风气。盐商讲究饮食，讲究享受的习惯也影响到扬州社会。明清时期，扬州的酒楼、茶肆特别多。李斗《扬州画舫录》中提到过许多酒楼、茶肆的名称。他还说："吾乡茶肆，甲于天下。"扬州过去有一句话叫做"早上皮包水，晚上水包皮"，即是讲究享受的生活写照。"早上皮包水"，就是早上去茶肆喝茶吃点心。这喝茶和吃点心也有许多讲究，并不是随便解解渴，填饱肚子就行的。据说这种吃是要吃出品味，吃出文化来的。"晚上水包皮"是说当时一般的扬州人晚上有泡浴室的习惯，清代的扬州浴室设备好，服务水平高。林苏门《邗江三百吟》记述道："凡堂外有立箱，有坐箱，有凉池，有暖房，有茶汤处，有剃头修脚处。"惺庵居士《梦香词》也写清代扬州浴室："扬州好，沐浴有跟池，扶掖随身人作杖，摩挲遍体客忘疲，香茗沁心脾。"

扬州盐商在扬州大造园林，促进了扬州游乐活动的发展。乾隆时期是扬州园林鼎盛之时，扬州瘦西湖上有画舫二百五十多艘，每艘都有名号，像碧湖春、水云天、衣香人影等等。当时，瘦西湖上游客不断，除了游客的座船之外，还有为游客服务的歌船、沙飞船（即酒船），沙飞船上有名厨执铲，烹饪佳肴。为了照顾女游客，瘦西湖上还设有"堂客船"，以满足妇女们的旅游需要。明代扬州的冶游活动很兴盛，张岱《陶庵梦忆》中记载扬州清明时，"四方流寓及徽商西贾、曲中名妓、一切好事之徒，无不咸集"，他们和扬州城中的士女一样去郊外冶游。扬州的元宵灯节，是民间游乐活动的一种形式，灯节之时，盐商大贾特制大型灯彩，以料丝线扎成的画舫、宝塔和各种几何图形的料丝灯五光十色，有"天上星星地下灯"之誉，清代扬州盐商，常花费巨资作水上灯船之戏，以增宴乐游兴。

除上述以外，盐商对扬州城市生活的影响还体现在饮食、服饰等方面，当然还有一些消极的方面，比如扬州的青楼文化等。盐商对城市生活的影响，概括起来说就是物质生活极大丰富之后带来的奢靡之风、享乐之风向社会日常生活层面的蔓延，引发了在生活各方面都追求精细化、高端化的趋势。然而这样一种奢靡之风，毕竟在某种程度上有其消极的作用，容易致使一个城市的民风懒散，安于享乐，不思进取。因此，我们今天看待历史上的扬州繁华，不能不注意到其繁华背后的另一层面。或许正如很多文学作品中所表现的那样，历史上那个繁华的扬州，或许真的只是如梦一场。

任何事物都不可一概而论，古代中国归根到底还是一个阶层分化明显、贫富差异巨大的社会。扬州有盐商引领的光鲜的一面的同时，也有底层民众生活困苦的阴暗面。这也是考察一个城市的社会生活整体面貌不能忽略的部分。救灾赈济，扶助鳏寡孤独，历来是中国人民的传统美德。明清时期，扬州盐商在富有以后，他们中的一部分热心公益，拿出一部分钱财，救济因水、旱等自然灾害受难的灾民，扶助鳏寡孤独，收养婴儿，乃至于修桥铺路，热心于社会的福利、公益事业。光绪《两淮盐法志》载："乾隆七年……淮南商人汪应庚以扬水灾捐银六万两，两淮商人黄仁德

第 2 章 瘦西湖景观对扬州特征文化的演绎

等公捐银二十四万两。"《扬州画舫录》载：黄履暹延苏医叶天士于其家……时座中如王晋山、杨天池、黄瑞云诸人，考订药性，于倚山旁开青芝堂药铺，城中疾病赖之。刻《圣济总录》，又为叶天士刻《叶氏指南》一书。叶天士是清代大名医，黄履暹把他请在家中，集研究、治疗、施诊为一体，并刻医书以广为传播，值得称道。在盐商看来，这些是"义行""善举"。在今天看来，不管他们是出于真诚的主动行为，还是封建政府命令下的被动行为，都是值得人们去赞扬的。而且，无论如何，他们的这样一些善举，应该说是真真切切地对一些底层民众的生活状况产生了一定的影响的。

（5）盐商的衰落及其对扬州的影响

扬州盐商在清朝雍正至乾隆年间虽然盛极一时，声势煊赫，成为全国最大的商业资本集团之一，经济上富可敌国，政治上亦官亦商，生活上豪华奢侈，但到嘉庆至道光年间却盛极而衰，急剧衰落。原先扬州聚集的大小盐商有几百家之多，总资本估计在七八千万两白银，但到道光初年，能够有财力运销食盐的扬州盐商只剩下二三十家，到道光末年更仅剩十几家，资金总共只有五六百万两。盐商们建造的大批园林楼台，逐渐毁坏荒凉，几乎成为瓦砾场。

原先资本雄富、实力惊人的扬州盐商为什么在嘉庆以后如此衰败？有很多研究者曾给出方方面面的原因。比如盐商没有将资本投入其他行业的意识，又过于奢靡浪费；比如盐商受到来自官府的越来越甚的搜刮和盘剥；比如鸦片输入的影响等等。事实上，这些原因大概都有一定的道理，但是，归根结底，盐商的衰落，是制度变革、社会动荡、地理环境的改变等因素综合作用的必然结果。所谓制度变革，最主要的就是道光朝的盐业制度改革，即改纲盐制为票盐制。实行票盐制以后，各地商人，不管资金多少，只要纳一定的盐税，就可以领一定的盐票，自行贩运，自行销售。这就打破了扬州盐商垄断两淮盐业的局面，盐商也就失去赖以生存的土壤，而且由于他们历年来积欠税课数目庞大，清政府在道光时期屡次下令清查欠款，抄没各大盐商家赀，以备抵补，曾经鼎盛一时的盐商都在此时倾家荡产。至于社会动荡，则主要是因为太平天国运动爆发，湖广、江西、安徽、江苏等淮盐的主要销售地区，成了战火纷飞的战场，清军与太平军、捻军在这里长期争夺与对峙，导致运道梗阻，运销困难，加之太平军三次占领扬州，又迫使聚居于扬州的盐商大多卷资逃散。最后，商业环境的改变，则主要是海岸线加快东移，淮南盐场无法煎盐，淮南盐商纷纷到淮北建立盐场，而盐运也就不再经过扬州，必然带来这一带盐运事业的衰落。

谈到盐商的衰落与对扬州的影响，最主流的观点不外乎"扬州繁华以盐盛，又以盐衰"，认为，盐业的兴盛带动、促进了扬州城市的发展，盐业的衰落，扬州城也随之而中衰。成也盐业，衰也盐业，一荣俱荣，一损俱损。然而在笔者看来，这一观点似乎也有值得商榷之处。最关键的一点在于，这种观点过于单方面强调了盐商的作用，而忽略了扬州本身的历史文化根基。扬州与盐商发生关系的历史，在其城市的整个历史中只是一个片段，如果仅就这一片段性的历史而言，或许这一观点尚能站得住脚，但仍需考虑扬州的城市属性对于盐商发源或者说兴起同样有决定性的作用的问题。我们还是倾向于认为，在"盛"的问题上，应该强调两者互为作用的关系，而不能片面地强调单方作用。在"衰"的问题上，盐商衰落在前，扬州衰败在后，时间上似乎符合"以盐衰"的逻辑，但事实上也不能一概而论。盐商的衰落命运，在盐法改革之后就已注定无法挽回。但是仅仅失去了盐商财富的支持，扬州这样一个城市本身，是否就一定会面临同样衰落的命运呢？我想谁都不能下这样的定论。一个城市发展是有其内在理念的，且其发展建立的基础是较长时期的持续性的，不可能只因为盐商的一夜而衰，使得扬州亦一夜而败，从理论和事实层面都无法建立这样的关联。如果说盐业改革是对盐商的致命一击，那么对扬州的致命一击则绝不是盐商的败落，而应该是太平天国的战事或者经济中心的转移才对。扬州"以盐盛、以盐衰"的观点，在研究盐商发展史上或可作为一个博眼球的论断，但在研究扬州的历史时，还需谨慎对待和使用。

此外，是不是盐商衰落以后，盐商文化的影响就随之消散了呢？我想答案必然是否定的。盐商的衰落是历史的必然，它属于历史现象的层面。然而盐商文化的影响，已经经由漫长的历史时期，内化到扬州这座城市更大的文化特征之中，这是一个文化的问题。今天我们提到扬州，首先想到的还是盐商，这个名字可以说已经和扬州的历史融为一体。这就是盐商文化在扬州这个区域空间内始终没有消散的最直接表现。具体而言，我们之前提到的种种，比如说盐商时代所代表的扬州经济空前繁华的记忆，盐商在扬州景观大发展中留下的印记，盐商对于历史上扬州文化人、文化事业、文化设施的大力支持、发展和建设等等，都是盐商与扬州无法割裂的联系的纽带，也正是因为这些由事实而转化为精神性的纽带的存在，成为盐商文化在盐商作为一个群体和一种历史现象于清中后期走向衰落之后，其文化影响还始终在扬州这座城市长期存在的根本原因。

2.2.3　瘦西湖与扬州盐商文化

瘦西湖和历史上扬州盐商的活动有着千丝万缕的关系，而其中最重要的一点，就是盐商对清代瘦西湖湖上园林景观达到鼎盛状态起到了关键性的作用，包括盐商在瘦西湖范围内的大量营造私家园林，奠定了瘦西湖鼎盛时期的景观基础；盐商群体在乾隆南巡期间对瘦西湖的大规模修建，直接造成了瘦西湖有史以来最繁盛的景观状态；当然，在基础建设活动之外，不能忽略的还有盐商群体在其中的活动所体现的休闲性、公共性特征对于瘦西湖景观功能的影响；最后，盐商的衰落也成为瘦西湖景观阶段性衰败的重要诱因之一。今天我们已经看不到昔日盐商们围绕瘦西湖所展开的各种活动场景，但是瘦西湖仍然还在那里，通过瘦西湖的景观演绎，还是能够向我们传递大量关于扬州盐商文化的历史信息。

（1）盐商与瘦西湖湖上园林景观的营建

瘦西湖的湖上园林，最迟在乾隆三十年（1765）左右，已建有卷石洞天、西园曲水、虹桥揽胜、冶春诗社、长堤春柳、荷蒲熏风、碧玉交流、四桥烟雨、春台明月、白塔晴云、三过留踪、蜀冈晚照、万松叠翠、花屿双泉、双峰云栈、山亭野眺、临水红霞、绿稻香来、竹楼小市、平冈艳雪二十景。[1] 至乾隆三十一年（1766）

[1] 李斗：《扬州画舫录》，卷十，第120页。

左右，湖上复增绿杨城郭、香海慈云、梅岭春深、水云胜概四景。这些景观被书写于两淮盐运司文宴时的牙牌之上，共为二十四处景致，所以有"二十四景"之称。除此之外，沿河还有砚池染翰、柳湖春泛、竹西芳径、华祝迎恩等名景。

二十四景观，为一座座官园或私家园林，有的以景名园，也有的以园名景，均为乾隆游览时所赐，有时一同赐有联、额、诗、章，以石刻供奉于园中。它们多是为了乾隆皇帝巡幸这一特殊目的而修建，遍布于乾隆巡行的路线之上。扬州地区的富庶为景观兴起起到了推动兼具保障的作用。而此时的扬州文化精英也由清初受晚明文化影响的文人士大夫群体，向两淮地区的盐商转变。而盐商在支持帝王南巡方面不遗余力，从而掀起了兴建园林的热潮，很大程度上改变了瘦西湖景区的格局。例如，在高桥附近的"华祝迎恩"，是扬州地方政府令淮南北三十总商分工派段修建而成的亭园，设置香亭，奏乐演戏，迎接帝王銮驾。它由城北高桥起，西至迎恩桥，长达二里。两岸排列档子，后背以板墙铺筑，用花瓦修山墙，装饰以层叠曲折的太湖山石和树木；同时，设彩楼、香亭、皆三面飞檐，上面铺有各色的琉璃竹瓦，气势恢弘。

位于瘦西湖水系中段与南段交接位置的长春岭，也是重要的景观之一，为瘦西湖中的小岛。清代中叶，两淮盐政高恒为打通瘦西湖至大明寺的水上通道，在瘦西湖之西北开挖了莲花埂新河，挖河土石堆成了一座小山，便是该岭。后经由盐商程志铨修建，岭的四周环水，岭上遍植梅花，又建六万亭，又称为"梅岭春深"。而距长春岭不远的五亭桥，又称莲花桥，建于清乾隆二十二年（1757），为乾隆第二次南巡时，高恒为迎驾而建。桥上建五个单独的亭子，中央是重檐亭，四角为单檐亭。"上建五亭、下列四翼，桥洞正侧凡十有五。月满时，每洞各衔一月，金色浸漾，众月争辉，莫可名状"。桥体与五亭既表现了北方建筑风格的雄浑，也呈现初南方园林的秀美之色。

瘦西湖景观中也有多个景区聚集于一园的情况，例如徽州盐商江春家的静香园，包括了"香海慈云""荷浦薰风""青琅玕馆"等多个景观。该园建在虹桥以东，园门与"西园曲水"相望。前湖后浦，湖中种红荷，以树木围护，浦中种白荷，以土堤围护。徽商黄履暹的趣园，也包括了"四桥烟雨"和"水云胜概"二景在内。该园内山水亭台相辉映，景致怡人。值得一提的是，黄氏兄弟好构名园，曾经以千金购买造园秘书。所以黄氏在瘦西湖两岸建有多处园林景观。例如，黄履昂于乾隆元年（1738）改虹桥为石桥，而黄履昂之子黄为蒲修筑了"长堤春柳"。该景位于长春岭至虹桥段，为黄为蒲的别墅，于乾隆四十年（1775），转归候选知府吴尊德所有并加以修葺。长堤临水岸边，间种杨柳。多五步一株，十步双树，三三两两，跂立园中。堤上筑"浓阴草堂"，堂左有长廊三四折，廊外遍植桃花，与绿柳相间，景色极佳。

另外，倚虹园在虹桥以南，为盐商洪徵治别业，俗称"大洪园"。该园建于元代崔伯亨花园故址之上，园内包括了"虹桥修禊""柳湖春泛"二景。1765 年前后，洪徵治又在大虹桥以东的员园的基础上建"小洪园"，园中筑有芍园、群玉山房、薜萝水榭、契秋阁、委宛山房、修竹丛桂之堂、丁溪、射圃等景点名胜。其中还包括"卷石洞天"一景。该景临水筑太湖石山，建为九狮形，上面装点桥亭。园内外以水相连，以长廊相接，并以叠石取胜，表现了时人所称

第 2 章　瘦西湖景观对扬州特征文化的演绎

的"扬州以名园胜，名园以叠石胜"的特征。[1]

位于蜀冈附近的"锦泉花屿"为盐商吴玉山的别业，其中布满水石花树。水流九曲潆洄，水面随时可见多姿多彩的花屿，有铁干虬枝，有疏影横斜，有花团锦簇，有修篁滴翠，造型各异。而"蜀冈朝旭"，为乾隆年间盐商李志勋所建。乾隆于二十七年（1762）临幸时，赐名"高咏楼"。该园置数千太湖石，并移植堡城竹楼十亩，整个景观前景以石胜，后以竹胜，中以水胜。景观内又种植梅柳桂竹，牡丹荷花。春夏之交时节，观者流连忘返。[2]

此外，《扬州画舫录》中记述和提及到徽商所筑建的湖上园林还有歙县盐商后代汪廷璋的"春台祝寿"、吴嬉祖的"万松叠"、汪秉德的尺五楼、程扬宗和巴树保的"白塔晴云"、黄为蒲的韩园、黄为筌的桃花坞、王勘的"杏花村舍"和"邗上农桑"、周楠的"平冈艳雪"和"临水红霞"、程杓的"双峰云栈"、江春东园、毕本恕之毕园等等。上述景观皆为扬州地区盐商供邀宸赏所建，不少园林被乾隆皇帝临幸御览而赐名，许多徽商因此而得到了皇帝的虚衔嘉奖，为自己谋取了政治特权．获取了更大的商业利润。[3]

关于盐商与瘦西湖白塔的传说，更是盐商与瘦西湖景观营建相关最具代表性的例子。乾隆南巡经扬州，游大虹园时，指着一处秀丽的景色对侍从说：这里很像京里的"琼岛春阴"，可惜就少一座白塔！八大总商之一的江春听到这个信息，花了一万两银子买通了皇帝的侍从，得到了白塔大致的图样，立即"鸠工庀材，

---

[1] 李斗：《扬州画舫录》，卷六，第75页。
[2] 李斗：《扬州画舫录》，卷十五，188-189页。
[3] 有关徽商在扬州的造园活动，参见关传友：《从＜扬州画舫录＞看徽商在扬州的造园活动》，《黄山学院学报》2003年11月，61-64页。

一夜而成"。第二天乾隆再次游园,见到白塔,大为惊异,以为是假的,到面前一看,果然是砖石所成。得知原委后,皇帝吃惊地说:"盐诸之财力伟哉!"一夜而成,不免夸张,可能的情况是乾隆来时没有,待南巡回京再过这里时,已是一塔高耸了。扬州民间传说这个塔最初系用盐堆成,后来才改为砖砌。传说也有一定的道理,盐商的钱来自盐,说塔用盐堆成,无异于是说用钱堆成的。而也正是这个盐商江春,"高宗(乾隆)六巡江南,春扫除宿戒,懋著劳绩,自锡加级外,拜恩尤渥,不可殚述"。他做总商达四十多年,还有布政使秩衔,和他的"效忠"之举关系很大。邓之诚先生说:"康、乾南巡,供张营建,所费不赀,及平日贡献报效,一皆责之于商,而商则挪移国课,以博欢心。"

扬州诸盐商,"以重资广延名士为之草创",将金陵、杭州、镇江、苏州、徽州等地的名胜景点加以移植,甚至还部分吸收了北方建筑的特征,最终使得瘦西湖湖上园林蔚为大观。所以说,盐商对瘦西湖景观的鼎盛起到了关键性的影响,而瘦西湖景观反过来又成为盐商活动最直接的记忆承载体。

(2)作为盐商文化活动场所的瘦西湖

之前我们已经提到过,盐商与扬州城市文化的发展有着密切的联系,清代扬州盐商不仅自身文化素养有了很大的提高,还大力资助文人学者、参与扬州的文化基础设施建设,营造浓郁的文化氛围和人文环境,从而有力地推动、促进了扬州文化的繁荣与发展。而这其中,资助文人和文化活动,营造文化氛围的这一部分内容,很多都和瘦西湖有着一定的联系。

盐商多数都在扬州城内建有住宅,这些住宅是日常生活的场所，而他们在瘦西湖周边营建的湖上园林别墅，则多数是用作闲休闲活动和文化活动的场所。此前我们也曾提到，在《扬州画舫录》等类似的文献中有记载，在一些节假日中，扬州市民会在瘦西湖活动，而其中的盐商的园林别墅，在这些记载中是一种半开放的状态，并非高墙院落的封闭区域。这和它建筑时的功能取向有很大的关系。我们知道，盐商中有很多本身有很深的文化底蕴，同时他们也乐于结交文士、资助文人和文化活动。而他们结交文士，在和文士的交往中，需要一个场所，而文人多数乐于山水的。盐商和文人的交往活动，对于场景当然会有一定的要求，而在瘦西湖这样一处景观中建筑的别墅园林，恰好成为最合适的地方。此外，我们在文献记载中经常能看到一些盐商在自己建造的别业中供养文人的情况，瘦西湖的别墅当然也有这样的功能，不仅如此，瘦西湖的园林别墅还是一个便利地可以开展雅集的空间，这种便利性也就更使得瘦西湖园林景观成为盐商与文人关系、盐商与文化活动的关系的最直接的展现。

清代乾隆南巡，瘦西湖成为一个显示度最高的景观，我们往往说是因为盐商有目的的大规模建设所致，但事实上我们更可以这样来理解，之所以被选择的是瘦西湖，而不是别的地方，在某种程度上就是因为是瘦西湖在当时本身就已经有了很好的基础。乾隆南巡时在瘦西湖看到的，除了盐商之外，一定还有很多文人名士，而这些文人名士集结在瘦西湖，绝不是只因乾隆的到来，我们可以想象，事实上这个地方平时就是他们一贯活动集中的场所，而诗会、雅集、修禊就是活动的具体内容。

由于盐商的厚实财力、热情邀请、真诚相待、众多的藏书、舒适的居住条件等多方面的原因，使得盐商周围集结了一批又一批的文人，其中不少是名盛一时的学者、诗人、画家。正是由于盐商们的召集与资助，使他们在一种无忧的环境下舒畅生活和全心创作，也使得扬州成为与其经济地位相称的文化中心，涌现出一批名垂千古的作品和著作，为后世积累了极为丰富的精神文化遗产。从这个意义上说，盐商更像是一个中间环节，它串起了瘦西湖和文人士大夫文化，而不管是作为资助者还是直接的参与者，盐商本身的文化，也通过这样一种串联的作用，一起融入瘦西湖的景观文化中，成为瘦西湖承载的记忆的一部分。

（3）盐商衰落与瘦西湖衰败

我们探讨瘦西湖与盐商文化的关系，一方面当然是关注其正面的情况，即盐商的兴盛造成了瘦西湖景观硬件的发展和文化活动内涵的深化，另一方面也应关注反面的情况，即晚清扬州盐商式微之后，瘦西湖景观也随之没落的问题。因为将这正反两方面的情况结合在一起，才能更严密地论证瘦西湖与盐商文化存在密切关联的这一命题。

关于盐商的衰落，我们之前已经有了专门的分析，并且将其放在整个扬州的大背景下予以阐发。如果具体到瘦西湖的层面，我们会更加切实地感受到一点，盐商的没落，通过瘦西湖景观所表现出来的面向，可以说更加直接。

首先，从盐商的园林别墅建筑的角度来说，我们都知道，类似于这样的园林建筑，绝非建成之后就一劳永逸，最关键的问题是对它的日常养护和持续的维修，才能使其得以长久保持。然而，当盐商财力迅速衰落，本就作为别业存在而非主要住所存在的瘦西湖园林别墅,其养护和维修的工作必然最先停止,而一旦养护和维修的工作停止,这些园林别墅就注定走上了逐渐破败的道路。战争的破坏,只是给了它们最后的彻底一击,在战争直接破坏之前,这些园林别墅可能早已破败不堪了。

其次,盐商经济实力下降,自然更无暇再像以前一样大力支持文人和文化活动,而瘦西湖作为文化活动场所的功能也就不复存在。失去这一关键的文化功能性的瘦西湖,或许依然还接待着普通市民的郊游踏青活动,但这样的活动,无疑只能使昔日的繁华湖上园林胜景,逐渐向着郊野风光的状态退变。我们可以设想,原先定期修建的花木,因不再有专人照料而自任生长,繁茂的枝叶把原来掩映成趣的景观遮蔽,游人目光所及,满目仅是草木而已,这自然就和鼎盛时期的瘦西湖景观迥异,转而成为一种充满野趣的状态。

最后,盐商的衰落而导致的瘦西湖景观的衰败,又再一次凝固成根植于瘦西湖景观记忆中的由盛而衰、极盛极衰的宿命轮回中一个新的节点,瘦西湖所承载的这样一种历史记忆,一次次被重复,一次次被加深,此前原因就各有不同,而这一次又是因为盐商。从此,瘦西湖沧桑的历史记忆中,又增加了盐商的这样一个片段,而后世人观看瘦西湖,同样地也看到更多深邃的历史文化因素。这就是瘦西湖与盐商文化之间割不断的联系,也是瘦西湖如何演绎扬州盐商文化的全部过程。

2.2.4 小结

本章节的论述,一方面带出的是对盐商之于扬州的作用的客观评价的问题。所谓客观,实际上就是避免过度诠释,过分评估盐商的重要性。盐商作为一个有限的社会群体,他对于一个城市历史的发展，是否能够达到一个全盘主导的程度，我们认为还是应该保守估计。一方面，盐商归根结底是一个利益优先的商人团体，其主观上是否有主动建设城市的崇高理想，今天我们不能为其代言。另一方面，他们的行动客观上对城市建设、文化、生活产生了影响，但这些影响时效性有限的影响，是否就能够一跃而上升为某种类似于对扬州城市文化或者城市性格的根本性的塑造，还应当存疑。否则，我们是不是应该接受，扬州的城市精神就是安逸、享乐，抑或高消费、奢靡呢？所以，对于盐商，我们还是将其作为扬州历史长卷中的一页看待即可，尽管这是相当出彩的一页，但也绝对不能用它来概括扬州这座沧桑城市的历史全景。

其次，对于如此丰富厚重的扬州盐商文化，我们可以发现它与瘦西湖之间存在千丝万缕的关系，而当我们理清这些关系之后，又发现瘦西湖作为一种实体的景观载体，因承载着关于盐商的历史记忆，而成为我们今天审视盐商文化的重要渠道，归根到底一句话，时至今日，我们依旧可以从瘦西湖中看到大量它所演绎出来的扬州盐商文化的信息。

2.3 瘦西湖景观对扬州士大夫文化的演绎

2.3.1 扬州士大夫文化的特征

扬州本是一个市民文化特别发达的城市，其俗文化的影响广及东南以及大江南北地区。但其精英文化也颇具特色，在传统儒家文化掌握话语权的时代，扬州的士大夫文化不但源远流长，而且曾产生过巨大而深远的影响。综观扬州两千多年的士大夫文化史，可从中概括出以下特征：

第一，扬州士大夫文化以外来官员占主导。与市民文化强烈的本土色彩不同，扬州的士大夫文化很明显地以外来任职的官员引领潮流，清代以前，扬州本地文人群体尚不强大，所以无论是西汉时期的枚乘、庄忌、董仲舒，还是唐代的杜佑、杜牧、李绅，或者宋代的王禹偁、欧阳修、苏轼等，他们一到扬州，就都在当地掀起了一股士大夫文化的热潮。这种情况持续到清初，尤为明显的是宏大的红桥修禊活动，其主导者都是山东籍的官员，如王士禛、孔尚任、卢见曾等，尽管这时候扬州本地的士人已经逐渐成长起来了，但他们还是处在参与者的地位，而不能引导潮流。仅有的一个例外，是嘉庆道光年间的阮元，因为其显赫的身份，当仁不让地成了当时扬州士大夫群体的领袖，从而改写了扬州士大夫文化一贯惟外人是从的局面。只是这种情形仅仅维持了极短的一段时间，便随着阮元的去世而风流云散了。

这种局面的形成是有原因的，因为中国古代儒家文化在官方意识形态中，长期占据独尊地位，儒家的士大夫们又有着"学而优则仕"的传统，所以地方长官往往都是文化修养比较高的人，其中的佼佼者，更是卓然成家。因此他们在地方文化事务中具有天然的影响力，而这种影响力又恰好契合了中国泛政治化的社会现实，文人官员引领当地的士大夫文化也就成顺理成章的事了。具体到扬州，因为清中期以前，本土基本上没有出过文化大家，所以不能与素质相对较高的外籍官员分庭抗礼，其士大夫群体由外籍官员作领袖也就是很自然的了。

第二，扬州士大夫文化的文学色彩非常浓。传统时代文人的精英文化，一般分为经、史、子、集四大部类。其中，经类是对儒家经典进行解释、阐发，史类是对历史、地理、制度等的探讨，子类是对道家、佛家、法家、医术、天文等的研究，而集类则主要包括文学、艺术。就此而言，扬州的士大夫文化明显偏向文学方面。枚乘、张若虚、杜牧、王禹偁、欧阳修、苏轼、王士禛等，都是以文学著称于世的大家，所以说扬州有"文章太守"的传统。这也确实跟唐代以后官员多出身科举有关，尽管北宋晚期以后，经过王安石变法，进士科考试改以经学为主，但是诗文成家的传统却延续下来，一直到帝制社会结束。

第三，扬州士大夫文化往往具有地标性，其物质文化与非物质文化通常有机地结合一起。其中尤为著名的，就是欧阳修之于平山堂、苏轼之于谷林堂、王士禛之于红桥，他们在扬州，几乎成了一而二二而一的不可分的关系。人们一说起平山堂就必然就想起欧阳修，反之，在扬州，一提及欧阳修，也自然而然就会联想起平山堂。红桥修禊，尽管并非只有王士禛一个人，而且后来他的几个山东老乡，也都主持过规模不下于他的类似活动，但是人们还是将红桥与王士禛紧紧地联系在一起。

第四，基于第三点，瘦西湖与扬州士大夫文化有着密切的联系。平山堂、谷林堂、红桥，在当年都属于扬州西北郊的重要文化景观，事实上被看成了瘦西湖景观的一部分。这三者恰恰与扬州士大夫文化的三个最典型的代表人，有着最紧密的关系。因此，瘦西湖与扬州的士大夫文化之间，也同样存在着千丝万缕的关系。下文我们将具体对此进行阐述。

2.3.2 瘦西湖与扬州士大夫文化

（1）宋以前扬州的士大夫文化

其实，扬州的士大夫文化不是始于欧阳修和苏轼等人。早在西汉初期，扬州就已是人文荟萃之所了。在汉晋南北朝的数百年里，以枚乘、董仲舒、谢安为代表的一批文化精英们，在这里留下了可观的遗风流韵。隋唐时期，随着扬州政治、经济地位的提高，无数的大德硕儒和风流才子流连于此，将扬州的士大夫文化推到了一个新的高度。

汉初，吴王刘濞在广陵把一个吴国经营得有声有色，经济富庶之外，文化也很发达，当时吴国著名的文人就有庄忌、邹阳、枚乘等。李廷先《唐代扬州史考》写道：

> 来自南、北两方的诗人、作家在一起生活、活动，广陵一时成为全国的文学中心，这是前所未有的盛事，在文化史、文学史上很值得重视。枚乘的著名作品《七发》即写于这个时期……邹阳的作品有《上吴王书》和《狱中上梁王书》都很有文采（收录在《昭明文选》卷三九），庄忌的作品有骚体《哀时命》一篇（收录在《楚辞》中），他把大诗人屈原的诗风带到了中原。庄忌、邹阳、枚乘等在广陵的文学活动，流风余韵，影响深远。[1]

其中枚乘尤为著名，《汉书》卷51有《枚乘传》，云："枚乘字叔，淮阴人也，为吴王濞郎中。"[2] 因进谏刘濞不成，"去而之梁"，并再次劝说刘濞，又未被采纳。汉景帝平定七王之乱，"乘由是知名。景帝召拜乘为弘农都尉。"但枚乘乐于为王侯宾友，逍遥自在，不愿做官，于是称病。"复游梁，梁客皆善属辞赋，乘尤高。孝王薨，乘归淮阴。"汉武帝年少时就听说了枚乘的大名，

---

[1] 李廷先：《唐代扬州史考》，江苏古籍出版社，2002年，第5页。
[2] （汉）班固：《汉书》卷51《枚乘传》，中华书局标点本，第2359页。以下所引亦出于该传，不具。

即位后欲亲见枚乘，但枚乘年已老，在赴京途中就逝世了。

　　严格说来，枚乘在广陵的日子并不长，他主要活动之处倒是梁国。但枚乘发迹于广陵，其"知名"也是因为劝谏吴王，所以提及扬州的历史文化，尤其是士大夫文化，枚乘是一座绕不开的高山。可以说，枚乘与庄忌、邹阳等人，奠定了扬州日后士大夫文化的根基。

　　吴王濞的反叛被评定之后，广陵的发展受到抑制，不复此前的兴盛。但还是有零星的遗风余韵绵绵不绝。如"儒术"史上里程碑式的人物董仲舒即曾任江都相。"建安七子"中，就有以辞赋著称的广陵人陈琳。南朝时鲍照登临劫余之广陵，写有脍炙人口的《芜城赋》。到了南朝萧梁之时，世传昭明太子萧统在此编撰《昭明文选》，清代还有"文选楼"的修建。但是遍观《梁书·昭明太子传》，萧统自为太子日起，即居建康，未尝一临广陵[1]，何得于此编纂《文选》？正如梅尔清所说："在清初，甚至许多建楼者的同时代人都怀疑这位著名的编者是否到过扬州，尽管他们在自己的诗文中也援用此虚构的遗产。"[2] 与此类似的，几百年前，尚有嵇康与《广陵散》的一段公案。嵇康是魏晋名士之首，在一般人的印象中，《广陵散》与其有着"一而二二而一"的关系，似乎《广陵散》真的随着他的死去而成为绝响。其实作为琴曲名谱，《广陵散》渊源甚早，本系春秋时期的"绵驹遗讴"。西汉李延年擅长的"六弹"中，也包括《广陵》一曲。嵇康死后，历朝均

[1]（唐）姚思廉：《梁书》卷8《昭明太子统传》，中华书局标点本，1975年，第165—171页。
[2]（美）梅尔清著，朱修春译《清初扬州文化》，复旦大学出版社，2004年，第85页。

第2章　瘦西湖景观对扬州特征文化的演绎

有传唱者，今天尚存曲谱。[1]在扬州人的记忆中，因为《广陵》之名，似乎嵇康也成了扬州刚直不阿、遗世独立精神的代名词。事实上，嵇康从未到过广陵，《广陵散》是否真的源自广陵（今扬州）一带，也有待进一步的考察。

这是就纯粹的文人来说，不过中国古代传统儒家讲究的是"学而优则仕"，士大夫的入世情结是很重的，很多人是以"政绩"著称，即强调"三不朽"中的"立功"与"立德"。比如建安年间的陈登，其在广陵太守任上功勋卓著，使得海贼万余人"束手归命"；其离任之时，"广陵吏民佩其恩德，共拔郡随登，老弱襁负而追之"。他还在郡城西二十里的地方建造了一片溉田的陂塘，当地百姓称之为"爱敬陂"。[2]又如东晋名相谢安，曾出镇广陵，筑新城，建平水堰，此堰被后人称为"召伯埭"，扬州的"邵伯湖""邵伯镇"之名，均来源于此。如果说谢安是个标准的文人，其在扬州的政绩通过实物传承，后人容易知道的话，那么其侄子，一代名将谢玄，在扬州的事迹，今天的扬州人估计没有几个了解了。其实谢玄本是儒将，其一生的赫赫威名就是在扬州建立的。东晋末年和南朝初期，威震天下的"北府兵"，也是在广陵建设成型的。"淝水之战"东晋方面的战略基地，就是谢玄坐镇的广陵。在此之前，谢玄还在这一地区多次击退过前秦的侵略。如果说横贯东西的大江是南北天堑，为江南苟安提供了基础，那么广陵一带，就是江南反抗北方侵略的基地。这种反抗有力地持续了几个世纪，江南政权也延续了五代，直到隋文帝开皇年间，经过数代苦心经营，

---

[1] 韦明铧：《扬州文化谈片》，广陵书社，2004年，第41—58页。
[2] 参见陈寿《三国志·魏书·陈登传》及《（雍正）扬州府志》卷26《名宦传》。

北方政权终于彻底地摧毁了南方的抵抗。这时候，广陵地区获得了一个其他地方使用了几百年的名字——扬州。其最高镇守长官，恰是一个自诩才子的王爷，不久之后，这位听不得不同意见的王爷，成为万万人之上的皇帝，后人称之为隋炀帝。

其实在隋代杨广镇守扬州时，也有不少文人围绕在他周围，但他们都不如唐代扬州的士大夫出名。隋末唐初扬州有学者曹宪、李善，专治《文选》，乃后世研究"文选学"之先驱，这或许也是后世为何传说在萧梁时候，扬州就建有"文选楼"的一大原因吧？唐初扬州诗人张若虚的《春江花月夜》，描写扬州一带的美妙景色，将扬子江的春光月华发挥得淋漓尽致，被誉为"孤篇压全唐"。有唐一代扬州的主事者，常为当朝宰辅名臣，其中能够至少做到立功、立言二合一的，最著名的就有杜佑、李吉甫、李绅等；而以佐官身份居此，享有大名的，有杜牧和崔致远等。

杜佑字君卿，京兆万年人……（韦）元甫为浙西观察、淮南节度，皆辟为从事，深所委信……贞元三年，征为尚书左丞，又出为陕州观察使，迁检校礼部尚书、扬州大都督府长史，充淮南节度使。丁母忧，特诏起复，累转刑部尚书、检校右仆射。十六年，徐州节度使张建封卒，其子愔为三军所立，诏佑以淮南节制检校左仆射、同平章事，兼徐泗节度使，委以讨伐……在扬州开设营垒三十余所，士马修葺……十九年入朝，拜检校司空、同平章事，充太清官使……

佑性敦厚强力，尤精吏职，虽外示宽和，而持身有术。为政弘易，不尚皦察，掌计治民，物便而济，驭戎应变，即非所长。性嗜学，该涉古今，以富国安人之术为己任……书成二百卷，号曰《通典》。贞元十七年，自淮南使人诣阙献之……优诏嘉之，命藏书府。其书大传于时，礼乐刑政之源，千载如指诸掌，大为士君子所称。

佑性勤而无倦，虽位极将相，手不释卷；质明视事，接对宾客，夜则灯下读书，孜孜不怠。与宾佐谈论，人惮其辩而伏其博，设有疑误，亦能质正。始终言行，无所玷缺……[1]

以此观之，并考诸其他史料，则杜佑至少曾两次到扬州任职：第一次为淮南节度使韦元甫的佐官（从事），时在大历三年（768）闰六月至大历六年八月[2]，任职 3 年；第二次在贞元五年（789）十二月至贞元十九年二月，时间长达 15 个年头[3]，即所谓"旋委节旄，贞师淮海，凡居镇十五年"[4]。也就是说，在杜佑 78 岁的人生中，近四分之一的时光是在扬州度过的。而其 15 年的任期，在唐代历任扬州长官中也是最长的，甚至比后来实际割据一方的杨行密都长（杨为 14 年）。不但如此，在扬州，除了"决雷陂水以广灌溉，开海滨弃地为田，积米至五万斛，列营三十区，士马精壮，四邻畏之"这些事功之外，杜佑还编撰了一部彪炳史册的巨著——煌煌二百卷的《通典》，此书为我国传世典章体政书的开山祖，"十通"之首，在扬州的文化史上，堪称空前绝后之作。这一点，似乎尚未被扬州当地政府和研究扬州的学者所重视。

按：《旧唐书·杜佑传》载："书成二百卷，号曰《通典》。

[1]《旧唐书》卷 147《杜佑传》。
[2]《旧唐书》卷 11《代宗纪》。
[3]参见《旧唐书》卷 13《德宗纪下》。按据《杜公淮南遗爱碑》"岁在庚午（贞元六年），以礼部尚书任命其为淮南节度，在贞元五年年底，其到任，则在次年。是其在扬州实任，为 14 年。亦可参见郁贤皓《唐刺史考全编》（安徽大学出版社，第 1677 页）。
[4]《全唐文》卷 505《唐丞相金紫光禄大夫守太保致仕赠太傅岐国公杜公墓志铭并序》，山西教育出版社，第 3042 页。

贞元十七年，自淮南使人诣阙献之，曰：……自顷缵修，年逾三纪"，是贞元十七年（801）该书在杜佑当淮南节度使时编成，并从淮南送呈唐德宗。又，杜氏自称该书的编写耗费超过36年（年逾三纪）的时间，则其初次任职扬州时就已经开始"缵修"了。这么一部内容广博、征引宏富的巨著，由其一人之力在扬州完成，也可窥见当时扬州文化资源之富庶和文化事业之繁荣。

在杜佑之前，高适于安史之乱期间，曾被肃宗任命为扬州大都督府长史、淮南节度使，以平定永王李璘之叛乱。但永王寻即败亡，"方济师而王败。李辅国恶其才，数短毁之，下除太子少詹事"[1]。故高适其实未曾到扬州赴任。

杜佑在扬州的继任者是王锷，这是一员武将，善于敛财，而文用不足，其在镇五年，接替他的是又一位名臣——李吉甫。《旧唐书·李吉甫传》谓：

> 李吉甫字弘宪，赵郡人……吉甫少好学，能属文。年二十七，为太常博士，该洽多闻，尤精国朝故实，沿革折衷，时多称之……其年（元和三年，807）九月，拜检校兵部尚书，兼中书侍郎、平章事，充淮南节度使，上御通化门楼饯之。在扬州，每有朝廷得失，军国利害，皆密疏论列。又于高邮县筑堤为塘，溉田数千顷，人受其惠……
>
> 吉甫尝讨论易象异义，附于一行集注之下；及缀录东汉、魏、晋、周、隋故事，讫其成败损益大端，目为《六代略》，凡三十卷；分天下诸镇，纪其山川险易故事，各写其图于篇首，为五十四卷，号为《元和郡国图》；又与史官等录当时户赋兵籍，号为《国计簿》，凡十卷；纂《六典》诸职为《百司举要》一卷。皆奏上之，行于代。

[1]《新唐书》卷143《高适传》。

李廷先先生说："李吉甫在两度为相时期，敢于冲破重重阻力，内革弊政，外制强藩。在历任地方长官期间，敢于抵制迷信，关心民瘼，实报灾情，蠲除逋租，兴修水利，利及万民，而又博通古今，著述宏富，胆识、谋略、政事、文章四者兼而有之，在唐代数百员宰相中殊不多见。若就在扬州政绩而言，实为全唐第一，杜君卿又在其次。"[1]

唐文宗开成年间，李吉甫之子李德裕复莅职扬州。文宗崩，武宗即位，乃召德裕回朝廷为相，开成末年至会昌初年（840—842），继其镇淮南者为李绅。越二年，李绅复节度淮南（844—846）。李绅，以诗文见长，以节操著称，即广为流传的《悯农》诗作者，其一曰："春种一粒粟，秋收万颗子。四海无闲田，农夫犹饿死。"其二曰："锄禾日当午，汗滴禾下土。谁知盘中餐，粒粒皆辛苦。"这两首诗之所以妇孺皆知、千古传颂，源于其平实中道尽生产之艰辛、生活之困苦，是李绅一生的代表作。而李绅本身就是出身寒苦、屡被抑迫的一个人，其早岁而孤，仕途艰险，"屡为怨仇所挤却，卒能自伸其才"[2]，晚年终于出将入相。

会昌二年《李绅拜相制》曰："识达古今，虑周微隐。词源浚发，洞学海之波澜；智仞高挥，森武库之矛戟。中立不倚，方严寡徒。长庆一朝，委遇斯极。入参机密，出总纲纪。王猷多润饰之能，邦宪著肃清之称，洎领版图之任，尤彰彰均节之宜。而又宠辱靡惊，得丧齐致。河洛留神明之政，浚郊惨恢将帅之谋，威令播于军戎，豪黠屏迹；宪纲洽于封部，疲赢息肩肩。俗变阜安，人知礼义。

[1]李廷先：《唐代扬州史考》，第 202-203 页。
[2]《新唐书》卷 181《李绅传》。

日者尝以高第，换彼雄藩，当淮海之乏要冲，控舟车之都会，风望并峻，金谐莫逾。"[1]

该制以赋体写就，可能稍有过誉，但大体上李绅是当之无愧的。两《唐书》本传多载其高风亮节之事，其在当时，也"以文艺节操见用"，称得上唐代扬州士大夫文化的代表人物之一。

稍前牛僧孺主政淮南期间（832—837），杜佑之孙杜牧曾为其"节度推官、监察御史里行，转掌书记"。杜牧"好读书，工诗为文，尝自负经纬才略"。"有集二十卷，曰《杜氏樊川集》，行于代。"[2]

《新唐书·杜牧传》称其"刚直有奇节，不为龊龊小谨，敢论列大事，指陈病利尤切至。少与李甘、李中敏、宋祁善，其通古今，善处成败，甘等不及也。牧亦以疏直，时无右援者……牧于诗，情致豪迈，人号为'小杜'，以别杜甫云。"

杜牧虽然在扬州不过是节度府的属官，时间也不长，官阶与任期皆不如其祖父。但扬州人却大多只知道杜牧，而不知道其老爷子杜佑。因为杜牧"工诗"，其一首《寄扬州韩绰判官》，名动古今，至今为人传唱不衰，诗云："青山隐隐水迢迢，秋尽江南叶未凋[3]。二十四桥明月夜，玉人何处教吹箫。"正是这首诗，让扬州"二十四桥"名声大噪，以至于后来"二十四桥"成为扬

[1]（宋）王恽：《玉堂嘉话》卷1。
[2]《旧唐书》卷147《杜佑传附杜牧传》。
[3]此句今人多讹为：秋尽江南"草木凋"，或作"草未凋"，皆与原意不合。言"草木凋"，当是北方秋天的景象，江南不当如此，且其意境相差万里；言"草未凋"，则语意不协，江南秋天固然也有常绿的草，但毕竟不多，草本植物大多为一年生，江南的草秋季还是会枯黄凋落的。"叶未凋"才两相符合，常绿乔木在江南很常见，意境也与"青山隐隐"相合。叶的繁体字为"葉"，与"草"形近；"未"与"木"形近，致传抄多有误。

州城市的一种经典意象。又，其《遣怀》诗云："落魄江南载酒行，楚腰肠断掌中轻。十年一觉扬州梦，占（一作赢）得青楼薄幸名。"则将"扬州梦"这另一城市意象表达得酣畅淋漓。

（2）以平山堂为核心的宋明扬州瘦西湖士大夫文化

虽然唐代有许多文人士大夫活跃于扬州，将扬州变成一个文化热土，但要在其中举出一个最有代表性的人物，却有一些难度。杜佑、杜牧祖孙在当时固然有很大的影响力，然而千百年以后，在扬州，他们却没有得到普遍的认同。究其原因，在于文化的传承，往往需要借助物质的形式来完成，特定的人物，通常是跟特定的场所联系在一起的。扬州历史上，延续至今的最著名的物质文化意象，是始建于北宋的平山堂。宋至明时期的扬州，士大夫文化的代表景观，就是这座建筑规模并不大的平山堂。

其实，平山堂对于扬州的意义很多，其中一点，体现在瘦西湖文化景观的形成史上。因为，平山堂与虹桥是瘦西湖士大夫文化景观的两个关键点，缺少其中的任何一个，瘦西湖都不可能成为一个完整的系统。孔尚任有云：

> 广陵之胜，以平山堂为最，其所称红桥法海寺观音者，皆平山堂之附丽也。红桥稍近，冶游者及之。而必放于法海寺，平山堂稍远，韵游者及之，而必放于观音阁，然四者亦各有所宜……譬之为诗者，平山堂其中联也。起于红桥，承于法海寺，结于观音阁，游人之选胜，亦如选诗，虽手眼甚高，必不能分寸逾行墨焉。[1]

---

[1] 孔尚任《于臣虎选诗小引》。转引自（美）梅尔清著，朱修春译《清初扬州文化》，复旦大学出版社，2004年，第160页。

这是强调平山堂在扬州西北景区中的重要性，其时瘦西湖作为一个完整景区的概念尚未形成，但从孔尚任的叙说中，我们可以看到，以平山堂为核心，这个景区系统已经与后来的瘦西湖景区极其相似了。

关于平山堂，李斗《扬州名胜录》有较详细的介绍：

> 平山堂在蜀冈上。《寰宇记》曰：邗沟城在蜀冈上。宋庆历八年二月，庐陵欧阳文忠公继韩魏公之后守扬州，构厅事于寺之坤隅。江南诸山，拱揖槛前，若可攀跻，名曰"平山堂"。寄魏公书有云："平山堂占胜蜀冈，一目千里"谓此。其时公携客往游，遣人走邵伯湖折荷花，遣伎取花传客，事载诸家说部中。嘉祐初，公迁翰林学士，知制诰，新喻刘敞知扬州，有《登平山堂寄永叔内翰》诗，公与都官员外郎宣城梅尧臣俱有和诗……

王振世《扬州览胜录》也说：

> 平山堂在蜀冈中峰法净寺内，为淮东第一胜境，建于宋欧阳文忠公。

平山堂在今天不过是大明寺的附庸而已，但其在古代何以具有如此重要的意义呢？

沈括的一段话为我们提供了启示：

> 扬州常节制淮南十一郡之地，自淮南之西、大江之东南，至五岭、蜀汉十一路，百州之迁徙，贸易之人往还，皆出其下。舟车南北，日夜灌输京师者，居天下之七。虽选帅尝用重人，而四方宾客之至者，语言面目不相谁何；终日环坐满堂，而太守应决一府之事自若，往往亦不暇尽举其职。不然，大败不可

第 2 章　瘦西湖景观对扬州特征文化的演绎

101

复支，虽足以自信，始皆不能近。谓之可治，卒亦必出于甚劳，然后能善其职。故凡州之燕赏享劳，太守之所游处起居，率皆有常处，不能以意有所拣择，以为宾客之欢。前守、今参政欧阳公为扬州，始为平山堂于北冈之上，时引客过之，皆天下豪俊有名之士。后之人乐慕而来者，不在于堂榭之间，而以其为欧阳公之所为也。[1]

"后之人乐慕而来者，不在于堂榭之间，而以其为欧阳公之所为也"，原因就在这里。正如欧阳修在临近扬州的滁州经常光顾醉翁亭，"醉翁之意不在酒"一样，后世很多慕平山堂之名而来者，也并非因为"平山堂占胜蜀冈，一目千里"，"为淮东第一胜境"，而是为着瞻仰先贤遗风，追慕欧公之为人。

《宋史·欧阳修传》载：

欧阳修字永叔，庐陵人。四岁而孤，母郑，守节自誓，亲诲之学，家贫，至以获画地学书。幼敏悟过人，读书辄成诵。及冠，嶷然有声。……举进士，试南宫第一，擢甲科，调西京推官。……居二年，徙扬州、颍州。复学士，留守南京……修始在滁州，号醉翁，晚更号六一居士……为文天才自然，丰约中度。其言简而明，信而通，引物连类，折之于至理，以服人心。超然独骛，众莫能及，故天下翕然师尊之。奖引后进，如恐不及，赏识之下，率为闻人。曾巩、王安石、苏洵、洵子轼、辙，布衣屏处，未为人知，修即游其声誉，谓必显于世。笃于朋友，生则振掖之，死则调护其家。

好古嗜学，凡周、汉以降金石遗文、断编残简，一切掇拾，研稽异同，立说于左，的的可表证，谓之《集古录》。奉诏修《唐

[1] 沈括：《扬州重修平山堂记》。

其实，欧阳修任职扬州不到一年时间，在其漫长的仕宦生涯中，这不过是极其平常的一小段而已，甚至还不如在滁州和颍州之时。但扬州人就是给予他十分尊崇的地位，因为两个原因：一、欧阳修是德才兼备的大文豪，且官至宰相，苏轼说他："论大道似韩愈，论事似陆贽，记事似司马迁，诗赋似李白。"在各个领域他都做到了第一流，近似于古人心目中"立德、立功、立言"三不朽的圣人，是士大夫毕生追求的榜样。宋以后的中国古代社会，至少表面上是儒学占主导的士绅社会，这样一种标杆式的人物，由不得人不崇敬。二、基于第一点，欧阳修既然是一个在全国范围内都享有大名的精神象征，那么，对于扬州这个地方来说，他也就拥有了全国性的普适意义，容易取得外地官员和游子的认同感，也便于当地人具备全国性的视野。正是这两点，加上平山堂本身位置优越，可观江南诸峰，取得心与山平的感觉，所以北宋以后屡废屡兴。

到了清朝，平山堂及其创始人欧阳修，又获得了第三个象征：汉族士大夫的代表之一。因为清朝统治者以满族入主中原，作为异族，要想获得中原大地绝大多数民众——汉族发自内心的肯定和认同，并不是一件容易的事情，自顺治帝以来，康熙、雍正、乾隆历代君主都面临着这样一个难题。康熙、乾隆的巡游南方，

[1]《宋史》卷319《欧阳修传》，中华书局标点本，第10375—10382页。

很大程度上就是带着这个使命来的，所以一路的工作，不仅仅是处理国计民生的大事，还要想方设法地让老百姓，尤其是作为财富和人才聚集地的江浙地区的士子们认可自己。在扬州，平山堂无疑就是最好的工具，因此，不管是康熙，还是乾隆，都要对之进行褒赐。"清圣祖南巡，赐平山堂'贤守'、'清风'、'怡情'、'澄旷'四额，并制《平山堂》诗一首。""清高宗南巡，游幸山堂，赐'诗意岂因今古异？山光长在有无中'一联，并题诗至数十首之多。"皆此类也。

到了清末的光绪年间，扬州人又建了欧阳修的专祠。王振世《扬州览胜录》载：

> 欧阳文忠公祠在谷林堂后，清光绪五年运使欧阳正墉重建，费白金五千余。有石刻平江李元度所撰碑文，嵌于祠外西偏壁上。祠五楹，以楠木造成，规模宏大，中楹供石刻欧阳文忠公画像。此像系恭摹清内府藏本，并附祀苏文忠公，上悬"六一宗风"额，运使欧阳正墉题。并题联云："歌吹有遗音，溯坡老重来，此地宜赓杨柳曲；宦游留胜迹，访先人手植，几时开到木兰花。"欧阳利见联云："山与堂平，千古高风传太守；我生公后，二分明月梦扬州。"徐转运文达联云："酒酌碧筒杯，到此山翁仍一醉；文成青史笔，允宜坡老定千秋。"[1]

"欧阳文忠公祠在谷林堂后"，其实就是在平山堂旁，因为谷林堂即傍附平山堂。正如说起平山堂就会想起欧阳修，提及谷林堂，人们自然也会想到苏轼。王振世《扬州览胜录》记载：谷林堂在平山堂后，宋元祐中苏文忠公建。苏文忠诗云："谷深下

---

[1] 王振世《扬州览胜录》，江苏古籍出版社，2002年，第76—77页。

窈窕，高林合扶疏。"因以名堂。宋以后久不存。清同治中，方转运浚颐建于平山堂后……[1]

与欧阳修一样，苏轼也是扬州士大夫文化中不可缺少的浓墨重彩的一部分。《宋史·苏轼传》云：

> 苏轼字子瞻，眉州眉山人。生十年，父洵游学四方，母程氏亲授以书，闻古今成败，辄能语其要。……比冠，博通经史，属文日数千言，好贾谊、陆贽书……徙扬州。旧发运司主东南漕法，听操舟者私载物货，征商不得留难。故操舟者辄富厚，以官舟为家，补其弊漏，且周船夫之乏，故所载率皆速达无虞。近岁一切禁而不许，故舟弊人困，多盗所载以济饥寒，公私皆病。轼请复旧，从之。未阅岁，以兵部尚书召兼侍读……
>
> 轼与弟辙，师父洵为文，既而得之于天。尝自谓："作文如行云流水，初无定质，但常行于所当行，止于所不可不止。"虽嬉笑怒骂之辞，皆可书而诵之。其体浑涵光芒，雄视百代，有文章以来，盖亦鲜矣。洵晚读《易》，作《易传》未究，命轼述其志。轼成《易传》，复作《论语说》；后居海南，作《书传》；又有《东坡集》四十卷、《后集》二十卷、《奏议》十五卷、《内制》十卷、《外制》三卷、《和陶诗》四卷。一时文人如黄庭坚、晁补之、秦观、张耒、陈师道，举世未之识，轼待之如朋俦，未尝以师资自予也。[2]

苏轼与欧阳修同为北宋时人，比欧阳公晚一辈，而同居唐宋八大家之列。其人无论政治还是文化倾向，都颇类欧阳，在其年轻时就被目为同党中人。且其在北宋文坛之地位以及在后世人心目中的分量，也直追欧阳修，甚至有过之而无不及。在欧阳修莅职

[1] 王振世《扬州览胜录》，江苏古籍出版社，2002年，第76页。
[2] 《宋史》卷338《苏轼传》，中华书局标点本，第10 801—10 818页。

扬州之后若干年，他同样来到扬州做父母官，也建了一座亭堂——谷林堂，也不到一年就离职他任。而他所建的谷林堂又紧邻平山堂，故后人谈起平山堂时，往往将谷林堂忽略，因为二者太过于相似。其实在说平山堂或欧阳修时，已经包含了谷林堂与苏东坡。

但是北宋时期作为我国古代文化最发达的时段之一，人文荟萃，贤良辈出，扬州的士大夫文化也是极为昌盛，并非只有以上二位代表，仅举其中享有大名的，就有王禹偁、范仲淹、陈执中、韩琦、王珪、吕夷简、包拯、王安石、吕公著、晁补之、刘攽、吕好问、沈括、胡安国等人，这些文人士大夫中不仅许多人做到宰相高官，在当时起到了移风易俗的作用，而且留下了很多千古传颂的名篇。

相较而言，南宋的扬州则主要是军官武夫的天下，文人士大夫较少，任职扬州的名人，多是岳飞、韩世忠、姜才、李庭芝等武将，或者贾似道等政客，像陆秀夫等学而优则仕的著名学者型官员，几乎找不出第二个来。

元代也是如此，虽然元初扬州地位很高，可与杭州相媲美，但是一则元代是武夫当国、坐在马背上治理天下的，二则承继南宋余风，扬州基本上没有多少人文气息，士大夫文化也就相应的乏善可陈了。

明朝是一个比较微妙的时代，一方面最高统治者文化修养不高，另一方面整个国家却是士大夫的天下，不过在明前期，其文化无疑难与宋、清相比，因而士大夫文化表现得不突出。后期随着阳明心学的盛行，文化活动趋于活跃，但是当时的文化中心在南北二京和苏杭等地，扬州还只是一个盐商聚集之所。所以尽管明代的主事者几乎都是进士出身，但是却没有出现一个以文化留名后世的。至于当地居民，也还没有出类拔萃之辈。扬州的士大夫文化，这段时期处在相当沉寂的境地。

但到了明末清初鼎革之时，扬州又出了一个士大夫文化的代表人物，即誓死抗清的史可法。史可法，字宪之，祖籍北京大兴，生长于河南开封。崇祯元年进士。以仁孝著称于世。累官至兵部尚书、内阁大学士、太傅，是明末杰出的政治家和军事家。他虽然英年早逝，但一生经历颇为丰富，年轻时做过地方官和京部小官。后来地方乱起，遂领兵平叛，数有功。他第一次任职扬州，是总督漕运，经过雷厉风行的手段，漕政大理。第二次也是最后一次到扬州做官，则是督师江淮军事，从而与扬州共存亡。经过两年救火式的左抵右挡，奈何南明政权内讧严重，终于自毁长城。史可法最终不得不死守扬州，给予了来犯的清军以严重打击，但终究寡不敌众，遂英勇就义。由于当时正值暑天，尸体腐烂不可辨识，一年后才在天宁门外的梅华岭给他建了一个衣冠冢。后来逐渐演变成史可法祠和今天的史可法纪念馆。

与一般的统军之将不同，史可法是一个文化修养很高的儒将，虽然其人生最后的岁月几乎都在军营中度过，但早已根植于骨髓的儒家精神，却时时刻刻在发挥作用。史称其：

> 可法短小精悍，面黑，目烁烁有光。廉信，与下均劳苦。军行，士不饱不先食，未授衣不先御，以故得士死力……可法为督师，行不张盖，食不重味，夏不簟，冬不裘，寝不解衣。年四十余，无子，其妻欲置妾。太息曰："王事方殷，敢为儿女计乎！"[1]

[1]《明史》卷274《史可法传》，中华书局，1974年，第7016、7023页。

此类事情还有很多，如他的弟弟在北京被迫降敌，逃回来后也被他"请置之理"。正因为他这样公正、无私、廉信、严明，所以深得当时朝野钦重，一帮桀骜不驯的武将也敬服他。史可法所代表的绝不放弃、坚持到底的精神，也是扬州瘦西湖士大夫文化的一种杰出表现。

（3）以红桥为代表的清前期扬州瘦西湖士大夫文化

明清之际的扬州，遭受了"扬州十日"的荼毒，城市几乎被毁于一旦。因此清初的扬州，面临着严峻的重建局面，其中文化方面也极为迫切。这时候，同样是一个外来的官员，担负起了这项重大的任务。而其发挥作用的舞台，不再是远在西北蜀冈上的平山堂，而是近在扬州城咫尺的红桥。红桥是明末修建的，这时候不过才几十年的历史。这个官员就是来自山东省的王士禛，其掀起的声势浩大的文化运动，叫做"红桥修禊"。值得注意的是，"红桥修禊"并非王士禛等一代人的运动，在此后的许多年里，它俨然成了扬州士大夫文化的象征，在瘦西湖畔陆陆续续地进行着。

前文说到平山堂对瘦西湖景区形成的关键作用，尚未言及红桥。其实，《扬州画舫录》的作者李斗，曾特别强调红桥在扬州文化地理中的中心位置。他在《扬州画舫录》的序言中，将红桥描述为该书所写地理结构的枢纽：扬州诸名胜"皆会于红桥"。如果说平山堂是瘦西湖景区的北极（北部端点），那么红桥在清初瘦西湖景区形成过程中，则扮演了南极的角色。若仅有平山堂，而无红桥，则瘦西湖终归还是一个松散的景点群。这也是为什么平山堂北宋就有，瘦西湖水系南宋就已初备，但扬州西北景观在元明两代却一直没有大发展的原因。迨明末红桥筑就，清初王士禎振臂一呼，而应者云集，红桥遂在短时期内就成为扬州西北郊的一大景点。平山堂、红桥两相牵引，加之中间法海寺、小金山的吸引，于是在清初扬州，待"扬州十日"的记忆逐渐远去，西北郊区就成为了冶游的不二之选。孔尚任的那番解说，就是一种写照。

在这个过程中，有一个人物不得不着重提及，他就是王士禎。与欧阳修之于平山堂、苏轼之于谷林堂相似，王士禎与红桥也是密不可分的关系，虽然红桥并非他所建造。《判牍余沈》卷6谓：

> 渔洋尚书通籍后，客济南，赋《秋柳诗》四章。司李扬州，与诸名士红桥修禊，首倡《冶春词》二十余首。风流雅韵，自后过其地者多艳称之。

王氏在清初名气特大，号称文坛泰山。《新世说》卷2云：

> 王阮亭以诗鸣海内，士大夫识与不识皆尊为泰山北斗。时当开国，世人皆厌明季王李之肤廓、钟谭之纤仄。公以大雅之材起而振之，独标神韵，笼盖百家，其声望足以奔走天下。虽身后诋欺者不少，然论者谓清之有公，如宋有东坡、元有道园、明有青邱，屹然为一代大宗，未有能易者。

与欧阳修、苏轼二人在扬州不及一年不同，王氏初莅扬州之时，虽然因为年轻（只有20几岁），名气不如二位前辈，官位亦低（只是推官），但他在扬数年，因而其对扬州文化风气的影响，远在两位宋贤之上。关于王士禎之于红桥乃至扬州的重要性，美国学者梅尔清有相当精辟的论述：

迄今还没有看到在王士禎到达扬州之前人们对红桥的描述，

所以说这个地方与王士禛有着割不断的联系。此后对红桥的描述，不可避免地或是提及王士禛，或是借助王士禛的文学作品。当地人正是这样利用王士禛的名望及著述来拔高这座桥及他们的城市的地位。处所的声望来自于人的声望，城市声望亦随着人的名望的增高而提升。与此同时，王士禛着意通过自己在扬州特别是在红桥的活动来提高自己的威望。从他在北京的文学活动轶事可以看出，他基本上是与他的属下之间往来。而在扬州，在红桥，王士禛是与著名的遗民一道吟诗唱和。

在一篇很通俗的文章中，朱宗宙认为欧阳修将平山堂变成了至今每一个去扬州的人都要光顾的名胜，他补充说王士禛当年则是让红桥变成了这样的游览胜地。[1]

的确，王士禛的政绩提高了他诗人的名气，他常被说成是当代欧阳修或者苏轼。因为欧阳修和苏轼两人都是大文豪，又都曾在扬州为官。他们选用了特定的事件来表现这位行政官员。事实上，在各种传记中，也有许许多多这样的事件被重述。[2]

十年之后，负责治河的官员、孔子的六十四世孙孔尚任（1648—1718）来到扬州。他召集诗人们在西北郊聚会，非常庄重地继承了王士禛的遗产。正如 Richard Strassberg 在孔尚任的传记中所指出的，王士禛为孔尚任的社会定位树立了一个典范，即他是一个成功的官员、一个才华横溢的诗人，同时又是山东同乡。[3]

两淮都转运使卢见曾（1690—1768）也追寻王士禛，努力塑

[1]（美）梅尔清著，朱修春译《清初扬州文化》，复旦大学出版社，2004年，第39页。
[2]（美）梅尔清著，朱修春译《清初扬州文化》，复旦大学出版社，2004年，第45页。
[3]（美）梅尔清著，朱修春译《清初扬州文化》，复旦大学出版社，2004年，第79页。

造他的社会身份，他经常不断地努力追求自己与王士禛之间的认同。……红桥的名声、王士禛的名声和他在扬州聚会的名声，依然保持着强有力的象征意义，尽管这象征主义以及这座城市早已改变了模样。[1]

其实，清初的扬州名士云集，远不只有一个王士禛。《扬州画舫录》就记载了与王士禛一起修禊或相从往来的许多士大夫：杜濬、张养重、邱象随、朱克生、陈允衡、陈维崧、林古度、张纲孙、孙枝蔚、程邃、孙默、许承宣、吴伟业、冒襄、邵潜、许嗣隆、毛师桂、徐釚、宋荦、刘体仁、王士禄、张琴、宗元鼎、费密、丁宏海、赵三骐、邹祇谟、许泌、顾樵，"自杜濬至于顾樵，皆文简时往来者。"[2] 数十年后，乾隆年间，王士禛的山东老乡卢见曾任两淮转运使，亦高朋满座，如：戴震、鲍皋、惠栋、吴玉搢、严长明、朱稻孙、汪棣、易谐、郑燮、李麟、张宗苍、高凤翰、祝应瑞、张辂、焦五斗、吴均、沈廷芳、梁献、钱载、陈大可、周榘、胡裘錞、宋若水、张永贵、倪炳、文山、汪履之等。

当时还有不少文人"散客"，亦曾或长或短地在扬州逗留。李斗在他的名著中写道："扬州为南北之冲，四方贤士大夫无不至此，予见闻所囿，未能遍记。有游迹数至而无专主之家，以虹桥为文酒聚会之地。谨述于此，以为湖山增色云。"[3] 这些人包括梅文鼎、朱彝尊、阎若璩、朱筠、钱大昕、王昶、沈初、袁枚、王鸣盛、金榜、李汪度、卢文昭、邵晋涵、陆师、张书勋、钮树玉、周大纶、汪启淑、

[1]（美）梅尔清著，朱修春译：《清初扬州文化》，复旦大学出版社，2004年，第82页。
[2]（清）李斗著，陈文和点校：《扬州画舫录》，广陵书社，2010年，第120页。
[3]陈文和点校：《扬州画舫录》，第126页。

顾文煃、谈泰、蒋莘、尤荫、陈实孙、程世淳、曹文埴、胡先声、耿蕙、奇丰额、江绍莘、赵廷枢、薛廷吉、阮承裕、江嘉理、董洵、文元星、汪坤、巴源绶、洪锡恒等。[1]

然而为何这些人会"以虹桥为文酒聚会之地"呢？众所周知，红桥当时已不仅仅是王士禛一个人的红桥了，王士禛的影响力再大，也不可能在他死后那么多年还吸引着天南海北的士人，何况与欧阳修、苏轼等人相比，无论文学成就，还是人格魅力，或者朝野声望，王士禛都尚有不及，那么清代红桥附近这庞大的士大夫队伍是如何形成的呢？我们认为，红桥此时已经从一单独的景观，发展成为一个巨大的景观体系中的代表了。易言之，即红桥已成了瘦西湖的代表，所以，与其说是红桥网聚了这些士大夫，倒不如说是瘦西湖正逐渐成为士大夫文化的中心。而瘦西湖之所以能成为士大夫文化的汇聚之地，则与其景观性格有莫大的关系。在文人士大夫的心中，都有一种乡野志趣。乡野田园，代表的是一种与城市街道不同的世界，是自由、自然、淡泊、宁静的象征，这么一幅图景，不管是对于朝夕处于庙堂之上的官员，还是甘于清静明志的处士，都有着巨大的吸引力。瘦西湖在当时，就是这么一处拥有乡野亭园美景的所在。同时，相较于杭州西湖，瘦西湖更具有一种悠远的意境，一种朦胧的美感，也更符合儒家知识分子的审美情趣。而此时的瘦西湖，北有平山堂、谷林堂，南有红桥，都是士大夫精神依归之所。平山二堂路途过远，偶一为之尚可，经常流连则未免代价过高。红桥则既在城池之外，又距离适中，因而成了士大夫聚会的首选。

[1] 以上诸人俱参见《扬州画舫录》卷10《虹桥录上》。

其时才俊虽多，然而除了孙枝蔚等个别人外，均非本地士人。不过到了雍正、乾隆年间，本地才子蔚然崛起，如画坛"扬州八怪"：汪士慎、李鳝、黄慎、金农、高翔、郑燮、李方膺和罗聘[1]等，形成了名重一时的扬州画派，给扬州士大夫文化注入了新的活力。其后，王念孙、王引之、汪中、李斗、江藩、焦循、阮元、刘文淇等为代表的扬州学派兴起，又将这种本由外地人推动的精英文化继续发扬光大了。

（4）清中期以后扬州本土士大夫文化的崛起

从上文的论述可知，清代以前，扬州本地几乎没有什么著名的文人，仅有的几个还集中在隋末唐初，如曹宪、李善、张若虚等。此前此后，扬州长期处于"前不见古人，后不见来者"的尴尬境地[2]。这种局面，到了清代才有所改观。清初写作《扬州鼓吹词》的江都人吴绮，已具有一定的知名度。但扬州本土士大夫群体出现，并形成一种本土士大夫文化，则始于"扬州八怪"。比"八怪"所代表的"扬州画派"稍晚一些，真正将扬州本土士大夫文化推向顶峰的，则是清中期名闻天下的"扬州学派"。

"扬州八怪"是一个集体称呼，就目前比较公认的看法，扬州画派其实并非只有八个人，如扬州八怪纪念馆就列有 15 个人的雕像。《清史稿》卷 504《艺术传三》对扬州画派有较概括的描述：

[1] 此从李玉棻《瓯钵罗室书画过目考》之说。
[2] 秦观是高邮人，现在虽然属于扬州地级市所辖，但并非本书所论及的扬州市区，且北宋高邮与扬州分属不同的军州，故此处不包括在扬州本土人的范围内。

> 乾、嘉之间，浙西画学称盛，而扬州游士所聚，一时名流竞逐。其尤著者，为高凤翰、郑燮、金农、罗聘、奚冈、黄易、钱杜、方薰等。……

然而扬州画派或扬州八怪中，外地流寓扬州者多，例如金农、黄慎等均非本地人。其中声名最著且为扬州本地人者，首推郑燮，其次是罗聘。

郑燮，号板桥，康乾时人。官山东范县、潍县知县，有政声。做官前后，均居扬州，以书画营生。其诗文真挚风趣，为人民大众所喜诵。有《郑板桥全集》《板桥先生印册》等。在艺术上，他主张不泥古法，重视艺术的独创性和风格的多样化，所谓"未画之先，不立一格，既画之后，不留一格"，对今天仍有借鉴意义。板桥画竹有"胸无成竹"的理论。他画的竹子，连"扬州八怪"之一金农十分感佩，代表作为《竹石图》。板桥工书法，以兰草画法入笔，极其潇洒自然，参以篆、隶、草、楷的字形，穷极变化，自称为"六分半书"，开创了书法历史的新天地。

《扬州画舫录》卷 2 对郑燮的描述只有短短的几十个字：

> 郑燮，字克柔，号板桥，兴化人。进士。兰、竹、石称"三绝"。工隶书，后以隶楷相参，自成一派。关帝庙道士吴雨田从之学字，可以乱真。[1]

但同书卷 10 则详细得多：

---

[1]（清）李斗著、陈文和点校：《扬州画舫录》，广陵书社，2010 年，第 23 页。

> 郑燮，字克柔，号板桥，兴化人。进士，官知县。宰范时……时称盛德。后以报灾事忤大吏，罢归乡里。尝作一大布囊，凡钱帛食物，皆置于内，随取随用。或遇故人子弟及同里贫善之家，则倾与之。往来扬州，有"二十年前旧板桥"印章。与公唱和甚多。著有《板桥诗词钞》及家书、小唱。工画竹。以八分书与楷书相杂，自成一派，今山东潍县人多效其体。[1]

《铜鼓书堂遗稿》卷32云：

> 郑燮，字克柔，号板桥，扬州兴化人。乾隆丙辰进士，除山左潍县令。才识放浪，磊落不羁。能诗、古文，长短句别有意趣。未遇时曾谱《沁园春·书怀》一阕，云：……。其风神豪迈，气势空灵，直逼古人。板桥工书，行楷中笔多隶法。意之所之，随笔挥洒，遒劲古拙，另具高致。善画兰竹，不离不接，每见疏淡超脱。画幅间常用一印，曰"七品官"耳；又一印，曰……

罗聘，字遁夫，号两峰，又号衣云，别号花之寺僧、金牛山人、蓼洲渔父、师莲老人，为"扬州八怪"之殿军。其祖籍为安徽徽州（今黄山市），但其父祖居扬日久，故一般将其视作扬州江都县人，其曾住彩衣街弥陀巷，自称"朱草诗林"。其为"八怪"之首金农的入室弟子，金农死后，他搜罗遗稿，出资刻版，使金农的著作得以传于后世。他一生未做官，好游历。画人物、佛像、山水、花果、梅、兰、竹等，无所不工。笔调奇创，别具一格。善画《鬼趣图》，描写形形色色的丑恶鬼态，无不极尽其妙，借以讽刺社会的丑态。其妻方婉仪，字白莲，亦擅画梅、兰、竹、石，并工

---

[1]《扬州画舫录》，广陵书社，第122页。

于诗。子允绍、允缵，均善画梅，人称"罗家梅派"。

《扬州画舫录》卷2记叙罗聘云：

> 罗聘，字两峰，号花之寺僧。初学金寿门梅花，后仿古仙佛画法，有《鬼趣图》，为世所称。妻方白莲，子允绍、允缵，俱工画。[1]

而卷3则云：

> 罗聘，字两峰，自称花之寺僧，江都人。工诗。居天宁门内弥陀巷，额其堂曰"朱草诗林"。善画，作《鬼趣图》，题者百余人。妻方婉仪，字白莲，受诗于沈大成，著有《白莲半格诗》。子允绍，字介人；允缵，字练堂，一字小峰。俱善画。[2]

李斗是乾嘉年间扬州的大戏剧家，但关于其生平的记载却不多，来新夏在一篇关于扬州杂书的文章中有简短的介绍："《扬州画舫录》的撰者李斗，字艾塘，又字北有。江苏仪征人。生于乾隆十四年（1749），卒于嘉庆二十二年（1817），所著《永报堂集》三十三卷。"[3]

至于扬州学派，则是扬州士大夫文化发展到极致的一个突出表现。张舜徽先生在《扬州学记》中说"扬州学术的精神"：

> 余尝考论清代学术，以为吴学最专，徽学最精，扬州之学最通。无吴、皖之专精，则清学不能盛；无扬州之通学，则清学不能大。然吴学专宗汉师遗说，屏弃其他不足数，其失也固。

[1]《扬州画舫录》，广陵书社，第24页。
[2]《扬州画舫录》，广陵书社，第35页。
[3]来新夏：《清代关于扬州的杂书》，《扬州文化研究论丛》第2辑，广陵书社，2008年，第109页。

> 徽学实事求是，视夫固泥者有间矣，而但致详于名物度数，不及称举大义，其失也褊。扬州诸儒，承二派以起，始由专精汇为通学，中正无弊，最为近之。夫为专精之学易，为通学则难。非特博约异趣，亦以识有浅深弘纤不同故也。郑康成之所以卓绝在此耳。清儒专门治经，自惠、戴开其先，天下景从而响和者，无虑皆能尽精微而不克自致于广大。至于乾隆之季，其隘已甚，微扬州诸儒起而恢廓之，则终清之世，士子疲老尽气以从事者，杂猥而已耳，破碎而已耳。末流之弊，不知所届，庸讵止于不能昌明经训已乎？吾之所以欲表章扬州之学，意在斯也。[1]

在此，张舜徽先生给予扬州学术以极高的评价，隐约有视扬州学术为清代学术之最的意思。而扬州学术之所以能如此卓绝，离不开扬州学派一系列士大夫的贡献。下面就汪中、焦循、刘文淇、阮元等扬州学派的代表人物简要阐述之。

汪中是扬州学派中的重要领袖人物。他出身孤苦，无力读书，因在书店做事而自学成才。三十四岁之后，绝意仕途，过着以文为生的清苦生活，对先秦古籍、三代、两汉学制以及文字、训诂、度数、名物等方面都有深刻的研究，又精于金石之学，其治学体验之总集为《述学》六卷。其学针对儒家正统思想进行批判，为当世俗儒、腐儒、迂儒所不容。他在经史的研究上有很多独到见解，其地位与成就，实垂范学林。《清史稿》卷481《儒林传二·汪中传》云：

---

[1] 张舜徽：《张舜徽集·清儒学记》，华中师范大学出版社，2005年，第255-256页。

汪中，字容甫，江都人。生七岁而孤，家贫不能就外傅。母邹，授以四子书。稍长，助书贾鬻书于市，因遍读经、史、百家，过目成诵，遂为通人。年二十，补诸生……

中颛意经术，与高邮王念孙、宝应刘台拱为友，共讨论之。其治《尚书》，有《尚书考异》。治《礼》，有《仪礼校本》、《大戴礼记校本》。治《春秋》，有《春秋述义》。治《小学》，有《尔雅校本》，及《小学说文求端》……

中又熟于诸史地理，山川厄要，讲画了然，著有《广陵通典》十卷、《秦蚕食六国表》、《金陵地图考》。生平於诗文书翰无所不工，所作《广陵对》、《黄鹤楼铭》、《汉上琴台铭》，皆见称於时。他著有《经义知新记》一卷，《大戴礼正误》一卷，《遗诗》一卷。五十九年，卒，年五十一。

中事母以孝闻，左右服劳，不辞烦辱。居丧，哀戚过人，其于知友故旧，没后衰落，相存问过于从前。道光十一年，旌孝子。

焦循，世居江都北湖黄珏桥，即今邗江区黄珏桥镇。他也是扬州学派重要的领袖学者之一。出身寒微，一生以家塾授徒为业；自筑雕菰楼，晚岁读书著述其中，足不出户。其一生可以"读书、教书、著书"六字概括。他学识渊博，经史、历算、文学、思想，无所不精，且酷爱地方戏曲，阮元誉之为"通儒"。民国学者支伟成《清代朴学大师列传》说："先生博闻强记，识力精卓；于学无所不通，于经无所不治，而于《周易》、《孟子》，专勒成书。"[1]《清史稿》卷482《儒林传三·焦循传》云：

[1] 支伟成：《清代朴学大师列传》，长沙：岳麓书社，1998年，第103页。

焦循，字里堂，甘泉人。嘉庆六年举人……循少颖异……既壮，雅尚经术，与阮元齐名。元督学山东、浙江，俱招循往游。性至孝，丁父及嫡母谢艰，哀毁如礼。一应礼部试，后以生母殷病愈而神未健，不复北行。殷殁，循毁如初。服除，遂讬足疾不入城市者十余年。葺其老屋，曰半九书塾，复构一楼，曰雕菰楼，有湖光山色之胜，读书著述其中。尝叹曰："家虽贫，幸蔬菜不乏。天之疾我，福我也。吾老于此矣！"嘉庆二十五年，卒，年五十八。

循博闻强记，识力精卓。每遇一书，无论隐奥平衍，必究其源，以故经史、历算、声音、训诂无所不精……著《易通释》二十卷……著《孟子正义》三十卷……又著《六经补疏》二十卷。……为《周易王注补疏》二卷……为《尚书孔氏传补疏》二卷……为《毛诗郑氏笺补疏》五卷……为《春秋传杜氏集解补疏》五卷……为《礼记郑氏注补疏》三卷……为《论语何氏集解补疏》三卷。合之为二十卷。又……曰《书义丛钞》。又著《禹贡郑注释》一卷，《毛诗地理释》四卷，《毛诗鸟兽草木虫鱼释》十一卷，《陆玑疏考证》一卷，《群经宫室图》二卷，《论语通释》一卷。又著有《雕菰楼文集》二十四卷，《词》三卷，《诗话》一卷。

循壮年即名重海内，钱大昕、王鸣盛、程瑶田等皆推敬之。始入都，谒座主英和，和曰："吾知子之字曰里堂，江南老名士，屈久矣！"殁后，阮元作传，称其学"精深博大，名曰通儒"，世谓不愧云。

刘文淇，字孟瞻，仪征人。名医刘锡瑜之子。一生以教书、校书为业。刘文淇为人淳厚笃实，学思渊博，毕生治经，尤致力于《春秋左氏传》，是仪征刘氏学的创始者，与宝应刘宝楠并称"扬州二刘"，同为清代扬州学的代表人物。撰有《左传旧注疏证》，可惜仅成编便辞世。其另一部极为后世推重的著作，是《扬州水道记》，该书是第一部全面而详细考证扬州境内运河的专著。它考证了邗沟自开挖以来至道光年间极为复杂的变化史实，具有极为重要的史料价值，历来在学术界评价甚高。《清史稿》卷482《儒林传三·刘文淇并其子孙等传》云：

刘文淇，字孟瞻，仪征人，嘉庆二十四年优贡生。父锡瑜，以医名世。文淇稍长，即研精古籍，贯串群经。于毛、郑、贾、孔之书及宋、元以来通经解谊，博览冥搜，折衷一是。尤肆力《春秋左氏传》……为《左氏旧注疏证》……成《左传旧疏考正》八卷。

又据《史记秦楚之际月表》，知项羽曾都江都。核其时势，推见割据之述，成《楚汉诸侯疆域志》三卷。据《左传》、《吴越春秋》、《水经注》等书，谓唐、宋以前扬州地势南高北下，且东西两岸未设堤防，与今运河形势迥不相同，成《扬州水道记》四卷。又《读书随笔》二十卷，《文集》十卷，《诗》一卷。

文淇事亲纯孝，父年笃老，目眚，侍起居，朝夕扶掖，寒夜足冻，侍亲以温其足。舅氏凌曙极贫，遗孤毓瑞，文淇收育之。延同里方申为其师，并补诸生。申通虞氏《易》，皆其教也。卒，年六十有六。

更让人叹服的是，刘文淇不但一生文化成就卓著，而且持家谨严、教子有方，其子毓崧、孙寿曾、曾孙师培皆为名儒，仪征刘氏一门四代士风传延，堪称奇迹。

阮元，字伯元，号芸台，人称"雷塘庵主"，是扬州属下的仪征县人。他一生历经乾隆、嘉庆、道光三朝，官居极品，而不废问学，成为通儒，于经史、小学、天算、舆地、金石、校刊等都有精深的造诣。其总结历代科学成就，编著《畴人传》46卷，是我国第一部系统的为科学家作传的著作。而其学术文章总集《揅经室集》，也一向为学界所重，是一部重要的研究与参考文献。阮元毕生虽累于政务，但留心学术，奖掖后进，名士如张惠言、陈寿祺、王引之等皆出其门；又编刻《经籍纂诂》、《十三经注疏附校刊记》、《学海堂皇清经解》等书，并为其同代学者如钱大昕、汪中、刘台拱、焦循、凌廷堪等刊印遗作，对我国古代典籍的保存、传播与学术交流有重要贡献。其一生致力于民族文化的传承与弘扬，影响之广之深，历来学者难以望其项背。《清史稿》卷364《阮元传》云：

> 阮元，字伯元，江苏仪征人……乾隆五十四年进士，选庶吉士，散馆第一，授编修。逾年大考，高宗亲擢第一，超擢少詹事……为浙江巡抚……迁工部侍郎，出为漕运总督……调江西巡抚……调湖广总督……调两广总督……云贵总督……拜体仁阁大学士……加太子太保。（道光）二十六年，乡举重逢，晋太傅，与鹿鸣宴。二十九年，卒，享年八十有六，优诏赐恤，谥文达。入祀乡贤祠、浙江名宦祠。
>
> 元博学淹通，早被知遇。敕编《石渠宝笈》，校勘《石经》。再入翰林，创编《国史儒林、文苑传》，至为浙江巡抚，始手成之。集《四库》未收书一百七十二种，撰提要进御，补中秘之阙。嘉庆四年，偕大学士珠珪典会试，一时朴学高才搜罗殆尽。道光十三年，由云南入觐，特命典试，时称异数。与大学士曹振镛共事意不合，元歉然。以前次得人之盛不可复继，历官所至，振兴文教。在浙江立诂经精舍，祀许慎、郑康成，选高才肄业；在粤立学海堂亦如之，并延揽通儒：造士有家法，人才蔚起。

第 2 章　瘦西湖景观对扬州特征文化的演绎

撰《十三经校勘记》、《经籍纂诂》、《皇清经解》百八十余种，专宗汉学，治经者奉为科律。集清代天文、律算诸家作《畴人传》，以章绝学。重修《浙江通志》、《广东通志》，编辑《山左金石志》、《两浙金石志》、《积古斋钟鼎款识》、《两浙輶轩录》、《淮海英灵集》，刊当代名宿著述数十家为《文选楼丛书》。自著曰《揅经室集》。他纪事、谈艺诸编，并为世重。身历乾、嘉文物鼎盛之时，主持风会数十年，海内学者奉为山斗焉。[1]

按：以上诸人中，汪中有《广陵通典》，焦循有《邗记》、《扬州足征录》，刘文淇有《扬州水道记》，李斗有《扬州画舫录》传世，都是十分珍贵的扬州地方文献。阮元虽然没有这样的关于扬州的专著流传，而且其一生的大部分时间也多在外地为官，但是其自乾隆末年中进士起，即名重当时，为嘉庆、道光间的士林领袖，且与焦循、李斗等人也关系匪浅，一直关心桑梓的情况。其早年生活在扬州，目睹了扬州的全盛之景，"弱冠虽闭门读书，而平山之游，岁必屡焉"。入仕后也与家乡有千丝万缕的联系，仕途迁转途中，不时在扬州作短暂停留，晚年致仕后告老还乡，为扬州"五老"之一，并为家乡做了不少事情，其中一件就是找到湮没多年的隋炀帝墓。隋炀帝在大业末年被弑之后，即被埋葬在扬州，后来墓址曾有过迁动，明嘉靖《维扬志》还有记载。但到道光年间扬州士绅已经不知道其确切地址了，阮元以耄耋之年，亲赴北郊探访，终于在老农的帮助下将墓址重新发现，使这一扬州古迹重现于人间。以阮元的道德、事功和社会地位，可以说其

---

[1]《清史稿》，中华书局标点本，第11421—11424页。《清史列传》记述更详，可参见。

完美地诠释了儒家"立德、立功、立言"的"三不朽"，是扬州本土士大夫文化最杰出的代表。

2.3.3 小结

综上，扬州的士大夫文化与其城市的地位相若，有高潮也有低谷。其高潮处，在西汉前期、隋唐北宋和清代；而西汉后期至南朝、南宋至明代，则相对沉寂。从外来文化和本土文化的角度来看，则整个清代中期以前，扬州都是外来文化占主导，其中尤以外来任官者最为突出，其时扬州士大夫文化最著名的代表，如枚乘、谢安、杜牧、欧阳修、苏轼、王士禛等，均非扬州本地居民。但到了清代康熙后期，扬州本地文化名人逐渐涌现，形成了声动九州的扬州画派和扬州学派，将扬州士大夫文化推向了最高潮。在扬州士大夫文化的演进中，瘦西湖逐渐成了焦点，先是北宋平山堂、谷林堂的修建，确立了北郊人文渊薮的地位；后来王士禛等人在红桥历次修禊，使红桥为代表的瘦西湖南部，成了士大夫经常聚会的场所。二者互动，遂使得瘦西湖在扬州士大夫群体的心目中，具有了一种精神依归的意象，加上最东边的史可法祠，瘦西湖逐渐成为扬州士大夫文化的景观象征。

2.4 瘦西湖景观对扬州宗教文化的演绎

扬州传统文化中，宗教文化占有比较重要的分量。而扬州的宗教文化，尤其是佛教文化，分布在瘦西湖范围的不少。纵观扬州最有特征的寺庙和最具声望的僧人的分布，瘦西湖都占据一席之地。

2.4.1　扬州的宗教文化

在文化的各要素中，语言、宗教具有极其突出的地位，可以说是众多文化现象和要素的基础。在我国，尤其是汉族聚居地区，宗教的影响虽然没有国外大，但是也实实在在地深入社会的方方面面，影响着人们的生活。对于扬州来说，也不例外。扬州宗教最直观的印迹，无疑是遍布境内的大量寺庙、宫观、教堂或清真寺。据记载，清代盛时，扬州境内有寺庙 400 余处，历经沧桑，现在仍保存的佛教建筑也还有 69 所。在扬州现有的宗教建筑中，列入全国重点文物保护单位的有 1 处，列入全国重点开放佛教寺院的有 2 处，列入江苏省文物保护单位的有 7 处，列入市和县（市）文物保护单位的有 30 多处。在扬州民俗中，有许多与宗教有关的节日活动，影响颇大，如佛教的观音山香会，道教的东岳庙会，基督教的圣诞节等。至于腊八节喝腊八粥，早已经普及到家家户户，甚至都让人觉察不到它本是一个佛教习俗了。受佛教影响，扬州人素食、饮茶、放生、火葬等习俗，也逐渐形成。更重要的，是佛教、道教、伊斯兰教、基督教等宗教的思想辐射，对人们的世界观、人生观、道德观以及人生修养产生了广泛影响。在如何对待生活、对待金钱、对待逆境、对待灾祸、对待错误等诸多方面，不同宗教都有自己独特的主张和看法。这些思想不仅对其信徒，而且对普通民众也有作用。

扬州的宗教文化，始于汉末，历经魏晋南北朝的发展，到隋唐达到第一个高峰期。宋元明时期续有发展，至清代达至第二个高峰期。近代以来，虽有基督教新教的传入，但扬州宗教文化总体上趋于衰退。以下对历史时期扬州的各种宗教文化进行阐述。

（1）佛教文化

扬州地区的佛教文化，始于东汉时期，六朝时期得到了较大发展，隋唐时期达到了一个高峰。当时的扬州，不但寺庙分布广泛、规模宏大，而且出现了声震朝野的高僧大德，如法慎、鉴真、广陵大师等。

关于扬州宗教文化的起源，《三国志·吴志·刘繇传》载：

> 丹阳人笮融，初聚众数百，往依徐州牧陶谦，谦使督广陵、彭城运漕，遂放纵擅杀，坐断三郡委输以自入。乃大起浮图祠，以铜为人，黄金涂身，衣以锦彩，垂铜盘九重，下为重楼阁道，可容三千余人，悉课读佛经。令界内及旁郡人有好佛者听受道，复（免除）其他役，以招致之。由此逼近前后至者五千余人户。每浴佛，多设酒饭，布席于路，经数十里，民人来观及就食且万人。

据《后汉书·陶谦传》，笮融所督为广陵、下邳、彭城三郡运漕，不管何者正确，其中都包括广陵，即今扬州，以当时笮融兴佛的规模，扬州信佛者当不乏人。

广陵地区佛教较大规模的兴起，是在永嘉之乱以后的东晋初年。据《法苑珠林》（《四部丛刊》本）卷五三载，大兴中（318—321），"北人流播广陵日有千数，有将舍利者，建立小寺，立刹，舍利放光，至于刹峰，感动远近"。这是广陵建寺立塔之始。以后逐渐形成崇佛之风，广陵籍的僧徒也开始出现。据《法苑珠林》及梁释慧皎《高僧传》卷六载："昙诜（亦作显），广陵人。幼随慧远出家，勤修净业……"慧远的活动时间在东晋后期，而昙诜后成为慧远的高足弟子，莲社十八贤之一，是广陵最早登入佛门的人，广陵人出家自此始。

宋文帝时江南佛教大发展，广陵佛教也随之而兴盛。元嘉十八年（441），临川王义庆为南兖州刺史时，好佛法，金陵天竺僧人伽达多来广陵结居，是为天竺僧人到广陵传授佛法之始。刘宋时期在广陵宣扬佛法的名僧尚有慧询，慧询之后有宝云，慧询、宝云之外，尚有法申。惠汪精舍是见于记载的扬州最早的僧徒讲习之所。[1]

刘宋时期扬州佛教传给后世最大的遗产是大明寺。大明寺具体兴建于大明年间的哪一年，今天已经无法确考，当时达到什么规模，如今也无从得知。该寺隋唐时期已经蔚为大观，远近闻名了。隋朝扬州有四方寺，其中西寺就是指大明寺，该寺也是官方确定的全国大寺，隋文帝仁寿年间专门为此兴建了舍利塔，即今栖灵塔之前身。唐代大明寺泉水号称第五泉，甚至被誉为"大明寺水，天下无比"[2]。此后该寺迭经改建、易名，北宋以后，一度被旁边的平山堂盖过了风头。

杜牧一句"南朝四百八十寺，多少楼台烟雨中"，让人们浮想联翩，以为南朝佛教鼎盛，寺庙最多。其实不然。扬州宗教文化最鼎盛的时期，与其政治、经济的高峰期是一致的，都出现在唐代。

唐朝是我国宗教文化的辉煌阶段，在唐武宗会昌灭佛之前，当时儒、道、佛三教竞相发展，统治者也持宗教宽容政策，使得佛教出现了各大宗派争奇斗艳的局面，道教作为皇室偏向的宗教而得到了大力支持，其他如摩尼教、景教、伊斯兰教等在某些地区也很流行。扬州大学已故教授李廷先生曾经写过《唐代扬州的道教》、《唐代扬州的佛教》、《唐代扬州的寺庙》三篇论文，

[1] 以上参考李廷先著《唐代扬州史考》第11章《唐代扬州的佛教》，江苏古籍出版社，2002年。
[2]（唐）冯翊：《桂苑丛谈》。

126

专门探讨唐代扬州的宗教文化，其中都追溯到唐以前的宗教历史。据其考证，唐初扬州尚存的南朝陈的寺庙有：兴圣寺、逮善寺、静乐寺、东安寺，隋代寺庙有慧日寺、安乐寺、香山寺、救生教寺、法华寺等。入唐以后兴建的佛寺有：龙兴寺、崇福寺、延光寺、大云寺（扬子县白沙镇）、大云寺（江都县蜀冈上，即大明寺）、庆云寺、华林寺、孝感寺、决定寺、白塔寺、既济寺、兴云寺、证圣寺、无量寿寺、开元寺、法云寺、禅智寺、永齐寺、山光寺、慧（亦作惠）照寺、宝胜教寺、天王教寺、太平寺、大圣寺、清凉讲寺、向善寺、菩提寺、西方禅寺（四望亭北）、西方禅寺（瓜洲镇十四坊）、镇国禅寺等[1]。这是就唐代江都、江阳二县，大约即今扬州市区而言。至于今仪征、高邮等地，尚不包括在内。

日本僧人圆仁于文宗开成三年（838）来唐求佛法，在其所著《入唐求法巡礼行记》中谓："扬州有四十余寺。就中过海来鉴真和上本住龙兴寺，影像现在。法进僧都本住白塔［寺］。臣善者，在此白塔寺撰《文选》矣。惠云法师亦是白塔寺僧也。每州有开元寺，龙兴寺只是扬州龙兴寺耳。"[2]圆仁提及的有开元寺、龙兴寺、无量义寺、惠照寺、白塔寺、孝感寺、延光寺等，只不过是当时扬州40余寺的极少数而已。

李廷先教授考证出来的扬州寺庙共有39个，与圆仁所说40余已相差无几。其中禅智寺、山光寺都是非常有名的寺庙，值得在此花费一定篇幅予以简介：

［1］参考李廷先著《唐代扬州史考》第12章《唐代扬州的寺庙》，江苏古籍出版社，2002年。
［2］（日）释圆仁原著；白化文，李鼎霞，许德楠校注：《入脚求法巡礼行记校注》，石家庄：花山文艺出版社，2007年，第80页。

禅智寺。刘长卿有《禅智寺上方怀演寺即怀演所创》诗，见《全唐诗》卷一四九。刘长卿为开元二十一年（733）进士，以诗著称于两宗上元至代宗宝应之间，死于大历末年，则此寺当创建于大历之前。权德舆有《送潘上人归扬州禅智寺》诗，见《全唐诗》卷三二三；张祜有《禅智寺》诗，见《全唐诗》卷五一〇；杜牧有《题扬州禅智寺》诗、《将赴宣州留别扬州禅智寺》诗，均见《全唐诗》卷五二二；罗隐有《独游扬州禅智寺》诗，见《全唐诗》卷六五六。据《入唐求法巡礼行记》，禅智寺在扬州使节衙门东三里。《乾隆江都县志》云：禅智寺在城北五里蜀冈上，即上方寺，本隋炀帝故宫；一名竹西寺，杜牧诗"谁知竹西路，歌吹是扬州"是也。寺内有唐吴道子画宝志像，李白赞、颜真卿书，谓之"三绝"。按：此石刻摹本今存扬州博物馆。禅智寺据风光胜处，故唐诗人题咏特多。

山光寺在扬州，距禅智寺甚近。张祜《纵游淮南》诗："禅智山光好墓田"（《全唐诗》卷五一一），即指禅智、山光两寺而言也。《乾隆江都县志》云：山光寺在县东北湾头镇，前临漕河。隋大业中建，后改为山光寺。宋天禧间（1017—1021）改为胜果寺。寺僧持山光寺旧额更建于东南霍家桥。

唐代扬州不止寺庙多，而且名僧辈出。第一个名僧大德是法慎。释赞宁《宋高僧传》卷14载：

释法慎，姓郭氏，江都人，少出家从瑶台成律师受具戒。依太原寺东塔，体解律文，绝其所疑。（扬州）诸寺请纲领，乃默然而东归。既还扬州，伏允群愿……黄门侍郎卢藏用，才高名重，罕于推挹，一见于慎，慕味循环，不能离坐，退而叹曰："宇宙之内，信有高人！"太子少保陆象先、兵部尚书毕构、少府监陆余庆、吏部侍郎严挺之、河南尹崔希逸、太尉房琯、中书侍郎同平章事崔涣、礼部尚书李憕、词人王昌龄、著作郎綦毋潜，金所瞻奉，愿同洒扫，感动朝宰如此。天宝七载（748）十月十四日，灭于龙兴寺别院，年八十三。缁素弟子，北距泗沂，南逾岭徼，望哭者千族，会葬者万人。其上首曰会稽昙一、闽僧怀一、南康崇叔、晋陵义宣、钱塘谭山寺惠鸾、洛京法瑜、崇元、鹤林寺法励、法海、维扬惠凝、明幽、灵祐、灵一等，建塔于芜城西蜀冈之原。后请吏部员外郎赵郡李华为碑记述，大历八年（773）癸丑十二月也。大理司直张从中书，赵郡李阳冰题额。

于此可知，上至宰相、六部高官，或著名文人以及天南海北的高僧大德，下至普通和尚、尼姑，都对其颇为信服。其在当时的影响，远在今日闻名于世的鉴真之上。鉴真之事迹，《宋高僧传》卷14曰：

释鉴真，姓淳于氏，广陵江阳县人也。……言旋淮海，以戒律化诱，郁为一方宗首。冰池印月，适足清时。日本国有沙门荣叙、普照等，东来慕法，用补缺然，于开元中达于扬州。……真乃募比丘思托等一十四人，买舟自广陵赍经律法离岸，乃天宝二载（743）六月也……相次达于日本。其国王欢喜，迎入城大寺安止。初于卢遮那殿前立坛，为国王授菩萨戒，次夫人、王子等。然后教本土有德沙门，足满十员；度沙弥澄修等四百人，用白四羯磨法也。又有王子一品，亲田宅造寺，号"招提"，施水田一百顷。自是以来，长敷律藏，受教者多。彼国号"大和尚"，传戒律之始祖也。以日本天平宝字七年癸卯岁五月五日，无疾辞众坐亡，身不倾坏，乃唐代宗广德元年（763）矣。春秋七十七。至今其身不施苎漆，国王、贵人、信士时将宝香涂之，僧思托著《东征传》详述焉。

据鉴真日本门人元开所撰《唐大和上东征传》及近人研究成果，鉴真曾六次东渡，最后一次始告成功，非如此传所云之简单也。鉴真过海以后，不但对日本的佛教有极大推动，甚至对日本的医学、建筑、雕塑及书法等艺术，也均有深远之影响。鉴真东渡，是古代中、日交往史上极其光彩的一页。

唐德宗贞元中，扬州有位狂僧，号为"广陵大师"。贞元、元和之间，扬州名僧有慧照寺省躬。元和时期，扬州高僧有华林寺灵坦。开成、会昌间扬州高僧有慧照寺崇演。唐朝末年，扬州籍的高僧有从谏。唐代扬州禅宗名僧除慧照寺崇演外，尚有奉先寺昙光、演禅师、大明寺严峻、栖灵寺（即大明寺之异称）智通等，均见《景德传灯录》。

总之，此时扬州寺庙林立，僧人如云。大明寺、禅智寺、山光寺、开元寺、木兰院、后土庙等规模宏大，远近闻名。因此，李白、高适、刘长卿、顾况、刘禹锡、白居易、杜牧、温庭筠、皮日休等著名诗人，游历以后，都写下了脍炙人口的诗篇，传之后世。

唐武宗灭佛，对以佛教为首的各大宗教是一个沉重的打击。自此，除了禅宗外，佛教各大宗派都趋于衰亡。但禅宗以后却更加兴旺，两宋时期达到巅峰局面。宋代，道教也出现了宗派化，比较繁荣。元明清至今，相对来说，是我国宗教文化的衰弱阶段。

具体到扬州，唐以后宗教文化还是续有发展，城内外寺观林立，不可胜记。不过以各大宗教而言，佛教堪称一枝独秀，不但信徒众多，寺庙数量亦远远超过道教、回教，其中尤为著名者，在清代全盛时期，有所谓"扬州八大刹"：建隆、天宁、重宁、慧因、法净、高旻、静慧、福缘。[1]

其中大明寺作为千年古刹，当代扬州佛教物质文化的象征，自然人尽皆知。今天在扬州的诸多寺庙中，若说还有一个可以与之媲美的，非高旻寺莫属。事实上，高旻寺在佛教界之声势，较之大明寺，绝对不遑多让。其与镇江金山寺、宁波天童寺、常州天宁寺并称，号曰禅宗四大丛林，又有"上有文殊、宝光，下有金山、高旻"之说，并为长江流域禅宗四大道场。而其之所以具有如此盛名，固然与近代来果大师的振兴分不开，可是即便在康乾盛世，高旻寺也是了不得的一座巨刹，与当时扬州诸寺之首的天宁寺不分伯仲，天宁寺是乾隆南巡在扬州的行宫，高旻寺旁边也有一座高旻寺行宫，为曹雪芹父亲曹寅等所建。

其实，李斗在《扬州画舫录》提到的寺庙还有不少，如在大东门外天心墩附近，有净业庵（乾隆年间改建为史公祠）、天心庵、如意庵、乐善庵、清静庵等。梅花书院大门西有兴隆禅院、光明庵。长春桥西则有桃花庵。新城东北有都天庙、闻角庵等。南门外古渡桥北有秋雨庵。南门外湖中有古渡禅林在长屿上，为金山下院。灵鹫庵在碧天观后，一向为天宁下院。此外，还有龙光寺、竹林寺、铁佛寺、寿安寺、石塔寺下院等。

至于李斗书中未及详述的寺庙，数目更为庞大。民国十五年《甘泉县续志》卷12《寺观考》记载当时城中尚存的寺庙有：法云寺、旌忠寺、梵觉寺、万寿寺、寿安寺、观音庵（城内外曾有数十处）、三祝庵、藏经院、地藏寺、大准提寺、定慧庵、报恩寺、妙音庵、乐善庵、法华庵、自修庵、如是庵、龙华院、祇树园、莲池寺、

[1] 李斗《扬州名胜录》，江苏古籍出版社，2002年，第7页。

三义阁、种善庵等。对照前文，可以看到，这些寺庙无一与《扬州画舫录》重复[1]。城外尚存的有天宁寺、梵行寺、法净寺、西明寺、法华寺、禅智寺、惠照教寺、甘泉山寺、铁佛寺、建隆寺、释迦教寺、圆通寺、北寿安寺、莲性寺、观音山寺、慧因寺、开元寺、宏恩寺、福善禅院、慈荫庵、东明寺、护国寺、多宝院、同善庵、隆庆寺、龙光寺、重宁寺、闻角庵、如意庵、紫竹庵、昆庐庵、小金山寺、东林寺、善禅庵、治平寺、庵基寺、西来庵、古茶庵、古司徒庙、延寿寺、真武庙、大悲寺、佛寿庵、接引庵、福寿律院、如来庵、太平庵、胡道人庵、曹安寺、天王寺、避风庵、戒坛寺、功德禅林、真珠禅林、孚佑庵、长寿庵、银庵等。同为民国十五年修撰的《续修江都县志·寺观考》记载城内的现存佛寺有：古木兰院（石塔寺）、西方寺、南来观音寺、古观音寺、福荫庵、广荫庵、圆通禅林、太平庵、永宁宫、宝鼎庵、康山草堂、演法庵等。城外当时仍存的有：救生教寺、山光寺、宝胜教寺、太平寺、大圣寺、开元寺、菩提寺、清凉讲寺、白塔寺、静慧寺、投子教寺、北大同寺、棘林寺、宝镇寺、宝轮寺、文峰寺、慈云庵、法源寺、福缘禅寺、万福寺、护国寺、云际庵、渴潮庙、柳隐庵、高旻寺、九莲庵、吉祥庵、紫竹禅林、香阜寺、万佛寺、慈云寺、化城寺、龙衣庵、三圣庵、水月庵、广福庵、普济庵、智珠寺、秋雨庵、地藏庵、三茅庵、普照寺、水月庵、延寿寺、极乐寺、裔圣庙、古渡庵、大佛寺、二帝庙、东藏寺、三元庵、法藏寺、兴隆庵、稽家庵、白云庵、东林禅院、龙华寺、千佛禅林、昆庐庵、广济庵、

---

[1] 此寿安寺在城中，上文所引《画舫录》之寿安寺在城北大仪乡，即下文城外之北寿安寺。

新隆庵、北极庵、东隐庵、永福庵、祖师庵、华林寺、古真武庙、宝林庵、东林庵、楞伽庵、复兴庵、天福庵、青龙庵、关铺禅院、悟真庵、水月禅院、普利庵、莲士庵、天寿庵、大悲庵、万寿庵等。至于民国十五年前后已毁的就更多不胜数了。

清代扬州佛教文化之盛，其表现是多方面的，此处难以一一细述，我们姑且从当时南巡的两位皇帝的诗作以窥一斑。康熙、乾隆六次南巡常临幸扬州，往往驻跸天宁寺和高旻寺行宫，留下了不少诗作。康熙有咏天宁寺 4 首、高旻寺 3 首，诗不多但质量却很高。而乾隆的诗作数量却相当多，据嘉庆《重修扬州府志·巡幸》所载，乾隆的诗咏天宁寺 16 首、高旻寺 22 首、平山堂（大明寺）57 首、观音山 4 首、法海寺 4 首、重宁寺 1 首、禅智寺（上方寺）3 首、香阜寺 4 首、慧因寺 4 首，共计 115 首。这些诗文从一个方面反映了其时扬州佛教文化的发达程度。

（2）道教文化

在扬州，起初只有道士，没有道观。到了杨广镇守扬州时，建了玉清道观和金洞道观，并且邀请茅山道士王远知来扬州传道，这才既有了道士又有了道观。淮南节度使高骈镇守扬州时，重用术士吕用之，重修后土祠，赐名唐昌观，给吕居住。吴王杨行密则建造紫极宫，请道士聂师道来扬州传道。聂在扬三十年，有弟子五百多人，扬州道教之盛可见一斑。五代时，扬州还有个闻名遐迩的道士刘玄英，被尊为道教全真派的五祖之一。宋明两代，扬州的道教仍很兴旺，扬州城新建、扩建、重建了18座道观。到了清代，道教逐渐衰落。民国期间，道教更加衰微。到新中国成立时，扬州市区仅余道士 27 人。[1]

传统时代的扬州道教文化，我们今天能够了解的已经不多。作为道教物质文化的主要载体，道观仍然是我们重点挖掘的对象。民国十五年修撰的《甘泉县续志·寺观考》记录的甘泉县道观有：蕃釐观（府城东门内田家巷西）、佑圣观（一在运司东圈门内，一在邵伯镇）、三茅行宫（有五处）、武当行宫（东关大街）、玉皇阁（一在新城古旗亭街，一在邵伯镇）、赞化宫（旧城前李府街）、斗姥坛（在真武庙镇）、三元宫（邵伯镇）、斗姥宫（北门外红桥东）、真武楼（邵伯镇）、太阳宫（西门外双桥西）、万寿宫（邵伯驿）。同为民国十五年修撰的《续修江都县志·寺观考》记录的江都道观则有：三元宫（丁家湾）、万安宫（新城引市街北）、离明宫（丁家湾）、纪寿宫（丁家湾）、共清宫（四望亭）、玉皇阁（一在瓜洲东门外，一在杭家集，一在仙女镇）、天宝观（南门外运河东岸）、孚佑宫（湾头镇）、普庆宫（城东五里官道旁）、大梵宫（仙女镇西）。至于湮没及未修复者，就更多了，此处从略。

下文挑选其中最重要的几个简要阐述。

蕃釐观，俗称琼花观，《甘泉县续志》谓在府城东门内田家巷西，即今市区文昌中路。前身为西汉末年初建之后土祠，唐僖宗中和二年（882），淮南节度使高骈在其南边建三清殿，改名唐昌观。宋徽宗政和年间（1111—1117），据《汉书·郊祀歌辞》"唯泰元尊，媪神蕃釐"改名"蕃釐观"，并赐"蕃釐观"匾额，希望后土夫

---

[1] 陈云观主编：《扬州宗教名胜文化》，广陵书社，2003 年，第 102 页。以下部分，对该书多有参考，不再一一交代。

人能够给人们带来福祉。但因观中有琼花，世人一般以琼花观称之。经过历代重建、整修，曾有石牌坊、三清殿、弥罗宝阁、文昌祠、深仁祠、竹轩花亭、芍药厅等建筑。到"文革"期间，琼花观古迹基本上被破坏。1990年代，扬州市政府在蕃釐观旧址上修复了蕃釐观和琼花园。

槐古道院，因院内有古槐而得名。它位于市区驼岭巷10号，始建于唐代，属全真龙门派，是扬州唯一的由女冠管理的道观。唐代李公佐《南柯太守传》中说的"南柯一梦"，传说就是槐古道院中的这棵古槐。

武当行宫位于市区东关街300号，原名真武庙。始建于何时不详。据嘉庆《重修扬州府志》曰："明宣德中扬州知府陈真建。"明正德元年（1506）中都（今安徽凤阳）商人葛钦修。嘉靖四十三年（1564）含山（今属安徽）人耿氏在该庙立"武当行宫碣"，用以祈福，自此，人们便称武当行宫。现在武当行宫的山门和大殿等仍然存在。大殿三楹，飞檐翘角，高大宽敞。大殿前有三棵百年以上的银杏树，巍然屹立在庭院之中。明朝正德五年（1510），由武当行宫住持朱景良和道士周长仙募缘制造的一口大铜钟，现在保存在扬州市博物馆内。

（3）伊斯兰教文化

《闽书·方域志》说：穆罕默德的"门徒有大贤四人，于唐武德中（618—626）来朝，遂传教于中国。一贤传教于广州，二贤传教于扬州，三贤四贤传教于泉州"。1980年在唐代衙城遗址附近的唐代墓里，挖掘出一件灰青釉绿彩背水壶，上有阿拉伯文"真主最伟大"。这是扬州唐代就有伊斯兰教活动的实物例证。

到了宋代，阿拉伯人普哈丁到扬州传教，并创建了礼拜寺，即现存的仙鹤寺。"相传为穆罕默德十六世裔孙，于宋咸淳年间（1265—1274）来扬州。"（《嘉靖惟扬志》）其葬在扬州古运河东的高冈上，即现普哈丁墓园。南宋时还有两位阿拉伯人撒敢达和古都白丁来扬传教，归真后也葬于此地。扬州古城南门外，有一座始建于宋代的南门外清真寺，这座清真寺的礼拜堂1984年被拆。明永乐五年（1407），阿拉伯传教士米里哈只持着永乐皇帝保护伊斯兰教的《敕谕》来扬传教。继他之后，马哈谟德和展马陆丁在成化年间，法纳在弘治年间，都曾到扬州传播伊斯兰教义。这些西域先贤归真后，都葬在普哈丁墓附近。明代除了重修扬州仙鹤寺以外，还建了马监巷内的清真寺。清朝除了仙鹤寺、回回堂（今普哈丁墓园）以外，南门外街、钞关河南、卸甲桥、马监巷等处都有清真寺。民国期间，扬州仍有伊斯兰教活动，据不完全统计，当[1]时扬州有伊斯兰教教民五六百户，约三四千人。城内外共有清真寺6座，另有女寺一座。撄诸地方志，1926年前后扬州的清真寺共有四座，分别位于：马监巷、南门卸甲桥、挹江门外官河南岸寔惠巷以及安江门外忠善乡。据统计，扬州市穆斯林，1953年为400户，近2 000人，1958年达2 540人。

仙鹤寺位于市区汶河南路东侧的南门街北段，坐西朝东，已有近八百年的历史。《嘉靖惟扬志》说："礼拜寺在府东太平桥北，宋德祐元年西域补好丁（即普哈丁）游方至此创建。"《江都县续志》也说："清真寺在在南门大街，宋西域普哈丁建。"明洪武二十三年（1390）哈三重建，嘉靖二年（1523）商人马重道与

[1] 参见民国十五年《甘泉县续志》卷12《寺观考》、《续修江都县志》卷12《寺观考》。

寺住持哈铭重修。

普哈丁以仙鹤的形体来布局、建造清真寺,因此命名为仙鹤寺。仙鹤寺是我国东南沿海伊斯兰教四大清真寺之一,与广州的怀圣寺(又名光塔寺)、泉州的麒麟寺、杭州的凤凰寺齐名。现为省级文物保护单位和全国模范清真寺。仙鹤寺亦是扬州市区穆斯林的主要活动场所,除正常星期五主麻日聚礼和每日五时拜的礼拜外,每逢伊斯兰教的三大节日——开斋节(又称肉孜节)、古尔邦节(又称宰牲节)、圣纪节,穆斯林都要到寺中参加庆典活动。

普哈丁园,位于市区解放桥旁的古运河东侧的高冈上。由古清真寺、古墓园、古典园林三部分组成,占地 25 亩。普哈丁园大门西向,面临古运河。拱形门上嵌"西域先贤普哈丁之墓"石额一方,下署"乾隆丙辰重建"。普哈丁园是我国国内唯一的一座安葬穆罕默德圣裔的墓园,是国内外穆斯林敬谒先贤的圣地,是中阿友好、也是扬州人民与阿拉伯人民友好的历史见证,2001 年 7 月被列为全国重点文物保护单位,2002 年 4 月正式对游客开放,2002 年 6 月被批准为扬州市爱国主义教育基地。

(4)基督教文化

基督教在扬州传播的历史也不短。元代,意大利旅行家鄂多力克在其《东游录》中就记载当时的扬州共有 4 座教堂,其中天主教方济各会教堂一座、聂斯托里派(即景教)教堂三座。上世纪 80 年代初,在荷花池西侧出土了一方蒙古人忻都的妻子"也里世八"的墓碑,揭示出当时景教在扬州的遗迹[1]。不过元朝灭亡以后,扬州基督教的活动就中断了。鸦片战争以后,外籍传教士纷

[1] 朱江:《扬州发现元代基督教徒墓碑》,《文物》1986 年第 3 期第 68 页。

纷来华传教。当时扬州是江南教区中最著名的堂口，光绪二十六年（1900），扬州府已自成一个总铎区，到了1939年，扬州总铎区已有教徒2161人，发展是迅速的。新中国成立前夕，罗马教廷又将扬州总铎区升格为扬州宗座监牧教区。

据《甘泉县续志》和《续修江都县志》的《寺观考》记载，1920年代扬州的教堂有：法国圣母堂（城内北河下，光绪十四年立）、法国天主教堂（城内缺口街南首，同治三年立）、法国天主教会（城外邵伯镇，同治三年立）、法国天主教会（城外陈家集，光绪十三年立）、法国天主教会（城外破山口，光绪八年立）、法国天主教会（城外霍家桥镇，同治八年立）、法国天主教会（城外丁家伙，光绪十二年立）、法国天主教会（城外十八圩，光绪二十年立）、法国天主教会（城外大桥镇，光绪二十一年立）、美国耶稣教浸礼会（城内贤良街，宣统元年立）、美国耶稣教浸礼会（城内新桥西，光绪二十六年立）、美国耶稣教浸礼会（城内新桥西卫西街，光绪三十三年立）、美国耶稣教浸礼会（城内卸甲桥，光绪十八年立）、美国耶稣教浸礼会（城内堂字巷，光绪三十一年立）、美国耶稣教浸礼会（城内寿安寺巷，光绪三十二年立）、美国耶稣教浸礼会（城内下铺街，光绪三十年立）、美国耶稣教浸礼会（城外甘泉山，宣统元年立）、美国耶稣教圣公会（城内便益门大街，宣统元年立）、美国耶稣教圣公会（城外仙女镇，光绪三十四年立）、美国耶稣教长老会（城外瓜洲镇，光绪二十五年立）、英国耶稣教内地会（城内北河下，光绪二十年立）、英国耶稣教内地会（城内北河下，光绪三十四年立）、英国耶稣教内地会（皮市街，同治五年立）、英国耶稣教内地会（城内安乐巷，光绪九年立）、英国耶稣教内地会（城外邵伯镇，宣统三年立）、英国耶稣教内地会（城内南门街，光绪二十一年立）等。

天主堂位于扬州跃进桥西南边，北河下 25 号，名"耶稣圣心堂"。始建于清同治三年（1864），附设有达德小学。公元 1873 年，上海徐家汇天文台负责人、法籍耶稣会神甫刘德跃来扬，在达德小学旁买地兴建天主堂，经两年基本建成。天主堂系欧洲中世纪哥特式建筑，但大门有扬州的特色。现今，天主教堂占地 2 080 平方米，建筑面积 1 302 平方米。教堂门朝东，有三扇门。天主堂的东南有座神甫楼，市天主教爱国会在此办公。1982 年，经江苏省省政府批准，天主堂对外开放，是今扬州地区唯一的一座天主教堂。

扬州市萃园路礼拜堂位于市区萃园路 2 号，原称贤良街礼拜堂，属基督教浸礼会教派。1923 年由美籍传教士毕尔士创建。砖木结构，十字形屋顶，鱼鳞瓦屋面，建筑面积 1 000 多平方米，是一座集主日学与大礼拜聚会为一体的教堂。

2.4.2　瘦西湖及其宗教文化

在扬州灿若繁星的寺庙庵坛中，与瘦西湖紧密相关的，法净寺、天宁寺、观音山寺和莲性寺不得不提。既因为其在扬州西北郊的重要地位，更因为其对于扬州标志——瘦西湖景区的形成具有莫大的推动作用。

（1）大明寺（法净寺）

大明寺始建于南朝刘宋大明年间，是扬州最早的寺庙之一。明代罗玘《重修大明寺碑记》述其创建始末云：

> 距扬郡城西下五七里许，有寺曰大明，盖自南北朝宋孝武时所建也。孝武纪年以大明，而此寺适创于其时，故为名。宋主奢欲无度，土木被锦绣，以故创建极华美。垂至于唐，陆羽于此烹茶，味其寺之泉水为天下第五品，载在《茶经》可考……[1]

历史时期的大明寺与扬州城市一样，经历了无数的沧桑，迭经破坏、毁灭与重建。在隋代曾为扬州的代表寺院，成为全国三十个供奉佛骨舍利的超级寺庙之一。在唐宋时期也颇为著名。欧阳修之所以要把平山堂建在蜀冈中峰上的大明寺旁，就是想与佛教一争短长，可见当时大明寺还是扬州地区的标志性佛寺。不过自从平山堂、谷林堂相继修建之后，适逢宋代"新儒家"兴起，而佛教渐趋颓势，大明寺的风光遂逐渐黯淡，直至清代汪应庚重修大明寺，汪氏本人记述道：

> 栖灵寺。按，《宝祐志》云：大明寺即古之栖灵寺，在县北五里，以其在隋宫西，故又名西寺。寺枕蜀冈，有浮图九级。《大观图经》所载：隋仁寿元年，诏海内立九层塔三十所。此其一也……寺旧有天王殿、地藏殿、大雄宝殿、念佛堂、大悲楼、客堂、塔院。雍正七年，应庚重加修葺，除山径，整崇阶，丹膝其栋宇，即塔之故址建藏经阁。又建文昌阁、平楼、洛春堂，置斋堂十二间、香积厨五间、僧寮及回廊共五十八间。至乾隆三年落成，丛林规模，于斯大备。又设钟鱼釜甑，军持应器，禅床香案。凡云水旦过及僧徒挂搭者，有所需用，无假它求也。[2]

经过康熙的临幸和汪应庚的重修，大明寺也跻身清代扬州八大名刹之列，但其声望却与天宁寺、高旻寺等不可同日而语。不过，

---

[1] 转引自汪应庚著《平山揽胜志》，广陵书社，2004 年，第 146-147 页。
[2] 汪应庚：《平山揽胜志》，广陵书社，2004 年，第 145 页。

进入民国以后，随着日本的崛起，作为鉴真国内本山的大明寺地位也水涨船高，到如今，更是成了扬州最负盛名的大寺院。

对于大明寺的历史，王振世《扬州览胜录》有详尽而精湛的描述，对我们了解大明寺的过去极有帮助：

> 法净寺在蜀冈中峰，为淮东第一胜境，即古栖灵寺，又称大明寺。寺门面南，门前建有牌楼一，一面题"栖灵遗址"四字，一面题"丰乐名区"四字，姚运使煜重修。寺门东偏壁上嵌石刻"淮东第一观"五大字，金坛蒋湘帆衡书；西偏壁上嵌石刻"天下第五泉"五大字，金坛王虚舟澍书。按："天下第五泉"石刻五字，清乾隆间本建于寺内西园中，或兵燹后重修法净寺时移立于此。首进为山门，次进为大殿。寺内东偏有平远楼、晴空阁、洛春堂、四松草堂诸胜。西偏有平山堂、谷林堂、欧阳文忠公祠、西园、第五泉诸胜。按：寺始建于刘宋孝武时，孝武以大明纪年，寺适创于其时，故曰大明寺。至唐为栖灵寺，见唐刘长卿、李白、高适诸诗人登扬州栖灵寺塔诗。唐时建塔九级。宋景德中僧可政建塔十级。明万历间，郡守吴秀即其址建寺。崇祯间，巡漕御史杨仁愿重建。清顺治间，郡人赵有成增修。圣祖南巡幸寺，赐"澄旷"匾及内织绫幡。雍正间，汪光禄应庚再建，世宗赐"万松月共衣珠朗，五夜风随禅锡鸣"一联。高宗南巡本寺，始赐名曰"法净寺"，并赐"蜀冈惠照"额及"淮海奇观，别开清净地；江山静对，远契妙明心"联。咸丰兵燹寺毁。同治中，方转运浚颐重建。民国二十三年，邑人王茂如重修。民国十年间，日本高周太助主两淮稽核所事时，考知法净寺即古大明寺，唐时鉴真和尚曾东渡日本说法，因属彼国文学博士常盘大定为撰碑记，于十一年冬勒石寺内。[1]

[1] 王振世《扬州览胜录》，江苏古籍出版社，2002年，第67—69页。

第 2 章　瘦西湖景观对扬州特征文化的演绎

（2）天宁寺

今天，天宁寺以及其北边的重宁寺，并已经成为中国佛教文化博物馆，逐渐变成扬州宗教文化游的重要组成部分，说明扬州在大明寺、高旻寺之外，另一个佛教景点正在崛起。其实，在扬州全盛的清代乾隆年间，天宁寺为诸寺之首，即所谓"天宁寺居扬州八大刹之首"，其规模之大，名气之盛，影响之广，一时无二。梅尔清《清初扬州文化》书中说：

到了17世纪，天宁寺还是扬州府辖区内最大最著名的佛教机构之一，在1675年《府志》地方寺院中名列榜首，所附的解释性文字是多产作家彭桂的《重游天宁寺》一诗。清初和明末一样，人们认为，天宁寺古老的渊源、庞大的规模以及广阔的占地面积造就了它的突出地位，而且它十分适合休闲旅游和参禅。天宁寺位于新城城墙之外，拱辰门以北的护城河岸。有史记载，早从魏晋六朝时期开始，它就曾多次易"妆"更名。由于天宁寺有着后来作家形容为"苏州风格"的建筑和佛像，有着与江南历史、文化和社会网络密切相关的历史和精神联系，因此，在众多可将扬州城与长江以南的城市中心有代表性地联系在一起的城市景观中，天宁寺也占据了一席之位。

《扬州府志》解释说，根据当地民间传说，天宁寺曾为著名的大学士谢安（320—385）的府宅。梵僧佛驮跋陀罗尊者曾在公元5世纪初在此翻译《华严经》。"天宁"之名最初是12世纪初北宋时期宋徽宗赐予的，而该寺在获得此名之前就已存在。12世纪中期，中国北方被女真人控制，为响应皇家号令，天宁寺名匾上的字改成了"报恩光孝寺"，以奉南宋后期徽宗皇帝香火。然而由于当时时局和政治敏感，1685年版《府志》编纂者没有提到天宁寺同时在政治和宗教上都享有重要地位这一点。在经历了元朝末期的反复更名和一段时期的毁坏废弃，到了明朝末年，该寺恢复为北宋时期的名称"天宁寺"，沿用至今。清朝前几十年，人们发现，这些历史名胜不仅承载了许多古时的沧桑，新近还经历了更多的事件，因而尤为引人注目。[1]

对于天宁寺曾为谢安府宅的传说，历来颇多，李斗在《扬州名胜录》里即有大段的探讨[2]，但是，民国年间王振世写作的《扬州览胜录》，却云：

> 天宁寺在天宁门外，为扬州第一名刹……相传寺为晋太傅谢安别墅故址，义兴中梵僧佛驮跋陀罗尊者译《华严经》于此，有青衣童子洒扫焚香。时右卫将军褚叔度请于司空谢琰，求太傅别墅建寺，号"广陵福地"，亦名谢司空寺。《华严经序》云：尊者于寺别造履净华严堂译经，因改为兴严寺。又见《宝祐志》云：寺为唐则天证圣元年建，名证圣寺。一说柳毅舍宅为寺，故寺有柳长者像。宋政和中，从蔡下请，始赐名天宁禅寺。[3]

据此，不管李斗怎么考证，其实都无法确定该寺初建于东晋。因为宋代《宝祐志》[4]说"寺为唐则天证圣元年建，名证圣寺"。如果真的是谢安舍宅，则南宋时人当有所记录才对。根据20世纪史学大师顾颉刚先生"层累的造成的古史说"，越晚出的"古史"，其杜撰的时代必定越靠前，其实越不可靠。这个传说也是如此。首先，谢安之时，佛教在南方尚未大盛，只有建康、荆州、庐山等地的僧众比较多。其次，今天宁寺所在地区，当时

[1]（美）梅尔清著，朱修春译《清初扬州文化》，复旦大学出版社，2004年，第194页。
[2]李斗《扬州名胜录》，江苏古籍出版社，2002年，第13—14页。
[3]王振世《扬州览胜录》，江苏古籍出版社，2002年，第25页。
[4]按：一般通行说法为《宝祐惟扬志》，《钦定四库全书总目》亦同。然而据明代《天中记》、《广博物志》等书，皆作《宝祐广陵志》。此处姑且仅作《宝祐志》。

第2章　瘦西湖景观对扬州特征文化的演绎

并非城中,而是时或受到江潮侵袭之地,不宜人居,谢安怎么可能建宅子于此?因此,据《宝祐志》所载,天宁寺始建于武则天证圣元年(695),以年号得名"证圣寺",应该是比较靠谱的。《宝祐志》编纂于南宋末年,是已知最早的记载该寺的史料,从史料学上看无疑比后世的方志更可靠。北宋真宗大中祥符五年(1012),证圣寺改名"兴教院"。宋徽宗政和二年(1112),全国许多州府均建"天宁寺",所谓"建寺"也包括将原有的寺庙更名,于是赐予此寺"天宁禅寺"之名,从此沿袭至今。现在全国很多地方都有天宁寺,来历就在于此。

天宁寺既然在清代号称"扬州第一寺",必然有其因。据李斗《扬州名胜录》记载,当时扬州城中三层楼不多,最高的是蕃釐观弥罗宝阁,其次就是天宁寺的万佛楼了。万佛楼有佛像11 100尊,这当是天宁寺地位崇高的原因之一。

事实上,天宁寺在清代有着诸多功能,并非仅仅是一座寺院。梅尔清在书中写道:

> 清朝前期,天宁寺为休闲旅游、社会集会和宗教膜拜提供了场所。寺院门外乞丐云集,期望从游客和信徒那里得到施舍赈济。僧侣住在寺院后部的厢房中。和许多佛教庙宇一样,天宁寺也提供寄宿之处,曾有一些有名的云游者在天宁寺落过脚。清初扬州访客和他们当地的东道主所著文集中以及诸如邓汉仪的《诗观》之类的诗文选中,都收录有描写寺院附近深夜集会的诗作。清初有关天宁寺的参考文献暗示了它在历史上和知识界的地位,同时也可算是天宁寺的旅行指南。天宁寺经历的风风雨雨也不断地丰富对它的描述。谈迁在游记《北游录》中对

天宁寺作了非常典型的描述。他将天宁寺当作一个反省征服经历的所在，把访问天宁寺作为他在扬州游历的一个部分，安排在他北上首都之行的行程之中。[1]

到17世纪80年代末期，两淮巡盐察院在天宁寺的地盘上至少占据了一幢房屋。尽管两淮盐运使的主要办公场所位于新城，巡盐御使仍要求天宁寺提供场所以供办公和庆典之用。1689年，孔尚任因被委任参与水利工程而来到扬州，就住在天宁寺。[2]

但是太平天国的炮火曾经将这座宝刹摧毁殆尽，不过天宁寺名头太大，不久就得以重建。王振世《扬州览胜录》记云：

咸丰洪杨之劫，寺与亭均毁。今寺为清两淮盐运使方浚颐拨款重建，规模宏大，殿宇整齐，建造仿宫殿形式……寺中为大雄宝殿……大殿后为杰阁二层，势极高壮，署曰"华严宝阁"……阁上庄严灿烂，塑有金佛千尊。阁后为三层楼七楹，署曰"藏经楼"，规制宏大。为扬州佛寺第一崇楼……游人到此，每有超然出尘之想。[3]

（3）观音阁

今天的观音山寺，在扬州只是一座很普通的小寺庙，最多就是每年农历二、六、九三个月的十九日香火比较盛。但在明清时候却非如此，孔尚任曾将其列为扬州北郊四大标志性景观之一。对于其历史沿革，清汪应庚著《平山揽胜志》云：

[1]（美）梅尔清著，朱修春译《清初扬州文化》，复旦大学出版社，2004年，第194-195页。
[2]（美）梅尔清著，朱修春译《清初扬州文化》，复旦大学出版社，2004年，第197页。
[3]王振世《扬州览胜录》，江苏古籍出版社，2002年，第25-26页。

循万松亭而东坡陀下，上可一里许，至阁中，回望适与亭对峙。观音阁，即今观音寺。《嘉靖江都志》云：在城西北七里大仪乡。元至元间建，洪武二十年僧惠整重建。按此寺《宝祐志》作摘星寺，盖其先为摘星楼，故名，实隋迷楼地也。颜师古著《隋遗录》谓炀帝建迷楼于江都。《太平清话》载秦少游东云："……入大明寺，饮蜀井，上平山堂，遂登摘星寺。寺，迷楼故址也。……"少游所云，则北宋已有摘星寺。而《宝祐志》所载，则寺废于宋元之际。明初，僧惠整建观音寺，并题寺名，明人有记可考，第无可录以传者，寺名亦不甚著，后人诗文但称观音阁。国朝王文靖公扆从东巡，行程日记载："康熙己卯，驾幸扬州……前至观音阁。上登玩移时，六飞所幸，梵宇增耀，观音阁之名，益显著云。"[1]

汪应庚还撰有一篇《修建蜀冈观音阁记》，记其在康熙南巡登观音阁四十余年后，再一次重建观音阁的情况[2]。对于重建后观音阁的盛况，几十年后的李斗在《扬州名胜录》里有详细的记载，可见当年观音山佛教文化之盛况：

功德山亦名观音山，高三十三丈，在大仪乡，为蜀冈东岸。上建观音寺，一名观音阁，在宋《宝祐志》为"摘星寺"。明《惟扬志》云："即摘星亭旧址"，《方舆胜览》谓之"摘星楼"。元僧申律开山，明僧惠整建寺，名曰功德山，又曰功德林。后僧善缘建额，山门曰"云林"，严运使贞为记，本朝商人汪应庚重新之。丁丑后，商人程格、子内瓒复加修葺，上赐"功德林"、"天池"二匾，"渌水人澄照，青山犹古姿"一联，"峻拔为主"四字，临吴琚《说帖》卷子，均泐石供奉寺中。

[1]（清）汪应庚：《平山揽胜志》，广陵书社，2004年，第165页。
[2]（清）汪应庚：《平山揽胜志》，广陵书社，2004年，第172页。

功德山蜿蜒数里，东南通于莲花埂，即今莲花桥；北大路即为观音香路。过街门上有"功德山"石额，过街屋即寿安寺茶亭。直路上山，谓之观音街，亦名"花子街"。香市以二月、六月、九月为观音圣诞，比之江南大、小九华、三茅诸山之胜。上山诸路：东由上方寺过长春桥，入观音街上山；南由镇淮门外虹桥里路，过法海桥、莲花桥，入观音街上山；西由西门街过廿四桥，上司徒庙神道，逾蜀冈西、中二峰上山。若水码头，则在九曲池东，瓷石为岸，上建枋楔，额曰"鹭岭云深"。

"鹭岭云深"上岸，过"山亭野眺"之过街亭，右折入功德山头。门旁塑土地像，进香人于此盥手。门内石路蜿蜒至大山，向南可以眺远，《方舆胜览》所谓"江淮南北，一览可尽"，即谓是地。门内丈八金身对立两圩间，中瓷砖路。左折上二山门，门内塑金刚、弥勒、韦驮像，殿后地上立三足铁鼎。每逢圣诞，光焰照耀三十里之内。大殿五楹，中供神像，坐岛石上，左侍龙女，右侍善才。上覆幡幢，皆真珠织成，珊瑚间之，此即蒋山八功德水塑观音像也。其旁十八应真，分坐两圩间，后墙画五十三参故事。后为地藏殿，亦蒋山八功德水所塑；旁奉十王殿，分立两圩间。殿左小殿一楹，为百子堂。山门外右有平台便门，中构厅事，有方池，池边小屋数折，即御书"天池"处。大殿右庑便门，土径下山，山下即松风水月桥。

土俗以二月、六月、九月之十九日为观音圣诞，结会上山，盛于四乡，城内坊铺街巷次之。会之前日，迎神轿斋戒祀祷；至期贮沉檀诸香于布袋，中书曰"朝山进香"，极旗章、伞盖、幡幢、灯火、雠逐之盛。土人散发赤足，衣青衣，持小木凳，凳上焚香，一步一礼，诵《朝山曲》，其声哀善，谓之"香客"。上山路以莲花桥北之观音街为最胜，两旁乞丐成群，名"花子街"。街上遍设盆水，呼人盥手，谓之"净水"。十八日晚上山者谓之"夜

> 香"，天明上山者谓之"头香"。雉在平时，谓之"香火"，入会谓之"马披"。马披一至，锣鸣震天，先至者受福，谓之"开山锣"；杀鸡喫血，谓之"荐生"。上殿献舞，鬼魅离立，莫可具状。日夜阛间，浸以成市，莫可易也。[1]

李斗在这里给我们描绘了一幅栩栩如生的盛清"观音山图"。该文对于观音香会的情况，刻画得入木三分，使人有一种回到几百年前，身临其境的感觉。他不但描述了观音山自身的情况，而且对于观音山周围的形势，也作了详细的交代，说明当时进寺的路有四条，分为东、南、西三条陆路和一条水路，分别以长春桥、莲花桥、廿四桥以及九曲池东水码头为汇聚点。由此可知，今瘦西湖核心之处，当时亦是观音山香会的必经之处。而观音山香会，相较于平山堂揽胜，对于普通民众来说，更为重要。所以说，在瘦西湖景区的形成史上，观音山香会具有非常重要的作用。

（4）法海寺

在清代乾隆皇帝的巡游行程中，大明寺、观音阁在北端，天宁寺位于南端，这一线就有三个著名的寺庙，从而构成了乾隆的扬州西北游览线。不过，光有这三座寺庙，还不足以决定乾隆游览的具体路线，今天的瘦西湖景区范围也就不可能固定下来。在这中间其枢纽作用的，还有一座名刹——法海寺。

今天的法海寺是几年前才重建的一个女尼庵，位于瘦西湖内著名的白塔旁边，规模很小。但历史上的法海寺却是一个大寺庙，清汪应庚著《平山揽胜志》，对法海寺这样描述：

[1] 李斗《扬州名胜录》，江苏古籍出版社，2002年，第54-56页。

登平山者，自此舍舟步游为多。曲径小桥，旋折可三里许。法海寺，《万历江都县志》云："在县西北三里善应乡。"元至元间，僧为正建。明洪武十三年，僧昙勇重建。正统元年，僧福宏增建。国朝康熙四十四年，圣祖仁皇帝南巡临幸，御赐"莲性寺"额。寺有楼，正对邗城。郊外田畴野布，青葱满目，游人多临眺焉。[1]

王振世《扬州览胜录》对法海寺有更详细的记述：

莲性寺在莲花桥侧，本名法海寺，创于元至元间。清圣祖南巡幸寺，赐名莲性，事在康熙四十四年，见《平山堂图志》。圣祖并赐"众香清梵"额，寺僧刻石建亭，供奉寺中。咸丰兵火，寺毁。光绪中叶初建山门一进，复建云山阁五楹，并重饰白塔。阁临湖，面湖处以五色玻璃为窗，开窗可览会全湖之胜，莲花桥亦如在几下。光绪间，寺僧精烹饪之技，尤以蒸凫首名于时。当时郡人泛舟湖上者，往往宴宾于云山阁，专啖僧厨凫首，咸称别有风味，至今故老犹能言之。民国初，寺僧重修云山阁，面湖五色玻璃窗撤去，改筑砖墙，多开壁窗，于宴客颇宜，亦可眺远……寺中旧有魏叔子《重建法海寺碑记》，已遍觅不得。惟清高宗御书五碑尚在，四碑元立废院中，一碑卧荒草间，岂物之显晦无定，亦焙幸有不幸欤？[2]

王氏此处提到魏禧的《重建法海寺碑记》，该记云：

扬州平山未至一里许，有法海寺。府志载，寺创于元至元，明初重建之，增修于正统。寺址水周四面，形如莲花。后有土埂，脉自三山，迤逦而来，穿水以接于址，若茎然。游平山者，舟

［1］（清）汪应庚：《平山揽胜志》，广陵书社，2004年，第50-51页。
［2］王振世：《扬州览胜录》，江苏古籍出版社，2002年，第57页。

第2章　瘦西湖景观对扬州特征文化的演绎

> 必过寺桥。春秋之日，画舫箫鼓无虚时。盛夏莲开，士女游眺，瞻礼不绝。鼎革后，寺日圮。……于是游平山者必登法海，皆诵程君功德……[1]

魏禧是清初人，他说"游平山者，舟必过寺桥"，这应当是明代的情形。明末清初兵灾，该寺被毁，重建后，"于是游平山者必登法海"。这说明扬州城里人，要往西北蜀冈游平山堂，无论水路还是陆路，法海寺都是绕不开的一个里程碑。由此可见，法海寺对于扬州城或天宁寺——平山堂或观音山这条游览线的枢纽意义。

其实，根据上引文李斗对观音山香会的描述，法海寺不仅是城中士大夫去平山堂的不二路径，也是城中百姓去往观音山的主要道路，因为陆路去观音山的三条路，东、西二条都是针对外乡居民的，而南路则是面向扬州城中市民的。至于水路，如魏禧所说，也是必经法海寺南北的法海桥或莲花桥，先往西至廿四桥，再折而北至九曲池水码头。

2.4.3 小结

作为历史文化名城，扬州拥有丰富多彩的宗教文化，不但佛教文化灿烂夺目，而且道教、伊斯兰教、基督教等宗教文化也异彩纷呈。而在扬州这璀璨的宗教文化长卷中，瘦西湖占据了其中相当多的画面，其中尤为突出的，是以大明寺、观音阁、法海寺和天宁寺为代表的佛教文化。大明寺和观音阁是瘦西湖的北部终端，一个气势宏大，享誉海内外；一个是本地规模最大的宗教聚会场所，

---

[1] 转引自汪应庚《平山揽胜志》，广陵书社，2004年，第51页。

从而使得瘦西湖北部，成了扬州人和到扬州的人不得不去的地方。天宁寺一直以来就具有崇高的政治地位，清代成了皇帝驻跸的行宫，于是造就了其瘦西湖南部终端的地位，瘦西湖的范围亦从清初的红桥延伸到此。而处于中间的法海寺，却是构成瘦西湖整体系统不可或缺的中枢，是瘦西湖南来北往的必由之路。此四者的存在，构建了一个内涵丰富的宗教文化带，也使瘦西湖景观的文化内蕴更加充足了。

2.5　瘦西湖景观对扬州战争历史的演绎

当我们讨论一个城市的发展历史的时候，战争这样一个因素的影响，往往是无法回避的。任何一座城市，无论其最终发展到如何发达的形态，甚至可能完全看不到的明显的城墙边界，但如果追溯其历史源头或者说原初形态，一般而言，都会是或大或小的，被城墙、城濠所包围的一片固定地域，用城池这样一个概念，或许就更容易理解。我们可以这么认为，从城市的最初形态来说，防御功能是它关键的属性之一，从这个意义上来说，城市的出现和存在，和军事、战争等因素不可避免地发生着关系。扬州作为一个具有悠久历史的城市，自然也不例外。再进一步到我们所关心的瘦西湖，也即扬州历史城濠文化景观这样一个对象，其本身的城濠属性又和城市防卫密切关联，因此透过对历史上与扬州这座城市相关的战争的观察，必然有助于我们更好地把握深层的历史文化内涵。

扬州在历史上是一座"历战之城"，一次又一次接受战火的洗礼，战争可以说已经是这座城市历史命运中重要的一部分，这也是为什么我们需要单独把战争作为一个章节来讨论的原因。战争对扬州以及瘦西湖景观的意义何在？我们认为，最关键的仍然是一种历史记忆的积累和文化特质的内化，战争从外在物质性的变化到内在心理性的变化两个方面深刻影响着扬州这座城市。当然还有瘦西湖，作为城濠演变而来的瘦西湖，其与战争的联系更加直接。就心理性层面，"芜城"是一个首当其冲的重要概念，它是一个最具代表性的历史记忆要素，甚至已经成为扬州的一种历史属性，更重要的是，在"芜城"扬州和繁华扬州的多次轮回中，建立起了扬州的永不言弃的城市精神。而今天依旧呈现在我们眼前的瘦西湖景观，继续演绎着这一段跌宕起伏的历史。

2.5.1　战争与扬州："芜城"

"芜城"的概念，来自南朝时期鲍照的名篇《芜城赋》，它是对当时遭到战火彻底毁坏的广陵城的描绘。"芜城"广陵，作为一个历史文化的概念，与我们所要研究的扬州历史城濠景观同样有着密切的关联。我们说，城濠与城的关系是密不可分的，濠深城广，城破濠填，城濠见证着城的变迁，而城的历史文化也反过来内化于城濠这一具象的景观之中。城破之后原先高耸的城墙或许已经难寻旧迹，但城濠却以绕城水体的形式留存下来，并很自然地成为后人借以凭吊古迹、寄托追思的载体。而这样一种载体的功能，无疑成为支撑起城濠成为一种景观的内在动因。自《芜城赋》问世之后，扬州城破的经历不知凡几，而每值其时，"芜城"之称便被提及，不难想象，历代文士泛舟城濠之上，抚今追昔，写下广为流传的唱咏诗文的情景，这些无疑也为扬州历史城濠景观填充了深厚的文化内涵。为了更好地理解"芜城"的概念，我们认为有必要对扬州的战争史做一个简要的梳理。

（1）春秋战国的邗沟与邗城：战争与建城

我国历史上的春秋末期，奴隶社会已逐步向封建社会转化，各民族社会经济和文化有了很大的发展，原来被尊为"共主"的周天子再也不能对各诸侯国发号施令了，各诸侯国之间相互兼并，大国则争夺霸权。当齐、秦二国雄踞东西，楚、晋争霸已近尾声时，长江下游的吴国勃兴而起。与吴国相邻并峙的是越国。吴国主要据今江苏省南部和浙江省北部，建都于姑苏（今江苏苏州）。越国据有今浙江省大部分，建都于会稽（今浙江绍兴东南）。两国是近邻，经常作战，兵戈不止，是为历史上著名的"吴越之争"。

而自吴王夫差战胜越国后，一心北上伐齐，进军中原，和晋国争霸。吴国伐齐，要解决进军路线问题。吴国地处长江下游地区，河川纵横，湖泊密布，交通全靠水路，"不能一日而废舟楫之用"[1]，就是说交通运输一天都离不开船。吴国过去连年攻楚，吸取了楚国发展航运的技术经验，先后在国内开凿了沟通太湖和长江的"堰渎"和太湖通向东海的"胥浦"。吴国的造船技术也有很大的提高，已能建造各式大中型舰船，舟师成了吴军的主力。当时长江、淮河之间没有相通的水道，要北进伐齐只有由长江绕海路进入淮河，不仅航程长，且海上风狂浪急，给进军带来很大困难。因此，开凿一条沟通江淮的河道十分必要。

因为此时江北的邗国为吴所吞并，吴国根据以往开河的经验，决定从邗地开始，因地制宜地把几个湖泊连接起来，开凿一条贯通江淮的水道，这就是《左传》（周）敬王三十四年（前486）所记载的"吴城邗，沟通江淮"。吴国在今扬州西北蜀冈南沿原邗

[1] 参见清·顾栋高辑，《春秋大事表》。

国地基上，"筑城穿沟，东北通射阳湖，西北至末口入淮，通粮道也"[1]。

进军路线解决之后，下一步的工作就是在进军路线上设置一个可攻可守的军事基地，于是也就诞生了邗城。这座最古的扬州城建立在蜀冈之上。城的南沿在蜀冈南麓断崖上，断崖下即是长江。城为方形，板筑城垣，周长约十华里。城南有两道垣，外城垣和内城垣之间有濠，外城之外也有濠环绕。传说城没有南门，北面为水门，只有东西两面有城门。按照一般的说法，邗城最初主要用于军事行动的后勤保障。但发展到后期，甚至成了吴国都城迁址的目标城市。

历史学家黄永年先生早年有《春秋末吴都江北越都江南考补》一文，论证"吴城邗"即吴迁都于江北。吕思勉先生在此文中加了一段：

> "汉初以前，长江下游之都会，实惟吴（即今之苏州）与广陵（即今之扬州），而汉吴王濞还都广陵，盖王负刍既虏之后，楚尚据江南以拒秦者一年，故秦为深入其阻起见，置郡于江南吴之故都，汉初江南业已宴然，取与北方声势相接，故王濞又却居江北吴之新都耶？此虽推测之辞，然王濞之建都，必不能于荒凉偏僻之地，广陵若无所因，必不能于汉初救死扶伤不给之际，建成都邑，则理无可疑。以此推之，亦足见城邗即为建立新邑耳。"[2]

意思是，"城邗"即吴在这里建成新都邑，汉初吴王刘濞都广陵，即沿用吴都之邗城，而非另建新都，肯定"吴城邗"为吴迁都于邗。

[1] 参见《左传·哀公九年》。
[2] 见《益世报》"史学"副刊和《文史杂志》六卷三期。

当时吴欲北上争霸，迁都于江北，很合乎情理。如此，则"吴城邗"不仅为扬州建城之始，且是作为都城之始。

新开凿的邗沟，河道不宽不深，大型兵船仍难以通行，所以吴国伐齐的舟师并没有全从邗沟通过，有时还得走海路。不论怎样，自此以后，从吴都出发，一路可入海北上，一路可从长江入淮河，由此可通过吴国于公元前482年开凿的黄沟运河进入泗、沂、济三水，南北的水上交通出现了新局面。

吴王夫差最初开邗沟是为了北进中原争霸，后来却对这一地区经济文化和航运交通的发展起了重大作用，所以后世的扬州人都肯定夫差的开发之功。过去在扬州的邗沟旁有一座财神庙，庙里供的不是财神，而是两位与扬州有关的吴王——春秋时的吴王夫差和汉代的吴王刘濞。这两个人对扬州的开发有贡献，但他们的结局都不好，因而不好公开祭祀，只好以财神庙的名义立祠。有趣的是，这座庙门朝北，用意是让他们面对自己开发的北面蜀冈上的故城址，也表明扬州人不忘历史上最早的扬州城。

而对于"吴城邗"之后的历史，我们也不妨作一番了解。公元前485年，吴将徐承率水师自海上攻齐。次年，大败齐军于义陵（今山东泰安）。公元前482年，夫差率军大会诸侯，与晋争做盟主。也就在这时，一面卑身事吴，一面暗地里大搞"十年生聚，十年教训"[1]的越王勾践在经历了所谓的"卧薪尝胆"之后，趁机攻入吴都，并自海道入淮，截断夫差的归路。夫差急忙回师向越求和，自此吴成了越的属国。公元前473年，越灭吴，勾践北上会诸侯于徐州（今山东滕县），一时号称霸主。此时已进入了

[1]《左传·哀公元年》："越十年生聚，而十年教训，二十年之外，吴其为沼乎！"

我国历史上的战国时代。

越灭吴后,扬州一带一度属越国。公元前335年,楚国打败越国,收并了原属吴国的领域,自此扬州一带属楚国。而据《史记》所载,周慎靓王二年(前319),"楚怀王槐城广陵"[1],这是在邗城的基础上再次筑城。扬州自此有广陵之称,广陵即"广被丘陵"的意思。

而到了公元前221年,秦最后消灭六国,统一中国,建立了中央集权的封建国家。秦分全国为三十六郡,其中九江郡包括今江苏、安徽两省长江以北、淮河以南一带,及江西省全部。扬州即属九江郡。

(2)三国时期的广陵城:魏、吴边境交兵的战场

历史上的三国时期,中原魏、吴之间的战争,主要发生在淮河以南、长江以北地区。广陵介于南北之间,吴国水军北上攻魏,必须经由邗沟;魏国南下攻吴,东路必须经由广陵,此地遂成为江淮军事重镇。这样的地理位置和军事地位,决定了这一地区人民的生活状况和经济状况。当局势相对稳定,战事较少时,人民的生活就比较安定,经济也有相当的发展;一旦发生战乱,则生产停顿,经济就会遭到严重的破坏。

广陵原属曹操势力范围,建安二年(197),曹操任命有才干的陈登为广陵太守。时广陵郡治在淮阴。为推行曹操的屯田制,便利农田灌溉,陈登在广陵时还采取了一系列兴修水利的措施。在他的主持下,广陵之西修筑了一个周广几十里的蓄水塘,可灌田千余顷,人称"陈公塘"(在今江、苏仪征县境内),这在当地算是较大的水利工程。此时广陵的经济也一度得到发展。

[1]见《史记·六国表》。

建安十八年（213）正月，曹操以号步骑四十万进攻濡须口。濡须口在今安徽巢县南，是孙权为了攻打曹魏的重镇合肥而建立的据点。曹操攻破孙权在濡须口一带的江西（即江北）营，俘获其都督公孙阳，准备直下江东。孙权率军七万抵御，吴将甘宁率百余人夜袭曹营，使魏军大惊。这样相持了个把月，最后曹操撤军。《三国志》记曰：

> 孝献皇帝辛建安十八年（癸巳，公元二一三年）春，正月，曹操进军濡须口，号步骑四十万，攻破孙权江西营，获其都督公孙阳。权率众七万御之，相守月余。操见其舟船器仗军伍整肃，叹曰："生子当如孙仲谋；如刘景升儿子，豚犬耳！"权为笺与操，说："春水方生，公宜速去。"别纸言："足下不死，孤不得安。"操语诸将曰："孙权不欺孤。"乃彻军还。[1]

曹操回到谯（今安徽亳县），怕淮南沿江的郡县为孙权所得，想仿照过去官渡之战迁徙民众的办法，把这些地方的人民内迁。他征求扬州别驾蒋济的意见，蒋济不赞成，说："当初在官渡与袁绍对军时，由于敌强我弱，不把人民迁去，我们就要失去人力。自破袁绍以来，你的声威震天下，为民心所向。人情之常是留恋故土而不乐于迁徙，如硬要这样做会引起人们的惊慌不安。"曹操没有听从蒋济的意见，决定内迁。这样一来，"民转相惊，自庐江、九江、蕲春、广陵十万余皆东渡江，江西遂虚，合肥以南惟有皖城"。曹操很后悔，后来对蒋济说，本来想使他们避免吴国的侵扰，想不到却把他们赶到那边去了。对此段历史，《三国志》记曰：

[1] 见晋·陈寿《三国志》，吴书二，吴主传第二。

第 2 章　瘦西湖景观对扬州特征文化的演绎

157

> 曹操在谯，恐滨江郡县为孙权所略，欲徙令近内，以问扬州别驾蒋济，曰："昔孤与袁本初对军官渡，徙燕、白马民，民不得走，贼亦不敢钞。今欲徙淮南民，何如？"对曰："是时兵弱贼强，不徙必失之。自破袁绍以来，明公威震天下，民无他志，人情怀土，实不乐徙，惧必不安。"操不从。既而民转相惊，自庐江、九江、蕲春、广陵，户十余万皆东流江，江西遂虚，合肥以南，惟有皖城。[1]

经由此事，原来就沦为江淮战场的广陵，自此更成为人烟稀少的空旷之地。东吴五凤二年（255），孙亮当国，有意北伐，派卫尉冯朝城广陵，拜将军吴穰为广陵太守，广陵为吴所有。这是有记载的第三次修筑广陵城，更证明在此之前已经无城可言。

（3）南北朝乱世中的广陵城：短暂繁荣与屡遭战火变"芜城"

南北朝时期，东晋的晋元帝定都建康后，收拢人心，安定江左，使得南方的荆、扬、江、湘、交、广之地，赖以保全，虽是偏安，在汉人心目中仍是"正统"所在。而当时中原地区的汉族人民却陷于异族的统治之下，为了摆脱和逃避异族重压，便在北方通往江南的封锁线上打开缺口，纷纷越淮渡江，奔向南方。这是历史上汉人南迁的第一次高潮。

东晋和后来的南朝政权为了安抚和安置移民，采取了一系列措施，一方面让名门望族和移民领袖参加中央或地方的政权机构，另一方面在移民较多的地方设立原籍地区的行政机构——侨州郡，以对移民进行管理。晋元帝大兴元年（318），在广陵界内侨立南青州。晋明帝太宁三年（325），又将侨立在京口（今江苏镇江）

[1] 同上。

的南兖州迁往广陵，并领有其他侨郡县。南朝时期，广陵一直属南兖州，故扬州旧名中又有"南兖州"之称。

北人的南下，促进了南北经济文化的交流，推动了南方的开发。自东晋至南朝宋文帝元嘉年间，相对来说，淮南一带比较稳定，为广陵地区经济文化的发展提供了有利条件。当时的广陵比不上建业以及江陵、襄阳等城市，却也是淮南江北的一个大城市，一个军事重镇，经历了许多重大历史事件的洗礼。比如：

东晋永嘉七年（313），以"闻鸡起舞"而闻名于后世的祖逖，率宗族部曲南渡，居于京口。他有志北伐，曾在渡江时击楫发誓说："祖逖不能清中原而复济者，有如大江！"祖逖渡江入邗沟，经广陵屯驻淮阴，自铸武器，招募兵众二千余人，在北方汉族坞堡武装的支持下，319 年至 320 年，大破石勒军，于汴（今河南开封）进兵封丘（今属河南），收复了黄河中下游以南的许多失地，使石勒"不敢窥河南"。但东晋王朝怕祖逖势大难以控制，施以种种牵制，祖逖忧愤而死，收复的失地又为石勒所占领。

祖逖之后，与广陵有关的北伐者为桓温。桓温北伐有三次。第一次是在晋穆帝永和十年（354），北伐的对象是前秦，一路进军关中，人民夹道劳军，老人感泣地说："不图今日复见官军。"但后来仍退出关中。第二次是晋穆帝永和十二年（356），大败姚襄，攻入洛阳，徙洛阳三千余家于江汉，班师建康。第三次是在晋废帝太和四年（369），当时桓温是大司马兼南徐州刺史，率步骑五万，经广陵出发，北伐前燕，一度取得很大的胜利。后燕兵救于苻秦。桓军粮食不继，连战不利，又闻苻坚援军将至，于是焚烧舟船，丢弃辎重，慌忙后撤。在燕、秦军追击下，桓军死以万计，桓温只好收散卒退兵。战败后的桓温徙镇广陵，发动徐、兖州二州移民修筑广陵城。

历史上著名的淝水之战，也在这时和广陵这座城市发生了关系。东晋几次北伐，或无功而返，或半途而废，这助长了北方少数民族特别是苻秦的气焰。前秦的首领苻坚，在统一了北方大部分地区后，欲进而攻灭东晋，统一全国。东晋也积极加强防卫。孝武帝太元二年（377），朝廷要选派一名良将镇守广陵，谢安竭力向朝廷推荐他的侄子谢玄，于是谢玄被任命为兖州刺史、广陵相，监江北诸军事，镇广陵。谢安则以中书监录尚书事的身份加都督扬、豫、徐、兖、青五州军事。

谢玄到任后，按照谢安的指示，把设在京口的南兖州军府移到广陵，招募素称骁猛的南徐、南兖两州的移民入伍受训，以战无不胜的彭城人刘牢之为参军，建成一支战斗力极强的部队，号称"北府兵"。北府兵成为长江下游的主要军事力量，改变了当时不利的军事形势。

晋太元四年（379），苻坚遣秦军六万南侵，攻下盱眙，围困三阿（今江苏宝应），离广陵只有百里。朝廷震惊，临江增兵，列阵严守，以防秦兵南渡。时谢玄率北府兵救三阿，攻盱眙，下淮阴，一直追到淮北，大破秦兵，北府兵因此一战而威名大增。谢玄战胜还广陵，进号冠军将军，加领徐州刺史。

四年之后，即晋太元八年（383），经数年休整准备的苻坚为雪淮水战败之耻，以所谓百万之众，大举伐晋，是为淝水之战。晋军以谢玄率领的北府兵为主力迎战，大败秦军。淝水之战创造了中国战争史上以少胜多以弱胜强的典例，战争中谢玄在广陵组训的"北府兵"作为主力立下了大功，为人们所称颂。

经历了诸多战事的广陵城，此后也一度获得短暂的和平和发展。历史上称为"元嘉之治"的南朝宋文帝元嘉年间，广陵地区社会较为稳定，经济持续发展。元嘉二十四年（447），徐湛之任南兖州刺史。据史书记载，他任南兖州刺史期间，"广陵旧有高楼，湛之更加修整，南望钟山。城北有陂泽，水物丰盛。湛之更起风亭、月观、吹台、琴室，果竹繁盛，花药成行。招集文士，尽游玩之适，一时之盛也"[1]。但是，广陵的繁荣没有能持续多久，自宋文帝末年至孝武帝大明三年（459）间，广陵连续遭到两次大的摧残，使一座名城破坏殆尽。

元嘉二十七年（450），北魏太武帝拓跋焘率步骑十万，进攻宋的悬瓠城（今河南汝南）。宋文帝轻信彭城太守、宁朔将军王玄谟的话，命他统率大军北伐。王玄谟进攻滑台（今河南滑县东），被北魏军打败，慌忙退兵。北魏军队乘势南下，所过城邑全遭破坏。这年十二月，北魏军渡过淮河，直逼瓜步（今江苏六合东南），"坏民屋宇及伐蒹苇"，准备造筏渡江攻打建康。宋文帝急令将士封锁长江，内外戒严，北魏军未敢轻举妄动。第二年正月，北魏军北退，一路大肆杀戮，"丁壮者即加斩截，婴儿贯于槊上，盘舞以为戏"，"所过郡县，赤地无余"。广陵首当其冲，受害尤烈，"强者为转尸，弱者为系虏……村井空荒，无复鸡鸣犬吠"[2]，可以想见当年的凄惨景象。遭受这场浩劫，广陵残破不堪。

宋孝武帝大明元年（457），以司空、南徐州刺史、竟陵王刘

[1] 见《宋书》，列传第三十一，徐湛之传。
[2] 参见《资治通鉴》，卷第一百二十六，宋纪八。

诞为南兖州刺史。刘诞是宋文帝的第六子，孝武帝的弟弟，他因有功于朝廷，在朝野有一定的影响，而且多聚才力之士，蓄精甲利兵。孝武帝对他很是畏忌，先命他为南徐州刺史，出镇京口；后又嫌他离京师太近，复迁广陵，并把心腹之臣、原南兖州刺史刘延孙迁为南徐州刺史，使之镇守京口，以防备刘诞。大明三年（459），刘诞知道孝武帝对他有猜忌，也暗地做了准备，借北魏军入寇之名，修城墙、浚城濠、聚粮草、治甲仗，以防朝廷有所举动。孝武帝得悉，便令车骑大将军沈庆之率军讨伐，同时把刘诞在建康的亲戚、朋友同籍千余人一律处死。沈庆之与刘诞在广陵僵持了七十多天，于破城，刘诞被杀，他的母、妻皆自杀。孝武帝还觉得不够解恨，迁怒于广陵人民，命令把广陵城的士民，无论大小，一律斩杀。沈庆之觉得这太过分了，请求凡五尺以下（合今四尺多）的男子免斩，其余皆死，女子赏给攻城有功的军人做奴婢，就这样还杀掉三千余人。孝武帝还命把碗砍下的头颅置于建业石头城的南岸示众。血淋淋的事实，深刻暴露了封建统治者的凶狠残暴。继北魏拓跋焘掳掠屠戮之后，广陵复遭浩劫，雪上加霜，一片萧瑟凄凉。

有感于广陵的两遭浩劫，南朝刘宋诗人鲍照写下了名篇《芜城赋》。自此，广陵又有了"芜城"的称呼。

南朝宋以后的齐、梁两朝，和北魏虽常有纷争，总的来说缓和的时间较长。在这段时间里，广陵地区的经济、文化有了一定程度的恢复。不料到了梁末，广陵又遭到一次荼毒。

侯景是北魏的叛将，降梁后被封为河南王。梁武帝萧衍太清三年（549），侯景作乱，率军攻破建康，梁武帝被困在台城活活饿死。继位的简文帝萧纲不过是侯景手中的一个傀儡。简文帝大宝元年（550），侯景派董绍先为南兖州刺史，广陵太守祖皓不服，率勇士杀了董绍先。侯景命部将郭元建讨伐广陵，祖皓据城固守，战斗很是激烈。城破后，祖皓被捉，先是被乱箭射得遍体鳞伤，后又受车裂分尸酷刑。城中的老百姓不论老幼，被半埋在土中，纵马践踏射杀。据《梁书·祖皓传》记载，死者达八千人。郭元建以屠城"有功"，被任命南兖州刺史。

（4）唐后期至五代十国的扬州：再次沦为争夺和割据的战场

唐代后期，唐政权日益腐朽。藩镇割据，朋党相争，加之统治阶级"奢侈日甚，用兵不息，赋敛愈急"，老百姓却是"所在皆饥，无所依投，坐守乡间，待尽沟壑"。在这样的情况下，人民"所在蜂起"，爆发了全国性的农民战争，就是历史上著名的黄巢领导的农民大起义。

为了加紧镇压起义队伍，乾符五年十月，唐朝以高骈为淮南节度使兼盐铁、转运诸使，不久又以高骈为诸道行营兵马都统，集合诸镇兵力，向黄巢起义军发起进攻。高骈起初在于黄巢起义军的战斗中占上风，但因其贪功错失战机，终被起义军大败，只得退守扬州一带，避不出战，成为坐镇一方的割据势力。

高骈割据期间，其手下将领秦彦、毕师铎、孙儒、杨行密之间连年内讧交兵。扬州成为他们交战的中心，饱受兵灾之苦。最后，杨行密打败孙儒，于902年建立五代十国之一的吴国，才算终结了绵延的战火。扬州本是一座繁华的城市，经过一连六七年战乱灾祸，遭到的破坏是严重的。当然不仅扬州如此，史书上说："扬州富庶甲天下，时人称'扬一益二'，及经秦、毕、孙、杨兵火之余，江淮之间，东西千里，扫地尽矣。"[1]

为了使"八州之内，鞠为荒榛，幅员数百里，人烟断绝"[2]的荒凉残破的局面得到改善，杨行密建立吴国后，不得不停止战争，与相邻的割据势力保持互不侵犯的关系，并采取了一些措施，如招回流亡、减轻赋税、提倡俭约等，使这一地区的生产得到了恢复。

吴国存在了 35 年的时间，昭宣帝李祝天祐二年（905）十一月，杨行密卒，长子杨渥嗣位，封弘农郡王。杨渥又取得江西之地，势力更大，吴国成为五代十国时期的十国之一。杨渥是个骄奢的人，又不听劝谏，于 908 年为左右牙指挥使张颢、徐温所杀，奉杨渥的弟弟杨隆演为淮南节度使。919 年，杨隆演即吴国王位，改元武义。第二年杨隆演死，徐温等立杨行密第四子杨溥为吴王。927 年，杨溥称帝。937 年，杨溥为徐温的养子、位至齐王的徐知诰（即李昇）所逼，让出帝位，李昇建立起南唐王朝，都于建康（今南京）；奉杨溥为让皇，迁住润州（今江苏镇江）丹阳宫；以扬州为东都，封自己的儿子李璟为吴王。李璟即后来称为南唐二主之一的李中主，他和他儿子后主李煜同为著名词人。

958 年，也就是李璟继位的那年，后周世宗柴荣亲征南唐，进逼扬州。南唐军不能坚守，悉焚庐舍，驱民渡江，扬州又遭到严重的破坏。

柴荣取得扬州后，置大都督府，命定武将军韩令坤筑城守之。扬州城既已被毁，且大而难守，韩令坤便在故城东南角另筑新城，新城当在唐罗城东半范围内，当时称为"周小城"。不久后周派

[1]《资治通鉴》，卷第二百五十九，唐纪七十五。
[2]见《旧五代史》，卷 134，杨行密传。

李重进为淮南节度使，镇扬州。李重进又对城进行了改筑，城周二十里，称"州城"。州城是周小城向东向南的扩展，南边扩展到今北城河之南东西一线，东边与运河接近。这座州城后来为北宋所袭用。

公元 960 年，后周殿前都检点、检校太尉、归德节度使赵匡胤发动陈桥兵变，废去了年仅七岁的后周恭帝，建立北宋。赵匡胤取代后周，登上帝座，后周的近臣们是不服的。就在这一年，后周的淮南节度使李重进在扬州谋划起兵反抗北宋朝廷。李重进是后周太祖郭威的外甥，与赵匡胤同事后周，分掌兵权，对赵一直心怀畏忌。赵匡胤称帝后，为了笼络李重进，加以中书令之衔，命其移镇青州（今山东益都）。李重进一心起事反赵，一面治城缮兵，一面派人向江南的南唐求援。赵得知这一情况，立即亲自带兵进伐。十月由开封出发，十一月兵抵扬州的大仪。大军压境，李重进自知无力抵御，全家在扬州自焚而死。赵匡胤入城后，又杀掉李之同谋者数百人，扬州遂归北宋。

（5）南宋时期的扬州：金人南下的破坏和抵御元军的扬州保卫战

北宋结束了五代十国的战乱局面。建立了统一的政权后，宋太宗淳化四年（993），分全国州县为十道，扬州属淮南道；至道三年（997），又分为十五路，扬州属淮南路。宋仁宗皇祐三年（1051），分淮南路为淮南东、西路，扬州属淮南东路。国家基本统一，政权相对稳定，有利于社会经济的发展。扬州的经济发展水平比五代时期也有较大的提高。

北宋虽然建立了统一的政权，有利于封建经济的发展，但从一开始就受到北方少数民族贵族建立的政权的威胁。后来女真族建立的金国步步进逼，于宋钦宗靖康元年（1126）攻破开封，北宋政权倾覆。宋徽宗第九子康王赵构在南京（今河南商丘）称帝，改元建炎，是为宋高宗，从而形成了南宋的偏安局面。自高宗建炎三年（1129）至理宗端平元年（1234）的一百多年中，江北淮南的辽阔土地，成了保卫南宋政权的屏障，战争不断，扬州多次成为金人争夺和占领的地方。

建炎元年（1127）冬十月，传言金人欲犯江、浙，宋高宗以此为借口，下了一道诏书，说是暂驻淮甸，等捍御稍定，即还京师。就这样，宋高宗来到了扬州，所有宗庙、法物、仪仗也一齐搬来。扬州成了"行在"，一下子变得热闹起来。建炎二年（1128）秋，金兵向山东、河南、陕西三地进发。取道山东一路的金军于建炎三年（1129）初春攻下徐州，接着渡过淮河，直指扬州。高宗听内侍报告金兵已至，慌忙披上铠甲，在千余随从的簇拥下奔向瓜洲，觅得小舟逃往镇江。他们一跑，扬州城内一片混乱，士卒居民争相出奔，互相践踏，死伤无数。金兵占领扬州后，又"纵火城内，烟焰烛天，女子金帛，杀掠殆尽"，历史名城扬州再遭浩劫。

南宋与金连年的拉锯战期间，从淮河南岸直至长江北岸当时称为淮南东路、淮南西路一带，经过多次战争，又受到金人南下和北撤的搜刮，房舍荡然，民无所居，遭到的破坏是极其严重的，扬州更是首当其冲。

在宋金对峙间，北方的形势发生了急剧的变化。蒙古贵族铁木真征服了各兄弟部落，结束了蒙古长期分裂的局面，建立了统一的蒙古汗国。新兴的蒙古国，经过艰苦的战争，于1227年灭西夏，1234年又与南宋合力灭金。但是，蒙古的势力扩展至中原后，对南宋形成严重威胁。扬州是淮东的首府，是由淮入浙的要道，在战略上具有特殊的地位，南宋在这里设有重兵扼守。金亡后不久，蒙古即向扬州一带开始了多次试探性的进攻。于是就有了扬州保卫战的发生。

为了加强扬州一带的防务，理宗开庆元年（1259），命李庭芝为江淮制置使兼知扬州。李庭芝鉴于平山堂地势较高，可以俯瞰城内，增筑了一座平山堂城，募汴南流民二万余人，号"武锐军"，驻屯在平山堂城中。

李庭芝一度被调往峡州以阻遏蒙古军南下，不久又调回扬州，总管两淮军务。在扬州，李庭芝采取了多种措施，恢复生产，增强防守力量。这段时间里，扬州经济得到了一定恢复，社会秩序趋稳定，为抵御蒙古军的来犯做了物质上和精神上的准备。

咸淳十年（1274），元世祖忽必烈命左丞相伯颜统率二十万大，水陆并进，大举伐宋。德祐元年（1275）二月，贾似道的七万之师在芜湖为元军击溃，宋军主力瓦解，尽失江淮诸州，坚决抵抗的战将姜才率残部投奔李庭芝。四月，忽必烈命右丞相阿术进攻扬州，扬州保卫战开始。

由于力量悬殊，元军很快逼近扬州南门。阿术把在真州附近俘虏的宋将赵淮叫来，许以高官厚禄，命他向李庭芝招降。赵淮假答应，来到扬州城下，高呼道："李庭芝，男儿死耳，勿降也！"阿术大怒，杀死赵淮。

德祐二年（1276）二月，淮西制置使夏贵投降元军。扬州城内粮尽援绝，死者甚众，而李庭芝守城之志益坚。阿术久攻不下，乃在城外筑长围死困扬州。此时，伯颜率领元军已入临安，谢太皇太后和恭帝赵㬎向元奉表称降。伯颜从降臣中挑选了与李庭芝有交谊的孟某来扬州招降，李庭芝不予答理。伯颜又派人持谢太皇太后和恭帝要李归附的诏书来到扬州城下，庭芝在城上回答道，"奉诏守城，未闻有诏谕降也"，把他们赶走了。李庭芝、姜才与将士涕泣盟誓，一定要夺回太后和恭帝。他们以四万人夜袭瓜洲，激战三个时辰，元军方挟太后与赵㬎避去。姜才说："吾宁死，岂作降将军耶！"

五月，益王赵昰在福州即位，是为宋端宗，改元景炎。召李庭芝为右丞相，姜才为保康承宣使，赶赴福州。七月，李庭芝命制置副使朱焕守扬州，自己与姜才带兵七千趋泰州，将东入海往福州。李庭芝刚走，朱焕就开城投降。阿术分兵追击李庭芝，杀伤步卒千余人。李庭芝入泰州，阿术包围城外，并把李庭芝的妻、子押至城下招降。泰州裨将孙贵等偷偷开北门放进了元军，泰州遂陷。李庭芝跳入莲池自杀，因水浅未成，遂与姜才一同被捕。后被押至扬州，慷慨就义。扬州百姓闻讯，无不落泪。后来扬州和泰州都有"双忠祠"，就是专为纪念李庭芝和姜才而建的。

（6）明代扬州城与战争：抵御倭寇和史可法抗清

明代，扬州城经历了防倭的斗争。所谓"倭寇"，是指14世纪以后在日本国内失败的武士浪人与一些走私商人勾结，在中国东南沿海一带从事走私、抢劫活动。在明英宗正统以前，由于有较强大的海防，常给来犯的倭寇以打击，所以倭患还不十分严重。明正统以后，明政权逐渐腐败，边备废弛，没有足够的防御力量，倭寇也就逐渐猖獗。至嘉靖年间，情况更甚，加上国内一些地主和奸商倭寇相勾结，伙同劫掠，倭患遂愈来愈严重，成为中国最大的边患。

嘉靖三十二年（1553），滨海千里同时告警，倭寇先后袭扰上海、苏州以及江北南通、泰州等地，第二年又围窜江北。这时的扬州，由于人口的增长，特别是商业和手工业的发展，市肆作坊已扩展至原旧城的东郭外。倭寇对东郭外的商业区和手工业区进行了洗劫。嘉靖三十四年（1555），倭寇又深入到徽州和南京。

为了防止倭寇对扬州的再次入侵，嘉靖三十五年（1556），扬州知府吴桂芳接受了副使何城和举人杨守诚的建议，紧接东郭筑一外城，把商业区和手工业区包入城内，使免遭寇扰。工未竣而吴桂芳调任，复由继任知府石茂华接手办理。这座城由原旧城东南角循运河而东折向北，复折而向西，至旧城东北角止，约十里，称为"新城"。新城设有七座城门：南有二门，名挹江门（即钞关）、南便门（又名徐凝门）；北有三门，名拱宸门（又名天与）；东有二门，名通济门（又名缺口）、利津门（又名东关）。旧城东门外，即新旧城之间有护城河，增建了南水门，名"龙头关"。在建筑新城的过程中，倭寇曾薄城下，遥见在兴筑的新城岸高池深，城楼巍然，不敢再向前逼近了。

汤显祖所作《牡丹亭》云："边海一边江，隔隔不断胡尘涨。维扬新筑两城墙，酾酒临江上。三千客两行，百二关重壮。维扬风景世无双，直上城楼望。"说的虽是宋代故事，借的却是当时扬州的背景。嘉靖筑新城事，成了戏剧家写作的材料。明代扬州城址，也就是直到新中国成立前的扬州城址，至今尚依稀可辨。

到了明朝末年，著名的民族英雄——史可法的名字，也因为战争的缘故，和扬州这座古城密切地联系在了一起。

明朝末年，社会矛盾激化，首先在陕西爆发了农民大起义。崇祯十七年（1644）三月十八日，李自成率领的农民军进占北京外城；十九日晨，崇祯皇帝在煤山吊死，农民军开进北京，明政权宣告灭亡。李自成占领北京以后，驻守山海关的明总兵吴三桂投降清朝，向清摄政王多尔衮"乞师"共同镇压农民起义军。久怀灭明之心的满洲贵族立即引兵入关。李自成大顺永昌元年（1644）五月初二日，清军进占北京。九月，清顺治帝从沈阳迁来北京，定北京为都城。在全国的抗清斗争中，扬州人民和史可法坚守孤城，誓死不降，写下了光辉壮烈的一页。

1645年春，多铎统领清兵大举南下，因明总兵李成栋逃遁，清兵进入重镇徐州。在这样危急的情况下，福王政权内部还是闹得不可开交，江北各镇则互相攻杀。清兵南下几无滞碍，四月十五日，清军包围扬州城。史可法在各镇不听调动、得不到任何增援的情况下，亲率四千人坚守孤城。多铎五次致书劝降，史可法不予启封，以示誓死不降。史可法是早就下了必死的决心的，城陷前四天，他给家里人写了一封遗书，称："北兵于十八日围扬州，至今尚未攻打，然人心已去，收拾不来！法早晚必死，不知夫人肯随我去否？如此世界，生亦无益，不如早早决断也！"

在孤立无援的情况下，史可法率守城军民坚持了十天。四月二十一日，总兵李栖凤、监军副使高歧凤拔营出降清兵。二十五日，清兵又炮击城西北隅，扬州遂陷入清军之手。城破的那天，扬州知府任育民衣冠齐整地坐在大堂上，不屈被杀，全家投井而死。史可法为诸将所拥而行，至小东门与清军遭遇，史可法瞋目喝道：

"我史阁部也！"遂被执至多铎处。多铎尊之为先生，婉言劝降，史可法说："城存与存，城亡与亡，我头可断，而志不可屈！"终于慷慨就义。与史可法同时殉难的还有扬州府同知曲从直、王缵爵，江都知县周志畏、罗伏龙，两淮盐运使杨振起，盐饷知县吴道正，江都县丞王志端、幕客卢渭等。都督刘肇基率残部四百余人与城内人民一起，继续与清军巷战，直至矢尽人亡，全军俱没，无一降者。

清军痛恨扬州人的反抗，入城后纵兵屠杀，十日封刀，死者数十万人，"城中积尸如乱麻"，将一座扬州城毁为废墟，史称"扬州十日"。经历此劫的王秀楚写了一本《扬州十日记》，对清军的暴行有详细的记载。如二十七日条云：

> 杀声遍至，刀环响处，怆呼乱起，齐声乞命者或数十人或百余人。遇一卒至，南人不论多寡皆垂首匐伏，引颈受刃，无一敢逃者。至于纷纷子女，百口交啼，哀鸣动地，更无论矣。[1]

扬州史可法纪念馆陈列有一幅《追远图》，是住在扬州宛虹桥附近的一位史姓的后人，追忆"十日"期间他家庭的悲惨遭遇而绘制的一幅历史真实画卷，可与《扬州十日记》相印证。

史可法生前曾说过："我死，当葬梅花岭上。"史可法死后，副将史德威遍寻尸体不可得，乃将他生前的衣冠葬于梅花岭。后来，清统治者也大为表彰史可法。"豫王入南京，五月二十二日癸卯，即令建史可法祠，优恤其家"[2]。乾隆年间，又在史可法墓建祠立碑，追谥为"忠正"，大加表扬。乾隆四十二年（1777），乾隆作诗《题

[1] 见扬州地方文献丛刊，《广陵通典·扬州十日记·咸同广陵史稿》，广陵书社。
[2] 见《明季南略》，卷之八，南都甲乙纪。

史可法像》："纪文已识一篇笃，予谥仍留两字芳。凡此无非励臣节，监兹可不慎君纲。象斯睹矣牍斯抚，月与霁而风与光。并命复书书卷内，千秋忠迹表维扬。"原注云："侍郎彭元瑞以所得史可法画像并其家书装卷进呈，乞书御制文，因成此诗题卷首。而向所制书事一篇及可法复书，则命大学士于敏中书于卷中。即以此卷邮发两淮盐政，置梅花岭可法祠中，并听镌石，以垂久远。"此即如今立于史公祠的碑刻。"凡此无非励臣节"，是从统治需要出发，激励清廷的臣僚像史可法忠于明朝那样忠于清王朝，这和人民对史可法的怀念，不能一概而论。史可法墓和史公祠如今保存完好，他的高风亮节将如冰雪梅花，永世流芳。

（7）清末太平天国战争与扬州

太平军于 1853 年 3 月进入南京，建立了太平天国政权，改南京为天京。为了巩固天京，推翻清朝，太平军立即分兵北伐。为防止长江南北两岸清军的合击，打开北伐进军的道路，4 月 8 日，太平军第一次占领扬州。当时，扬州有个叫李仲梅的，与太平军早有联络，他通报情况，为太平军顺利进城提供了条件。太平军在林凤翔、李开芳、吉文元等将领的率领下，经过几处小规模战斗，由钞关进入扬州城。

5 月 8 日，林凤翔、李开芳率领太平军从扬州北伐，由曾立昌留守扬州。这时，扬州已被琦善、陈金绶、雷以諴等率领的清军包围。城里的太平军积极防御，坚守扬州。他们在城垛上铺上木板，称为跑马楼；架起瞭望台，观察动静；又修筑战壕、土城等防御工事。在江面上则架起木桥，横贯铁索，阻止清军水师的攻击。由于防守坚固，清军屡攻不成。琦善曾用一万六千斤的大炮轰塌了城墙，太平军立即防堵加固。清军还多次偷袭扒城，均被太平军击退。7月间，清军总兵双来部强攻北城，被太平军杀伤无数，双来也被打死。9月间，太平天国曾派黄生才救援扬州，进驻瓜洲和三汊河。坚持到第九个月，因粮道断绝，难以再守，加之要集中力量保卫天京，决定撤出。太平天国东王杨秀清见局势紧急，命令赖汉英率大军救援扬州太平军。1854年12月24日，赖汉英率援兵赶到扬州，他们在南门外桂花庄打败了清兵冯景民的游击部队，堵住了东、西、北三方面数万清军的进攻，接应太平军撤出了扬州。

太平军二下扬州在1856年4月。这次主要是攻打清军设在三汊河的江北大营。4月3日拂晓，在秦日纲、陈玉成、李秀成、吴如孝的率领下，太平军渡过长江，直逼北岸，大败清军托阿明部于扬州土桥，第二天又破虹桥、朴树湾、三汊河清军诸营，清江北大营被摧毁，太平军迅速占领了扬州南城外一带，紧逼城下。5日，在张逢春的接应下，太平军开进南门。这次太平军在扬只停留了十二天，因要转兵攻打清江南大营，于17日就撤出了。太平军二进扬州，获得了大量物资和人力补给。

1858年9月的天京保卫战中，太平军集中李秀成、陈玉成的主要兵力，在浦口摧毁了重建的清江北大营，打得清兵主帅德兴阿狼狈东逃。太平军击溃江北大营后，1858年10月9日，在李秀成的指挥下，绕道天长，拿下仪征，第三次进入扬州。从此，扬州、六合、天长一带一百多里连成一片。

太平军三下扬州，牵制和分散了清军的江南大营。待到清兵张国樑的部队远途迢迢渡江北来，太平军已有计划地撤退，清兵得到的只是一座空城。太平军撤离扬州后，为了配合保卫天京的军事斗争，解决天京保卫战中的粮食补给，仍旧在扬州一带流动作战，经常给清兵以出其不意的袭击。在天京失守前，太平军没有中断过在扬州一带的活动。然而扬州城经过这一时期频繁的战火洗礼，又一次遭到了毁灭性的破坏。

2.5.2 瘦西湖景观与"芜城"记忆

上述文字让我们对扬州的战争史有了一个系统的把握，这一部战争史，不仅是扬州城市历史的一部分，更重要的是通过"芜城"的概念，深深植进了扬州的城市记忆之中。历史本身主要是靠文字记载留存下来的，而城市的记忆，既可以是通过城市中人们一代代的口耳传承中延续下来，也可以通过一些城市景观的存在不断提示人们记忆的延续，于是，文本、遗址、传说、凭吊活动等，就成为记忆延续的关键词。

具体到瘦西湖景观而言，我们大致可以从三个方面理解它对于扬州"芜城"记忆的承载和延续的问题。其一，瘦西湖景观本身的遗迹属性，使之成为人们借以回忆和凭吊历史的载体。其二，围绕战争的事件和传说，以一种激越的气质内化到瘦西湖的景观气质中。其三，瘦西湖的起伏历史和扬州城的起伏历史两相契合，成为扬州城市历史最形象的景观载体。

（1）遗迹凭吊与怀古之情

鲍照撰写《芜城赋》的时候，看到的是被战火破坏殆尽、满目疮痍的扬州城，在他的描述中，提到了原先高耸的城墙和深广的城濠，在战争以后城墙成为断壁残垣，护城河几被填平，这就是瘦西湖景观与"芜城"最早最直接的联系。因为瘦西湖是历史城濠演变而来的景观，城濠是其最初属性，今天的瘦西湖，在"芜城"时期就是几乎被填平的护城河的一部分。从这个意义上来说，瘦西湖在这一时期就已经具有遗迹的性质。

古代文人多有凭吊之风，凭吊的前提是具有历史纪念意义的遗迹的存在。鲍照的《芜城赋》是较早的凭吊遗迹的作品，他是借被毁的扬州城凭吊刘宋扬州城的繁盛。此后类似的情况亦不在少数。隋代隋炀帝在扬州建造江都城，也可谓盛极一时，但是随着隋二世而亡，江都城亦随之湮灭。但是极尽奢华的隋宫的印象，依旧留存在后人的记忆之中。隋以后，人们在新的"芜城"扬州凭古吊今之时，回想的更多的就已经是隋江都城的繁华景象。通过此前的论述我们已经知道，江都城是建造在蜀冈之上的一座宫城，它和瘦西湖的关联可以说更为紧密，而在建设江都城过程中开发的九曲池，更直接是今天瘦西湖景观的滥觞。唐代文人凭吊江都城的作品，很多就是泛舟于今日瘦西湖水系之上，遥眺宫城遗址而作。从这个意义上，瘦西湖这个时候就已经进入扬州"芜城"历史记忆的承继体系之中了。

唐代扬州再次得到大发展，达到"扬一益二"的空前繁荣。而这一时期的繁荣也继续内化到扬州的历史记忆之中。唐代的繁荣与瘦西湖直接相关的大致有两个方面，一是与瘦西湖景观直接相关的大明寺景区逐步开始发展起来，以栖灵塔为中心的景点吸引大量游人，有唐诗中诸多诗篇为证。二是作为扬州城内繁华胜景标志的"二十四桥"，成为瘦西湖景观引用的要素之一。最后，唐末战乱再次使得"扬一益二"的扬州城迅速衰败，然而繁盛的城市历史记忆，却随着瘦西湖的景观留存下来。瘦西湖景观承载的历史记忆和文化内涵，由此也得到了进一步深化和丰富。

宋代与瘦西湖相关的历史记忆，最核心的是士人文化及其影响，这一点在此前的论述中亦已涉及，其中又以欧阳修建设平山堂的活动为代表。而正是从这个时候起，瘦西湖开始承载越来越多的与士人文化相关的内容，并一直延续到元明清几代。从这个层面上说，平山堂也具有了遗迹的意义。此后，不仅瘦西湖作为通往平山堂的水路而存在，平山堂亦作为游览瘦西湖时远眺凭吊的重要对象。

关于城市历史的记忆，永远是一种层累式的记忆，随着历史的推移，这记忆的内容将越来越得以丰富。到了元明时期，我们的一个基本判断是瘦西湖景观回复到一种郊野的状态，这种郊野的状态，首先就是因为扬州城市因战争破坏而衰落的一个直接结果。其次，郊野的状态更容易引起人们对过去历史的回忆和凭吊的情绪。元明时期，很多扬州人在清明来到瘦西湖扫墓时，他们祭扫的不仅是先人，大概还有这座城市逝去的往昔。郊野与"芜城"，大概是最契合的一组概念，也是瘦西湖对扬州"芜城"记忆最鲜明的演绎。

清代瘦西湖发展到历史上的极盛状态，造就新的繁荣记忆，然而最后还是灰飞烟灭，几乎没有留下任何痕迹，仅有无形的记忆留存。今天我们看着眼下的瘦西湖，耳中听到的、脑海中闪现的，却是清代瘦西湖的胜景，这本身就是一种记忆的延续和再现。但在这其中，我们也同样不能忽略，从清代到今天，瘦西湖和扬州，都还经过又一次"芜城"的宿命般经历。"芜城"的记忆，挥之不去，也不能忘却。

（2）不屈抵抗的激越气质

战争的破坏，只是一个最终呈现的结果。对于战争而言，其过程中所展现的还有更多的面向。有战争就有抵抗，扬州这座历战之城在战争中展现出不屈抵抗的精神和永不言败的激越气质，同样可以算作是战争为其留下的宝贵精神财富。

纵观扬州的战争史，我们需要留意这样一个问题，为什么历史上发生在扬州的战争，绝大多数都是那么惨烈，最后都要到城破人亡、化作"芜城"才算结束？这个问题的答案很简单，因为发生在扬州的战争，进攻者每每都遇到扬州城军民的不屈抵抗，换句话说，几乎从来没有开城投降、兵不血刃的情况。这说明了什么，这显示的是扬州人的性格——永不屈服、永不言败。之前的论述都已提到，南朝时期造成第一次"芜城"的战争，虽然我们看不到如何激烈的战斗场景的记载，但是结果本身就已经说明了问题，如果没有激烈的抵抗，何以城墙破毁，何以城灭人尽？其后，明确的战争抵抗的情形不绝于史载，比如南宋末年抵御元人南下的扬州保卫战中，就涌现了李庭芝、姜才这一对"双忠"将领。而到了明末的战事中，"梅岭忠魂"史可法的抗清事迹，更是成为扬州战争中不屈抵抗、永不言败的最崇高典范。今天依旧矗立在扬州的"史公祠"，将扬州历史长河中一贯延续的这样一种激越的气质，定格在每一个扬州人的心中。

形成于战争经历的不屈和不言败的激越气质，同样也内化到瘦西湖的景观性格之中，最初，作为城濠属性存在的瘦西湖水体，可谓亲历战争，目睹了战争的惨烈，更见证了不屈的抵抗。而当瘦西湖从城濠慢慢过渡到一种景观存在，它与战争的关系就变成战败与被破坏的关联性。然而一次次的被破坏，一次次的重建与恢复，也是不争的事实。战后城市的重建、景观的修复，本就是不屈服、不放弃的精神气质最好的证明。

（3）历史轮回的景观载体

通过此前的论述，关于扬州历史命运起伏与瘦西湖景观演变的起伏有着高度的契合这一结论，已经无需再做更多的阐释。扬州这座城市在经历了城市命运的历史轮回之后，今天所呈现的状态，已经不复往日。然而瘦西湖作为一种景观性的存在，景观经历命运变迁、历史轮回，却始终还能够尽可能保留较为原始的面貌，这一点尤为可贵。

看今天的扬州城，我们或许已经很难发现历史古城的影子，但是走进今天的瘦西湖，我们多少还能够产生一些恍如隔世的遐想。这就是历史文化景观的魅力所在，也是其价值的最终归属。瘦西湖的历史文化景观价值，一方面归结于它始终未发生多少变化的自然景观特别是水文景观的实物呈现，另一方面，也是更重要的，还是要数它在与扬州城市命运同步起伏发展中积淀下来的与扬州这座城市方方面面的特征文化相关的历史记忆。正是有了这些历史记忆的承载，瘦西湖才成为一个真正富有内涵，而不是流于表面的文化景观。

2.5.3 小结

综上所述，不难发现，历史上的扬州城，经历了无数大小战争的洗礼，其间很多次战争所造成的创伤，都可以说是毁灭性的。然而，扬州每一次经过战火洗礼，哪怕是化为一座"芜城"之后，都一次次实现了凤凰涅槃般的重生。这样的一种历史进程，固然和扬州这座城市的所处的地理环境以及当时代的政治、经济因素有着直接的关系。但是，这样一种沧桑与磨炼，也同样会以一种城市文化和城市性格的深层内涵的形式，融入扬州这座城市的血液之中，让我们对这座城市的顽强的生命力和充沛的活力产生无限的期待和遐想。战争，对于一座城市来讲，永远不会仅仅只留下痛苦的创伤记忆，更多的积淀起一座城市深厚的文化底蕴，成为可供后世凭吊和怀古的重要的思想资源。

回到我们关心的瘦西湖，也即扬州历史城濠文化景观上来。城濠作为城市防御体系的一部分，和发生在城市的战争的关系可谓更加直接，而因战争积淀下来的历史文化因素，通过城濠景观的发展和营建，似乎又有了一种别样的意义——将历史上战争的残酷、无情，以现今一种和平、美好的景观的形式展现出来，战争带来的创伤和痛苦，大概也可由此治愈和走出，让城中之人积极地面对和憧憬未来的无限可能和希望，也为这座城市注入源源不断的向前发展的动力。

2.6 瘦西湖景观对政治及帝王文化的演绎

如果说历史上的扬州与其他历史名城相比有着怎样的独特之处，或许各人都有不同的理解，但其中有一条，必然是为绝大多数人所称道的，那就是这个城市作为一座非都城的城市，与帝王之间发生的特殊联系，在别的城市并不多见。而其中，尤以隋炀帝的扬州情结和清代康熙、乾隆二帝的南巡最具代表性。

经过历史上大量正史、野史的记录或渲染，扬州这座城市和帝王之间的关系，甚至在一定程度上变得有些传奇乃至神秘。为什么隋炀帝对江都（扬州）情有独钟？为什么康熙、乾隆如此频繁地南巡驻跸扬州？尽管我们可以有很多想象，但结合历史的事实和时代背景下的政治、经济、文化因素的分析，我们还是可以得出一些客观的解释和推断。我们会发现，这个问题其实并不是那么传奇或神秘，它都是可以做出科学的历史分析的。而通过这样的分析，我们对于扬州这个城市的历史文化角色的把握，也可以更进一步。

进一步关注到瘦西湖景观与政治和帝王文化的关系的问题，我们不难发现隋炀帝、清代二帝在瘦西湖景观发展中发挥的作用，可以鲜明地在历史分析的过程中和被揭示出来的，而深受帝王文化影响的瘦西湖，反过来也对帝王文化有一个绝佳的演绎。

2.6.1 扬州及瘦西湖的帝王情缘

（1）隋炀帝三下江都

隋炀帝杨广与扬州发生关系，最初是在隋伐陈期间。公元581年，北周隋公杨坚取代北周称帝，是为隋文帝，建立了中国历史上的隋王朝。开皇七年（587），文帝准备征伐江南的陈朝，第二年，文帝任命晋王杨广、秦王杨俊、清河公杨素为行军元帅，分八路向江南进发。二十岁的杨广被调往寿春任淮南道行台尚书令，主管伐陈战事。次年正月，隋军大破陈师，俘获陈王陈叔宝，至此结束了自东晋以来二百七十多年南北分割的局面，建立了统一的政权。开皇九年（589），隋以秦王杨俊为扬州总管镇广陵。自此，这里始有"扬州"之称。然而当时江南并不安定，豪族发动叛乱。为加强对东南地区的控，隋遂调"冠于诸王"的杨广为扬州总督镇江都（杨广忌讳广陵这个名字，故改称江都）。杨广在江都待了九年，每年入朝一次，这使他和扬州结下了不解之缘。

605年，杨广取代原太子杨勇即皇帝位，是为隋炀帝。他即位之初，做的第一件与扬州相关的事就是我们今天所说的开通大运河。他征发河南、淮北诸郡民工百余万开通济渠，其走向系从洛阳城西引谷水傍洛黄渠至偃师入洛，再由洛水入黄河，并从板渚（今河南荥阳汜水镇东北）引黄水东行汴渠，再从商丘东南行到至盱眙北入淮。此渠唐代又重加开凿，更名为广济渠，成为江、淮至中原的主要通道。在开通济渠的同时，又征发淮南民工十余万人，开拓邗沟，自山阳（今淮安）至扬子入江。这次所开的邗沟，是在原西道的基础上拓宽浚深而成，全长三百多里。通济渠和邗沟，"渠广四十步，渠旁皆筑御道，树以柳"，形成了一道两千多里的风景线。通济渠和相继开发的北方永济渠、南方江南运河，统称大运河。大运河以洛阳为中心，北起涿郡，南至余杭，全长四千八百多里，确实是一项伟大的工程。它们的开发，使处于水运枢纽的扬州显示出日益重要的作用，更为唐代扬州空前的繁荣奠定了基础。

在中国历史上，对隋炀帝贬多褒少，甚至有贬无褒。对大运河的开凿亦是如此，认为纯系炀帝为了巡幸享乐而方有此举。其实这并不完全符合历史事实。搞这样的大工程，不是个人意志可以决定的，而是历史发展的必然趋势。主要原因是，当时南北经济特别是江淮、河北地区的经济有了很大的发展，南北物资的交流成为迫切的需要，大运河就是适应这种历史情况而开凿的。它一方面通过漕运，交流南北物资；另一方面在军事上有利于加强对东南和东北地区的控制。只有在国家统一、经济发展的情况下，才有可能完成这样的大事业。

当然，在短短的六年时间内完成这样的大工程，而且是由封建王朝来领导这样的工程，不能不给人民带来沉重负担乃至苦难。所以诗人皮日休在《汴河怀古》里又这样说："尽道隋亡为此河，至今千里赖通波。若无水殿龙舟事，共禹论功不较多。"

这里所说的"水殿龙舟事"，指的就是隋炀帝多次游巡扬州，特别是三下江都事，也最为后人所诟病。关于三下江都，炀帝有他的理由："自古天子有巡狩之礼，而江东诸帝多傅脂粉，不与百姓相见，此何理也。"[1] 三下江都，也不宜简单看待。大业元年（605）炀帝初即位，于开通济渠的同时，即命自长安至江都建离宫四十余所，又遣黄门侍郎王弘等往江都造龙舟及杂船，急于游巡江都，很难说仅仅为了目睹并尽享江都的"繁华"。

杨广任扬州总管时，曾长期住在江都，对这里的秀丽风光、富饶物资和繁华景象深有了解。他一生钟爱的萧皇后是南朝梁的后裔，深受南朝文化熏陶，生活习惯颇具南风，不能不对炀帝有所影响。这是他喜爱南方扬州的原因之一。还有更为深刻的原因。唐诗人李商隐在七律《隋宫》中写道："欲取芜城作帝家。"诗人只是一般形容，并非实指；但"作帝家"，也非无迹可寻。这里或许可借《剑桥中国隋唐史》中的一段话作些注解：杨广任扬州总管，他在南方的任务是多方面和复杂的：缓和南方的怨恨和怀疑，在军事占领后推行合理的行政，打破阻碍南人成为隋室臣民的许多政治和文化隔阂；杨广集中全力进行的可称之为文化战略的活动，旨在说服南人，说他们的新统治者非夷狄，而是珍视

[1] 见《资治通鉴》卷第一百八十一，隋纪五。

同一文化遗产的开化的人。杨广所奠定的扬州的地位，包括他的好作"吴语"，对南方有很大的凝聚力。江都地区是巩固隋政权的关键地区，不能不特别加以重视。所以有学者说，隋有三都：西都长安、东都洛阳和南都江都。炀帝巡游江都是有其政治目的的，并非一味为了享乐，何况当时江都的繁华远未达到中唐以后的水平，当时繁华之地尚多，要享乐亦不是非到江都不可。

不可否认，炀帝下江都的排场是巨大的，对人民造成的苦难也是巨大的。他乘的龙舟有四层，高四十五尺，长二百尺，上层有正殿、内殿、东西朝堂；中层有户百二十间，皆饰以金玉；下层为内侍的居处。萧皇后乘的翔螭舟，形制略小而装饰一样。另有浮景舟九艘，高三层，皆是水上宫殿。又有漾彩、朱鸟、苍螭、白虎、玄武、飞羽、青凫、凌波、五楼、道场、玄坛、楼船、板舱、黄篾等数千艘，载着后宫、诸王、公主、百官、僧尼、道士、蕃客以及内外百司供奉之物。这些船只用挽船士八万余人，其中挽漾彩以上者九千多人，称为"殿脚"，皆以锦彩为袍。此外还有平乘、青龙、艨艟、艇舸等数千艘，每艘乘卫兵十二人，并载有兵器、帐幕等，由兵士自引，不给纤夫。这支船队，首尾长达二百余里，照耀川陆，两岸有骑兵护行，旌旗蔽野。所过州县，五百里内都要贡献山珍海味，有的州能献上百车的东西，极水陆珍奇之盛。后宫食腻了这些东西，无法消受，往往临行时埋弃。第二年四月，隋帝返回洛阳，还搞了一次声势赫赫的"入城式"：先在伊阙山前排好法驾，然后千骑万乘，车声辚辚，浩浩荡荡地进入东都。李商隐《隋宫》诗云，"春风举国裁宫锦，半作障泥半作帆"，是一点也不过分的。

大业六年（610）三月，隋炀帝第二次下江都。这一次南下正是江都宫建成之时。江都宫是一座规模巨大的宫殿建筑，内有归雁宫、回流宫、九里宫、松林宫、大雷宫、小雷宫、春草宫、九华宫、光汾宫、枫林宫等宫室；在芳林门与玄武门之间，还有成象殿、水精殿、流珠堂等处。除了江都宫，炀帝在江都的宫殿还有建在扬子津口的临江宫（一名扬子宫，内有凝晖殿，可眺望大江）和建于城东五里的新宫。据传炀帝还在江都建过"幽房曲室，互相连属"，使"真仙游其中，亦当自迷"的"迷楼"，杜牧在《扬州》三首之一中就说："炀帝雷塘土，迷藏有旧楼。"有这么好的去处可供游乐，炀帝更不急于回京了，这一次他在扬州待了近一年的时间。

大业十二年（616）七月，江都新造龙舟成，送往东都洛阳。这时正是炀帝三伐辽东失败，国内矛盾激化，农民起义风起云涌的时候。面对强大的反抗风暴，炀帝一方面加紧镇压，一方面更加奢靡无度。他接受宇文述的意见，写了"我梦江都好，征辽亦偶然"的诗句，准备第三次下江都。炀帝在江都，一直过着和陈后主一样醉生梦死的生活，而面对危乱的形势，内心深处常常不胜恐惧。

大业十三年（617），山东杜伏威率义军渡过淮河，攻下历阳郡，道路隔绝。次年，江都粮尽，从关中来的卫士纷纷谋归乡里。在这种情况下，炀帝的亲信宇文化及等，利用卫军的思归之情，发动了一起祸起萧墙的政变，集合了数万人攻入江都宫玄武门。最后这个被李密称为"罄南山之竹，书罪无穷，决东海之波，流恶难尽"的帝王被缢而死，时在大业十四年（618）三月。

炀帝死后，萧后与宫人以漆板床板为小棺，将其殡于江都宫西院流珠堂内。八月，隋江都太守陈棱求得炀帝的棺柩，改葬于江都宫西吴公台下。唐武德五年（622）又与萧后移葬于扬州雷塘之北。唐罗隐诗云："入郭登桥出郭船，红楼日日柳年年。君王忍把平陈业，只换雷塘数亩田。"就是指这个地方。炀帝所忌讳的"广陵"，竟然真的成了他杨广的陵墓所在。

（2）炀帝下江都与南方政治力量崛起

前面已经约略提到，隋炀帝三下江都，并一度在江都长期居住，同时表现出相当重视江都城的建设，这些并不仅仅是因为隋炀帝在此间贪图享乐。其实，综合相关研究者的研究成果，我们不难发现，隋炀帝对江都城的硬件和气所表现出来的对南方的重视，其实最深层的原因还是出于政治方面的考量。而与之最直接相关的一点就是隋代统一南方以后，在其后的一段时间内，整个国家中，南方政治力量迅速崛起，使得隋代两位帝王不得不开始重视对南方政策的转变。这一转变并非始于隋炀帝，而是从隋文帝时代就已经开始，只是到了隋炀帝的时期表现得更为突出而已。以下试做分析。

首先是关于隋文帝时期的情况。总的来说，隋朝平陈后，起初对南方实行强硬打压的政策，普遍更改南方地方行政建制，大批任命北方官员，强制推行北方社会制度，但由此激发南方地方豪族领导的广泛的反隋斗争。在这一反抗被镇压后，隋朝也以此为契机，转而采取以怀柔为主的方针，在维护国家统一和政治服从的前提下，允许南方社会在一定程度上保持其原有形态，容忍多样性社会的存在。

　　具体来说，由于隋军在对陈作战中的迅速胜利，使得隋朝执政者最初把改造江南的任务想象得过于容易。他们把陈朝君臣带回京城，供养起来，示以怀柔，算是给江南树立榜样。同时，把"江南士人，悉播迁入京师"[1]，以此除却将来动乱的因素。在江南当地，则厉行北方制度，看不出对江南社会特点有所考虑，具有很大的强制性，这主要表现在以下几个方面。

　　第一，大量改变原南朝行政区划。在北方，隋朝早于开皇三年（583）实行了废郡的地方行政制度改革。现在，全国统一了，文帝立即将此项改革在南方推行。根据北方实行的地方制度，南方的郡也基本予以废除。同时，还废省合并一些州和县，有些区划则予以调整改名，并增设一些州县。[2]地方制度的改革固然必要，但是，操之过急，则对于盘根错节的门阀世族利益打击太大，普通民众一时也难以适应，更何况有些变动纯粹是为了加强对江南的统治，例如将南朝古都荡平还耕以及扬州（今江苏省江都市）、南豫州（今安徽省当涂县）、吴州等中心地带行政建制的改变，都带有十分浓厚的征服色彩，自然引起反感。

　　第二，基本撤换南方地方长官。平陈以后，原陈朝上层地方官员不是被押往北方，就是被废黜于家，罕见留任，而代之以隋朝任命的官员。这些官员无一例外的为北方人，这种局面直到隋炀帝时代才逐步有改变。显而易见，文帝对江南地方人事的安排也完全是征服式的。

　　第三，整顿乡村，推行户籍制度。隋军攻克建康后，立即宣布：

[1]《隋书》卷21《天文上》，第612页。
[2]平陈后南方地方行政区划的变更，参阅《隋书》卷31《地理下》。

"制五百家为乡，正一人；百家为里，长一人。"[1] 选择这样的时机颁布重组乡村的政令，明显具有统一全国乡村政权的意图，实施范围应该包括江南地区在内。而且，隋朝还试图在江南实行北方的户籍制度。平陈后派到江南巡抚的使者回京后，"奏言江表依内州责户籍。上以江表初平，召户部尚书张婴，责以政急"[2]乡正为政府在乡村的胥吏，检括户口则直接冲击大量荫占人口的世族社会，两项措施都是为了将政府权力贯彻到农村，却与江南世族社会的现状相去甚远，真正强制推行，势必引起激烈的反抗。

第四，强制灌输北方统治者的意识形态。文帝大力倡导孝治，并以儒家所谓"父义、母慈、兄友、弟恭、子孝"[3] 的五教来宣传贯彻。这些纲常伦理并非泛泛空言，苏威曾将五教具体化，责成地方官每年进行检查处罚。[4] 现在，苏威又将这一套搬到江南，强制灌输，令"无长幼悉使诵五教。威加以烦鄙之辞，百姓嗟怨"[5]。隋朝大力贯彻的儒家伦理不是要巩固世家大族的统治，恰恰相反，是要导孝为忠，提高中央集权，削弱崇族势力，与江南世族意识形态直接冲突。

隋朝在江南推行的，不仅是中央集权化统治，而且是具有浓厚征服色彩的高压政治，企图从根本上动摇世族垄断乡村的社会基础，用北方农耕社会的模式来改造江南，谋求政治上的统一。但是，在推行这些政策的时候，确实存在无视江南社会特性与历史背景的倾向。

[1]《隋书》卷2《高祖下》，第32页。
[2]《北史》卷63《苏绰附苏威传》，中华书局校点本，第2245页。
[3] 引文见《左传·文公》十八年条。《尚书·舜典》说："汝作司徒，敬敷五教。"
[4]《隋书》卷66《郎茂传》记载："时尚书右仆射苏威立条章，每岁责民间五品不逊。"
[5]《北史》卷63《苏绰附苏威传》，中华书局校点本，第2245页。

上述措施的后果很快显现了出来。开皇十年（590）年底，婺州（今浙江省金华市）汪文进、越州（今浙江省绍兴市）高智慧和苏州沈玄侩等首先举起反旗。于是，一场声势浩大的反抗运动爆发了。这场反叛席卷南方，他们"攻陷州县。陈之故境，大抵皆反，大者有众数万，小者数千，共相影响，执县令，或抽其肠，或脔其肉食之"[1]。

这场遍及南方的反抗，基本上属于豪族领导的反对隋朝外来统治的斗争，目的在于维持南方既有的生产生活方式与社会组织形态，其背后是世族政治与中央集权政治、地主经济模式与国家垄断经济模式的斗争。

江南如此大规模的反抗，确实让文帝始料未及。消息传来，他冷静地判断形势，丝毫不敢疏忽大意。十一月，他做出一个正确的决断，派遣刚回京升任内史令的杨素率大军出征。决意以迅雷不及掩耳之势，迅速予以扑灭，不使蔓延成势。显然，一味进行军事镇压，并非长远良策，文帝又作出一项具有战略意义的决定，任命并州总管晋王广率师增援江南，仍任扬州总管，调秦王俊回任并州总管。

晋王广曾是平陈统帅，又娶后梁公主为妃，与江南关系颇深。派他回到江南，表明文帝在这期间对其江南政策有所反思，并开始进行战略性调整。亦即注意统治江南的策略，修正以往的高压政策，采取一些怀柔手段。显然，席卷南方的反抗运动使文帝深刻认识到南北社会的巨大差异，开始承认江南社会的特点，在维护国家统一和政治服从的前提下，适当作出让步，允许南方地区

[1]《资治通鉴》卷177"隋文帝开皇十年（590）十一月"，中华书局校点本，第5530页。

在一定程度上保持其原有的生产生活方式，甚至组织形式，容忍多样性社会的存在。

再来看隋炀帝的时代。首先一点，隋文帝的怀柔政策在这时得到继承并有进一步的发展，江南的政治地位迅速得到提高。这一方面当然和隋炀帝本人因为长期在江南居住对江南本就有着较深的感情，和江南士人也保持着相当密切的关系有关。另一方面，这一时期南方政治地位的上升还突出体现在隋炀帝的用人政策上。有学者做过分析指出，隋炀帝在平陈过程中以及平陈以后驻守江都的九年中启用了大量南方官员和将领，而这些将领在他登上帝位之后，在整个隋朝的官僚体系中形成了半壁江山的势力，成为隋代政治力量中的重要组成部分。事实上，隋炀帝对江都或者说向南方的着力经营，与其说出于自身意愿，更合理的解释是多多少少还受到一些南方政治力量的引导和影响。而相较之下，政治上调和的因素，必定大于自身喜好和意愿的因素。由此，我们对于隋炀帝三下江都的理解，大概可以算是进入了一个较为深刻和符合历史真实的层面。

有学者在分析隋代迅速灭亡的原因时指出，隋炀帝时期南方官僚集团的崛起造成统治阶层内部分裂是隋朝灭亡的基本因素。这一观点认为，隋文帝是得到北周统治集团中的汉族官僚和汉化鲜卑贵族的支持而获得天下的，因此，其用人路线主要是关中本位。隋炀帝在取代杨勇为太子时，曾遭到隋朝元勋的反对，而且炀帝本人建功立业在于江南，同江南有着较深的关系。因此，炀帝时期，开始改变关中本位的用人路线，排斥和抑制他难于驾驭的元老重臣，提拔和重用江南世族，更多地依靠江南集团的支持。而隋炀帝改变关中本位，重用南人的用人政策，引起北方权贵的不满和反抗，在统治集团内部形成南北朝臣的对立和斗争。最终导致了隋朝从内部分裂而走向灭亡。这一分析普遍被学术界所认可。而从这一分析的过程，也再一次佐证了我们对于隋炀帝三下扬州深层原因的分析结果。

（3）清代康熙、乾隆二帝的南巡

清代康熙、乾隆两位帝王在位期间，频繁南巡，其中康熙帝分别于1684、1689、1699、1703、1705和1707年六次南巡，均驻跸扬州。而乾隆帝则分别于1751、1757、1762、1765、1780和1784年同样进行了六次南巡，同样此次驻跸扬州。关于康熙、乾隆六次南巡的经过和驻跸扬州的情况，有学者曾根据《南巡盛典》《扬州画舫录》等材料的记载，做过概要性的整理，在此做一转述即可窥一大概：

康熙二十三年（1684）

九月二十八日离京南巡。十月初一日登泰山。十月十八日抵苏宿迁，视察河务，召见河道总督靳辅。二十二日过高邮、宝应，见民间田庐多在水中，乃登岸步行十余里视察水势，召当地生员耆老详问致灾原因。是日至扬州，登览诸名胜，于平山堂题"怡情"二字，于天宁寺题"萧闲"二字。到镇江游览金、焦二山，为金山题"江天一览"额。十月二十六日达苏州，游虎丘等地后回銮。路经无锡游惠山。至江宁，祭明孝陵。十一月初六日泊舟邵伯镇。十一月十九日达曲阜，诣孔庙。二十八日回京。

康熙二十八年（1689）

正月初八日离京。皇长子允禔随行。十六日抵济南，次日至泰山。二十三日达宿迁，召集两江总督博拉达、河道总督王新命等视察河务。二十四日在清口渡黄河，改水路南行。二十八日舟过扬州，民间结彩欢迎，恐有损物力，命前途诸郡邑皆停止结彩。于平山堂接见石涛，石涛作《海晏河清图》。二月初二日达苏州。八日抵杭州。十一日至绍兴谒禹陵。又返杭游岳庙、西湖、孤山。二十七日自杭回銮。舟至丹阳后，改陆路达江宁谒明孝陵。又自江宁至金山。三月初三日舟泊扬州宝塔湾（即三汊河塔湾行宫）。北行达宿迁，再召河臣视察河务。后由宿迁沿运河乘舟直抵天津，次日改陆路回京。

康熙三十八年（1699）

二月初三日自京南下，皇太子、长子、三子、五子、八子、十三子、十四子随驾。舟至山东阳谷县后，分舟而行，康熙仅乘一舟，昼夜前行，往阅黄河以南高家堰、归仁堰等处堤防。回清口迎皇太后船渡江，后复视察里下河以北堤防。三月初三日，船队达淮安。初七日至扬州。后至镇江、苏州、杭州。二十九日自杭回銮。四月初十日至江宁，驻江宁织造曹寅署。十三日谒明孝陵，题"治隆唐宋"字。二十一日抵扬州府，谕于成龙等：运河东岸石工残缺、土工堤内积水，须用心防护。在黄运交汇之清口，又乘小舟视察河务，沿运河北上通州回京。

康熙四十二年（1703）

正月十六日离京。皇太子、四子、十三子随行。二十四日达济南。次日登泰山。二月初二日达宿迁渡黄河，视察河务。水陆南下至扬州，于扬州向河道总督张鹏翮指示河工善后方略。渡江至镇江、常州、苏州、杭州。十六日自杭州回銮，途经江宁。三月六日舟抵宝应，登岸视察河务。十四日达天津附近杨村，次日回京。

康熙四十四年（1705）

二月初九日率皇太子、十三子等离京。次日，于张家湾登舟南下。十七日抵天津。二十二日进入山东，视察河工。三月十一日泊扬州府城北高桥。后至镇江、苏州，抵杭州回銮。经江宁，谒明孝陵。闰四月初一日，驻扬州宝塔湾（按，即三汊河塔湾行宫）。初五日，因江宁织造曹寅、苏州织造李煦各捐银二万两修塔湾行宫，赐曹寅通政使衔、李煦大理寺卿衔。经清口、宿迁时，再度登岸视察河务。四月二十九日回京。

乾隆十六年（1751）

正月十三日自京师出发。陆路经直隶、山东至清口。二月初八日渡黄河，至天妃关，阅下埽。次日阅高家堰堤。十四日驻跸扬州高旻寺（塔湾）行宫，两淮盐商迎接，争妍斗艳，极铺张奢华之盛。十六日驻跸金山江天寺行宫，次日游焦山。二十一日抵苏州。三月初一日抵杭州。初八日于绍兴祭大禹陵。二十四日抵江宁，二十七日祭明孝陵。四月初六日驻高良闸，至蒋家坝阅视堤工。初九日驻顺河集。此后行陆路，十九日至泰安府，至岱庙行礼。五月初四日回京。

乾隆二十二年（1757）

正月十一日离京。二月初五日渡黄河，至天妃闸阅木笼。后至扬州，时天宁寺（西园）行宫于乾隆二十一年（1756）建成，此后南巡，均邀驻跸，行宫前建登舟码头、码头上下岸，建上、下买卖街（后称丰乐上街与下街）。为嘉奖盐商捐资修建行宫，谕各加顶戴一级，纲盐食盐每引赏给十斤。十三日渡江，驻金山寺行宫。十八日抵苏州，次日至灵岩山，凡三日。二十七日抵杭州。三月初六日回銮。十九日祭明孝陵。二十八日阅视洪泽湖河务。四月初一日驻顺河集。初五日阅视孙家堰堤工。次日渡河。初十日祭孔子。二十六日返京。

乾隆二十七年（1762）

正月十二日离京。二月初四日驻顺河集。初八日渡黄河阅清口东坝、惠济闸。十三日驻扬州天宁寺行宫，并接见哈萨克使臣策伯克。十四日，为嘉奖盐商办理南巡差务，命"再加恩自壬午纲为始，纲盐食盐每引加赏十斤，不在原定成本之内"。三月十三日自杭回銮。二十九日过长江。四月初十日，命庄亲王允禄奉皇后自水路回銮。帝自顺河集登陆取道徐州阅河。十七日至邹城北，诣孟子庙拈香。至曲阜谒孔庙，次日谒孔林。十九日岱庙拈香。五月初四日回京。

乾隆三十年（1765）

正月十六日离京。二月十二日渡黄河。十六日驻扬州天宁寺行宫。有《自高桥易舟至天宁寺行宫即景杂咏》四首，其一云："三月烟花古所云，扬州自昔管弦纷。还淳拟欲申明禁，虑碍翻殃谋食群。"末句注云："尝谓富商大贾出有余以补不足，而技艺者流籍以谋食所益良多，使禁其繁华歌舞亦诚易事，而丰财者但知自啬，岂能强取之以赡贫民，且非王道所宜也。化民移俗，言之易而行之难，率皆类此。"二十日渡长江。闰二月初五日阅视杭州绕城石塘。十九日奉皇太后回銮。三月初七日诣明孝陵。十一日渡江。二十日祭淮神、河神，阅高家堰堤。四月十二日驻德州。二十一日回京。

乾隆四十五年（1780）

正月十二日离京，二十六日驻山东长清之灵岩寺行宫。二月十八日渡长江。次日游焦山，驻金山行宫。二十三日抵杭州。三月十三日自杭回銮。二十三日至江宁。四月初一日渡江。次日驻扬州天宁寺行宫。初九日阅视高家堰堤工。二十九日驻德州。五月初九日回京。

乾隆四十九年（1784）

正月二十一日离京，十一子、十五子、十七子随驾。三十日驻德州。二月初六日至泰安谒岱庙。初九日至曲阜谒孔庙。十八日驻顺河集。二十一日，降旨将《四库全书》另抄三部，分贮扬州文汇阁、镇江文宗阁、杭州文澜阁。二十二日渡黄河。三月初一日渡江。初六日抵杭州。二十五日自杭回銮。闰三月初七日抵江宁，遣江。初六日抵杭州。二十五日自杭回銮。闰三月初七日抵江宁，遣官祭明孝陵。初九日诣明孝陵行礼。十三日渡江。二十一日渡黄河。二十四日驻顺河集。四月二十一日回京。

　　康熙、乾隆六次南巡，经扬州所游览之名胜，按《南巡盛典·名胜》所列，介绍如下：

　　香阜寺，在扬州运河之东。土脉隆起如山，俗名小五台。

　　竹西芳径，在扬州城北十里。唐杜牧诗"谁知竹西路，歌吹是扬州"，名由此而著。有上方寺，寺旁为竹西亭。

　　天宁寺行宫，宋政和间得名。乾隆二十一年（1756）于寺右建行殿数重，自后南巡，俱邀驻跸。

　　慧因寺，原为舍利禅院，乾隆十六年（1751）赐此名。西有曲廊水榭，北折为厅，题曰"绿杨城郭"。

　　倚虹园，元崔伯亨园址，为康熙间王士稹红桥修禊之所。桥之东南为"柳湖春泛"。

　　净香园，在虹桥东。有青琅玕馆、怡性堂、荷浦薰风、海云龛、香海慈云诸景。趣园，原称"四桥烟雨"，乾隆二十七年（1762）赐此名。四桥为南春波、北长春、西玉版、莲花（五亭桥）。

　　水竹居，乾隆三十年（1765）赐题。有静照、石壁流淙诸胜。

　　功德山，即观音山，在蜀冈最高处。

　　小香雪，在蜀冈平衍处，东接万松亭。由法净寺（大明寺）东石磴而下，北过小桥即是。

　　法净寺，原大明寺，亦称栖灵寺。乾隆三十年赐此名。

　　平山堂，在法净寺之右，宋郡守欧阳修建。以南徐（镇江）诸山环拱，望与槛平，故名。

　　高咏楼，旧传宋苏轼题《西江月》于此，居人建楼以志遗韵，曰"蜀冈朝旭"。乾隆二十七年赐此名。

莲性寺,旧名法海寺。四面环水,白塔峙其中,有夕阳双寺楼、云山阁诸胜。寺前有桥名"法海",寺后有桥名"莲花"。

九峰园,园多佳石,千形万态。临池筑水榭,以拟右军墨池。南为"风漪阁"。

邗上农桑,在迎恩河西岸,仿康熙《耕织图》于河北,艺嘉谷,树条桑,井陌蚕房,恍如图绘。

高旻寺行宫,在城南十五里之茱萸湾(非城东之茱萸湾),其水北承淮流,西达仪征,南通瓜步,亦名三汊河。寺踞其上,有塔曰"天中"。寺内建行宫,康熙南巡驻跸于此。[1]

（4）清代二帝南巡对稳定南方政治力量的作用

清代的帝王,同样面临着和隋代两位帝王类似的问题,那就是对于南方政治势力如何掌控的问题,甚至可以说,清代这一问题更为突出,因为清代的政治统治还存在着一个满汉两族调和的问题。因此,清代帝王的南巡,首要任务一定是政治性的,而非以游乐为主。当然,细究康熙、乾隆二者的细微区别,我们可以发现,这样一个政治性的任务,在康熙的南巡过程中要比后者来得更重一些,相对的,因为有了前者的铺垫,后者就有更多的精力可以放在游览上。

从这个意义上说,关于通过南巡稳定南方这一政治目的,更多的可以集中在康熙帝身上。在此我们就先试着通过康熙南巡,特别是南巡至扬州驻跸的情况,稍作分析。关于这部分内容,梅尔清在《清初扬州文化》一书颇有一些精辟的论述,这里将会做一些转述。[1]

康熙皇帝六次南巡，感受到的扬州是一个正处在转变的过渡时期的城市。这些年，盐商和巡盐御使日渐成为"频繁光顾"扬州的行政官员、文化名流和科举精英。这些各色地方团体以及皇帝自身的政治议程，一起决定了皇帝在扬州的经历。康熙皇帝的游程记录在描述扬州时，提到三个主要形象：其一，扬州是一个有美丽月光和神秘气息的南方城市；其二，扬州是由大肆进贡的商人主导的颓废城市；其三，扬州是洪水泛滥，迫切需要整治水利和蠲免赋税的城市。这些形象是朝廷和当地交互作用的结果，它们预示了乾隆年间更为戏剧性的变化。仔细剖析这三种形象，可以探究康熙南巡期间扬州不断变换着的社会构成及其文化定位。

透视北京，或者对巡游中的皇帝作一番仔细观察，就能发现，扬州在康熙统治中期成了南方城市群星中闪亮的一颗。那些南方城市，包括以华贵商品、倾城佳丽、天才诗人以及显赫权贵闻名的苏州、杭州和南京。这种形象至少在某种程度上是那些自视为这种文化的保护者的人们精心培养的产物。通过参考历史和诗化的想象，人们培养了一种跨朝代文化。对他们来说，扬州包含了晚明长江三角洲城市中心的价值观念和审美哲学。而决意加强其在朝中权力的皇帝，指望把江南当做政治正统的另一个选择。

同时，官方和文化界的精英们也对在朝廷中提升自己以及他们对南方品位的欣赏力方面都有了越来越浓厚兴趣。例如，《南巡图》的画家和资助人利用此画颂扬皇帝及江南省份他们的故土，

---

[1] 可参考梅尔清著，朱修春译，《清初扬州文化》，复旦大学出版社，2005年，第200-220页。

从而提醒皇帝注意当地政治、文化的重要性。皇帝反过来通过这种传统形式的绘画表现，也通过行程本身，将南方文化正统化。类似地，康熙皇帝见到南方景致中那些被当地精英制造和包装后的扬州名胜，便将它们和享有声望且颇有政治作用的江南社会环境联系在一起，当然，他还想到了南方能够供给他那种他所想要的堕落、自我放纵的欢娱。因此，皇帝不仅使用在清军入关后几十年中由官宦精英和文化精英发展起来的标志性词汇，而且对他们推崇的景致赋予特权。

商人们在皇帝六下江南的过程中扮演了资助者和东道主的角色，这暗示了扬州地方社会和文化的原动力正在发生改变。盐商在"本土"文化生产者当中，在斡旋地方和中央朝廷关系中都起到了显著作用。州县官吏、巡盐御使、画家文人、科举精英以及盐商大贾联合起来，对皇帝倾尽地主之谊。皇帝抵达扬州一下船就受到盐商而不是官员们的热情迎接。他们在运河边恭迎圣驾，将价值连城的礼品敬献皇上，其中包括古玩、字画和各种收藏珍品。第二天，皇帝才参加为其举行的迎驾仪式，接受当地地方精英、文人学子及地方长老的问候。然后由扈从队伍簇拥前往高桥，那里已为其准备了隆重盛大的接风宴席。皇帝及皇亲国戚、后宫嫔妃沿保障湖观赏画舫，游览平山堂，然后临幸天宁寺。在天宁寺中，他目睹和尚诵经，还与方丈高谈阔论了一番。当晚，皇帝在扬州城南郊宝塔湾（也叫三岔河）的行宫享用了奢侈的晚宴，接着便是看戏。这些开销，包括行宫的建设费用均由两淮盐商出资。

商人们为招待皇帝而尽地主之谊到了如此铺张的地步，表明了两淮巡盐御使的个人能量和政治权力的扩充，商人们已在当地甚至全国的影响以匹配他们不断增多的财富。他们之所以强调扬州的南方魅力，不仅与皇帝的期望一致，而且符合几十年前就设定好的重建和融合方式。

宏大的南方图景与蠲免赋税及水利控管一道，都成为康熙皇帝的议程和南巡的官方描述之中两个中心议题。因此，在南巡的记录中，扬州既是一个奢华的江南城市，也是一个需要国家救济的遭毁灾区。皇帝这样做，将自己表现为精英文化的支持者和保护人，同时又将自己表现为养育子民的君主，并因此将主要由江南精英包装和代表的"江南"文化设想成为一种得到广泛认同的正统文化。"江南"精英中的一部分人反过来也依靠皇帝扩大他们在朝廷中的影响。与此同时，皇帝对大众福利问题以及长期未能解决的例如洪灾之类的问题的解决措施颇为关注，这也与他一国之尊的完美形象是一致的。这样，江南的精英们也就进一步提升了皇帝的声望和权力。

尽管商人、官员和文人学士都千方百计想要为皇帝的南巡制造一个典型的南方，但是，即便皇帝本人对这种"南方"城市带有陷阱的诱惑并非真正感到苦恼，只是将自己定位为一个南方文化的鉴赏家，但皇帝对水利设施的关注仍然还是引出了观察事物的另外的路向。皇帝不仅对展现在他面前的典型南方美景予以肯定，而且还将自己"作为文化支持者和保护人，作为忧国忧民的君王"的形象写进了扬州的景致。这两种形象都通过"普天之下莫非王土，率土之滨莫非王臣"的传统观念所建立的义务和互惠这一种关系而在扬州深入人心。

2.6.2　帝王文化对瘦西湖的影响

（1）隋炀帝对瘦西湖景观初创的意义

扬州历史城濠景观在隋代一度得到较快的发展，而这一时期城濠景观的发展，与隋炀帝致力于对扬州的开发有着密切的关联。因此，我们可以认为，隋炀帝对瘦西湖景观的初创产生了颇为关键的作用。

李商隐七律《隋宫》中的一句"欲取芜城作帝家"很好地概括了这一时期的情况。经过南朝末年的战乱，广陵已成芜城，而隋炀帝之所以会在这座"芜城"之上重新兴建江都城，一方面有延续历史记忆的考虑，另一方面，以隋炀帝喜好游乐这一点来看，在广陵旧址兴建江都城，与其周边景致必然有着直接的联系。而构成这一周边景致的很大一部分，就是我们所说的城濠水体景观。可以想象，当时广陵城虽已荒废，但也正因为如此，城濠水体和周边自然地貌构成的风光景观，却反被凸显出来，正是这一点吸引了隋炀帝。而等到江都城建成之后，城内极尽奢华的宫殿建筑，与这番水文自然风光相映成趣，重又构筑起一幅全新的景观画面。

江都城内不仅建有大量宫室，如西宫、临江宫、归雁宫、松林宫、枫林宫、九华宫、九里宫、大雷宫、小雷宫、扬子宫等，还有不少供隋炀帝游乐的亭观林苑，月观、水精殿、萤院等即属此列。另外，不得不提的还有隋炀帝在扬州建造的最为人所津津乐道的一处景观，即迷楼。关于扬州的迷楼，有很多传说，也有不少争议。关于它的来历，据记载是有一个叫项昇的浙江人为取悦炀帝，进献新宫图一幅，炀帝诏命依图建造，建成之后，隋炀帝游幸其中，有"使真仙游此，亦自当迷"语，故称迷楼。不过，根据唐代韩倨所做《迷楼记》来看，迷楼应在当时的长安，而非江都。然而，隋唐以后的文人士子给我们留下了许多赞誉迷楼的诗文，又似乎众口一说迷楼在江都，而非长安。如唐代杜牧《扬州三首》："炀帝雷塘土，迷藏有旧楼。谁家唱《水调》，明月满扬州。"唐代包何《同诸公寻李芳直不遇》："闻说到扬州，吹箫忆旧游。人来都不见，莫是上迷楼。"唐代李绅《宿扬州》："今日市朝风俗变，不须开口问迷楼。"宋代秦少游作《望海潮·广陵怀古》中有："追思故国繁雄，有迷楼挂斗，月观横空。"宋代王令《九曲池》中有："迷楼插空远，水调揭声和。"另外，迷楼若在扬州，具体建在何处，又有两种猜测，一是根据杜牧诗，认为在雷塘，即蜀冈北面，江都城外。二是认为在江都城内，今观音山观音寺中的鉴楼，即其旧址，依据是清嘉庆《重修扬州府志》记："摘星楼在城西七里观音阁之东阜，即迷楼故址。"吴绮在《扬州鼓吹词》中，亦持此种观点。尽管对于迷楼是否建在扬州，具体又建在何处，都有较大的争议。但不可否认的是，不管真实存在与否，迷楼都已经成为扬州历史记忆的重要组成部分。

总的来说，隋炀帝时期在扬州营造的宫殿园林，可谓极尽奢华，在扬州历史上又一次留下浓墨重彩的一笔，也可以说是瘦西湖景观区域内园林景观的滥觞。但谈到其最终命运，依旧是重蹈"芜城"的命运，成为后人凭吊的对象。无论如何，隋炀帝和江都宫却永久地留在了扬州的历史记忆中。

隅于一城之内的江都宫，自然满足不了隋炀帝的游兴。隋炀帝在扬州期间，在江都城外周边区域内曾有大量游迹，而他的这些活动，也对后世城濠水系范围内景观的发展产生了很大的影响，九曲池就是一个十分重要的例子。九曲池，清人记载称其在"城北七里蜀冈麓"，此外，从《扬州画舫录》中又有"双峰云栈在九曲池"[1]，"尺五楼在九曲池西角坡上"[2]，观音山"水码头则在九曲池东"[3]等记述，可确定其大致方位：约是观音山和平山堂之下的一段水体，也即罗城西北段城濠的北端的部分。九曲池之名，直到清代都一直被人提及，但根据史料记载，它的最初得名是在隋炀帝时期。

有材料显示，隋代就已经开始修筑罗城并开挖城濠水体，那么，隋炀帝游览的九曲池，应该就是这一段人工开凿的城濠。九曲池成为隋炀帝的游览地这一点，说明它从一开始就兼具城濠和景观双重的功能，而隋炀帝建亭于上，也是在将其作为一处景观来营造。而隋炀帝有意识地利用城濠水体来营造景观这一点，无疑令我们印象深刻。九曲池自隋炀帝时期出现并建亭于上之后，就有了景观的意义。不仅如此，我们认为，九曲池还具有一种景观地标的意义，九曲池开挖之后，围绕其周边又陆续发展出其他的一些景观，比如后来的大明寺（平山堂）、观音山等，它们的出现或多或少都与对这一片水体的景观借取作用有一定的关系。而发展到清代瘦西湖时期，九曲池沿岸的景点更是不可胜数。这些后续的发展，都是和最初一个景观标志的建立密切相关的。九曲池的景观意义还不止于此，它和大明寺、观音山结合在一起，由点到面地形成了一片核心景观区域，而这块区域的不断成熟，主导了隋唐以后

[1] 李斗，《扬州画舫录》，中华书局，1997年，第367页。
[2] 同上，第362页。
[3] 同上，第366页。

第 2 章 瘦西湖景观对扬州特征文化的演绎

扬州历史城濠景观的重心的由吴公台区域整体向下南移的过程。从这个意义上说，九曲池在隋代的成名，无疑是扬州历史城濠景观发展史上一个关键的节点。

在隋代出现的诸多景观记载中，隋堤也是值得关注的一点。依照目前的材料证据，我们尚无法把隋堤和扬州古城濠直接联系起来，虽然吴绮据隋堤全长"二百余里"推断"江河一带皆其故迹"，我们也可由此想象江都城的城濠一带，是否亦有可能筑道植柳，但没有直接证据，也只能停留在假设层面。尽管如此，隋堤对于我们研究城濠景观发展，还是有着景观文化角度的意义的。因为有了关于隋堤的记载，使得杨柳这样一种植物景观的意象深深植入了扬州的景观文化中，如唐代诗人杜牧《扬州》三首中就有"街垂千步柳，霞映两重城"的诗句。而在研究扬州城濠景观的过程中，杨柳这样一个景观意象，是无法回避的。也只有了解了隋堤的历史，我们才能更好地把握杨柳意象和扬州景观的关系。从这个意义上说，隋堤亦成为扬州古城濠文化景观中层累的一层重要的历史资源。

总的来说，经由隋代江都城的建设所带动的扬州新一轮繁荣以及隋炀帝在扬州的活动，这一时期扬州的历史城濠景观，在面貌展现和文化内涵两方面，都得到了进一步的丰富和发展。同时，也为今后瘦西湖景观区域的历史发展，起到了奠定基础的意义。

（2）康乾二帝南巡对加快瘦西湖景观发展的意义

皇帝的支持和频繁临幸不断加强了扬州地方的重要性。康熙皇帝南巡过程中，天宁寺在当地的景点之中呈现出新的重要意义。地方志对扬州具体景点的记述，表明皇帝的光顾使得当地的若干景点赢得了更高的声誉。随着时间的推移，对天宁寺的描述越来越集中于皇帝的赞助和临幸，而不是寺院的历史或文学遗产。皇权的保护支持和频繁光顾，影响了景点声望层次的重组。事实上，在一定程度上，它改变了景点和意义之间的关系。无论是追溯景点的历史，还是以下将要考察的变化，都显示出这种原动力在乾隆年间变得越来越显著。

康熙南巡期间，兴修的土木工程有限。除了高旻寺中著名的皇家别墅，那也主要是在原有房屋的基础上修缮、改造而成，并非新建楼宇和景点。这么做，是和巡游的目的相一致的。巡游毕竟主要是关于保护这个城市及其名胜景点的现有景致——它们是作背景之用的，衬托的是皇帝的保护支持和仁爱善心。相比之下，乾隆皇帝分别在 1751、1757、1762、1765、1780 和 1784 年的六次南巡，不但彻底改变了扬州风光，还进一步密切了扬州地方和朝廷的联系。这些变化反映了一个新的、扩大了的，而且在文化上更为折中的君主思想。

在空前多的风景区如雨后春笋般被建立起来时，南巡所促动的建设风潮亦达到顶点。那些风景区至少表面上是为皇帝的巡游作准备，其中一些援用了源于北京和中亚细亚的皇家风格。这些新的建筑物包括无数的园林、风景、寺院、亭台楼阁以及一条直通蜀岗的新水道。新水道表面上是让皇帝及其扈从能够方便通行，实际上却惠及了其后游览船只的乘坐者。这里和其他地方一样，省府州县以及专制官员依照地方和皇朝先例详尽地规划皇帝的行程。1751 年，乾隆皇帝第一次下江南。此次南巡与康熙皇帝后几次巡游间隔不远。江苏和浙江的官员们马上开始商议"真正归在供皇上观光的著名景区之内"的景点，对其作出改进，进行修缮，以备下次临幸。为迎接皇帝临幸而特地兴建的园林反映在发展风格上已经显示出向皇家猎场和颐和园靠拢。

围湖而建的那些园林被综合成一个单独的景观，有着多重的景致。同时，一些借鉴了皇家审美观的私家花园也深受游客和休闲旅行者的喜爱。园林也具有商业价值。一些园主在自家别墅植树种花，然后卖给顾客；也有园林工人在亭子里卖茶和其他的点心、饮料。在18世纪晚期，无论是乾隆皇帝的皇家园林，还是富商大贾的私家花园，都是供娱乐所用的景点，而皇帝及其扈从本身也是这些观光景致的一部分。

乾隆皇帝在扬州时亲笔题词，作文留念，把自己写进了扬州风物。这些题词和文章后来赐给了扬州盐商，而他们又将这些钦赐之物纳入私人园中收藏。乾隆皇帝为扬州名胜景点所作的题词和诗文，比他的祖父要多得多。在《平山堂图志》皇家诗文部分，乾隆皇帝的诗文占据二十六页之多，而康熙皇帝的翰墨只有两页。我们通过《平山堂图志》的皇家诗文可以了解到，哪些园林得到过皇帝的题词，以及在许多情况下这些题词是如何被展示，又是展示在何处的。

尽管灵感和资金是由盐商提供的，但乾隆皇帝对南巡景点的设计和施工至少亲自作了一些监督。1755年，乾隆颁布了一道谕令，要求为第二次南巡兴修建筑的图纸必须呈递给他查验[1]。省级官员们禀报有关准备进程和详细账目情况、资金预算、建筑模型和图示，需经皇上批准。其中有一张画，曾与有关第二次或第三次

[1] 1810年《扬州府志》。

巡游细节的奏折一同上呈。那是一幅卷轴，现存于北京第一历史档案馆，题为《扬州行宫名胜图》。这幅有着涡卷饰的山水画描绘了皇帝的游程路线，列有支付施工费用的商人的名字，还列表统计了每个商人对每处景点投资的精确数目。在另一项皇家工程中，巡盐御使还把一些木材样品送回皇宫查验，包括兴建天宁寺行宫及修葺扬州城南的高旻寺、临近浙江的金山寺、焦山寺行宫所用的木材样品。巡盐御使们这么做，借节俭为名，其实是要皇帝允许他们奢侈浪费。

乾隆皇帝南巡事件是这规模更大的新景点群的重要组成部分，成了旅行指南、纪念册和时人报道文章中的文化标志。首先，皇帝的行程伴随着规模空前的公开展示；其次，皇帝临幸影响了其他游客对于景点的看法和记述方式。

仅仅为了 1757 年的那次南巡，商人们在修建园林景区、驿站、行宫以及其他各种建筑上就花掉了二十万两白银。特别是当这些建筑符合了皇家品味或设计理念的时候，当地为它们做出的努力和所费开销达到了不可思议的比重。根据当地传说，皇帝对莲性寺（以前的法海寺）湖两岸的景致十分艳羡，评价说那里就缺一座像建筑在北海皇家花园里那样的舍利白塔了。一个盐商急着给皇帝留下好印象，立马派人去北京取回建筑蓝图，并且出资兴建了像海白塔那样的蒙古式建筑。传说该塔一夜就建成了。在乾隆晚期出版的扬州著名景点图示中，这座舍利塔尤为出名。这座从北方借鉴而来的舍利塔离开了它原先的地理背景，除去了它本来的宗教意义，似乎表示了北方首都和当地景点之间的一种"国际化"建筑交融形式，反映了地方对帝国中心的过分忠诚。这些精心制作的展览品可以被看做是当地对一种文化的参与。这种文化的正统性来自于帝国中心的亲近。

皇帝的光临改变了当地的景观，赋予了它们价值。正如我们所见，乾隆时代的数次南巡，《扬州画舫录》中做了大量详尽的记述。毕竟该书是从皇帝的观光路线写起的。为《扬州画舫录》作序的袁枚和阮元也提到，皇帝的光顾是一个起着转变作用的事件[1]。1765 年，在乾隆皇帝第四次巡游后、第五次巡游前，巡盐御使赵之壁得到官方支持，出版了《平山堂图志》。这本书在前言、正文和图解中详尽地介绍了皇帝的巡游过程。此书目录之后的第一部分是康熙和乾隆皇帝的书法、诗歌以及赐赠给扬州周围景点（多为寺庙和园林）的礼品目录，其中包括皇帝的作品在哪里的亭阁展出的相应记载。第二部分包括一张地图和 67 页的解释说明，介绍扬州城西郊的主要游览路线。对于经保障湖至平山堂，沿蜀岭小路前行，然后舟行回九峰园一段路线的描绘最为详尽。剩下的两段解说是描述迎恩河东西两岸的园林。书中对这些西郊旅游路线的描写，并非是简简单单的叙述一般旅行观光游程，这些路线正是后来李斗在《扬州画舫录》一书首章中所描绘的帝王线路。书中其余部分先简要介绍保障湖和蜀峰周围的各种各样的景致，然后选编与这些景致相关的文章和诗作。

1810 年《府志》同样也注重记载与皇帝的游程相关的地点，并且指出，扬州的盛名来自于它的双重地位和重要身份——它既是皇帝的旅行目的地，又是交通枢纽和盐业集散地。可见皇帝的

---

[1] 阮元《揅经室散集》，691 页；《扬州画舫录》，袁枚序，6 页；《扬州画舫录》，7 页。

巡幸，同时又成为扬州当地景观发展的重要思想资源。

2.6.3 小结

帝王与扬州的关系，在关于扬州的历史中往往是最为人们所津津乐道的部分，而其中又以隋炀帝和清代康熙、乾隆二帝的事迹最为典型。帝王与一地关系之相近，背后暗含的逻辑是证明这一地在历史上的地位之重要，所以帝王的因素自然而然地成为一种重要的历史文化资源进入一地的历史撰写。这一点在扬州的历史上不可谓不明显。

事实上，从历史的角度客观地分析帝王与扬州的关系，不外乎得出两个方面的结论。其一，扬州这座城市在历史上的确占有重要的地位，无论是经济上还是文化上均是如此，这一点毋庸置疑。帝王对扬州的重视，实际是对这个城市的地位和价值的重视。扬州城的历史地位，根本上说源自这座城市特殊的地理位置，地理位置的优势为其经济的发达、文化的昌盛奠定了坚实的基础。帝王所看重的，实际上是这座介于南北方之间的城市，在政治、经济乃至文化等方面，都可以为其统治提供一个统辖南北的重要抓手，尤其是看重其作为政治影响向南方渗透的桥头堡的作用，这一点在隋炀帝也好，康熙、乾隆也好，都是很明显的一点。其二，帝王对扬州的重视，反过来又在诸多方面对扬州这座城市产生了很多具体而实在的影响，以我们所关注的景观的问题为例，隋炀帝在蜀冈上建造的江都城、开挖的九曲池都成为后来蜀冈及瘦西湖诸多景观的源头，康熙乾隆二帝的南巡对瘦西湖景观达到鼎盛的影响则更为直接，而且帝王文化的因素也内化到了各种景观的诠释之中，成为景观文化的一部分。

2.7 瘦西湖景观对扬州市民文化的演绎

扬州作为一座历史文化名城的另一为人乐道之处，就是它在历史上曾经好几度都是一个全国范围内经济高度发达和商业繁荣的都市。如唐代有"扬一益二"之称，明清时期因盐商和盐运经济而达到的高度更是毫不逊色于有唐一代。经济的发达和商业的繁荣，带来的是物质的极大丰富，乃至奢侈品和奢侈性行业（最主要的是娱乐业）大量出现，而这又都和生活在这个城市中的居民有着最为直接的关系。这就提示我们注意一个近来学术界普遍关注的问题，那就是城市史中市民生活或者说日常生活的研究。

事实上，我们这个研究所主要关心的问题——扬州瘦西湖城濠景观文化，景观本身也是市民生活中的一部分，它是休闲出游的目标和休闲功能的载体。不仅如此，只有在一个城市整体经济发达，市民生活富足、有闲暇时间的情况下，一个城市的景观才会在需求带动下得以发展。从这个意义上来说，关注扬州的市民生活，是我们研究扬州城市景观文化发展的一个不可回避的问题。而瘦西湖景观的存在，从某种意义上说也是对扬州市民文化的演绎。

2.7.1 扬州市民文化的特征(以唐代、清代扬州鼎盛时期为例)

研究城市市民的日常生活，一般可以从两个方面入手，一是考察物质生产的情况，二是考察市民消费活动的情况。以扬州为例，这两方面都有可供讨论的资源，由于考察市民生活层面的历史受到材料缺失的限制较大，我们很难做到将历史上各个时期扬州城的市民生活情况加以复原，只能依靠有限的材料和前人的研究，尽可能用一些具有代表性的情况揭示出来，从而达到"窥一斑而知全豹"的效果。因此，我们暂且选取唐代和清代两个具有代表性的朝代作为时间指标，对其具体细节做一些考察。

（1）唐代扬州的市民生活

唐代是中国历史上继汉以后又一个封建盛世，在隋以来国家统一的基础上，唐代政治改革措施得宜，社会相对安定，经济、文化、对外关系都有长足的发展。由于大运河得到充分的利用，处于运河与长江交会点上的扬州更加蓬勃发展。特别是盛唐以后，扬州没有受到"安史之乱"的破坏，北民纷纷南下扬州，使扬州出现了前所未有的繁盛局面。

《旧唐书》卷一百八十二载，进入8世纪以后的一百多年间，"江淮之间，广陵大镇，富甲天下"，当时谚称"扬一益二"，意为全国之富当推扬州第一，益州（今成都）第二。江淮地区出产丰富，经济发达。唐高祖时，每年从江淮输入关中的粮食有一二十万担。高宗以后，政府开支浩繁，从江淮输入关中的粮食也就不断增加。"安史之乱"期间，中原地区遭到战争的破坏，生产凋敝；而江淮一带没有受到什么影响，许多富商大贾纷纷到江淮来避乱，国家军政费用的庞大支出就更加依靠江淮，"赋之所出，江淮居多"。历史事实说明，江淮地区的供应能否充足和及时，对唐中央政权的利害关系很大。中原和江淮之间的交通主要依靠水路，居于要冲地位的扬州，其重要性就可想而知了。对当时情况的描绘是："维扬古都，东南奥壤，包淮海之形胜，当吴越之要冲，阛阓星繁，舟车露委。"[1]

---

[1] 蒋伸"授李珏扬州节度使制"，《文苑英华》卷四五五，第3册，第2315页。

对这种繁华景象，唐代诗文中多有描写。刘长卿说是"万般江都郭，一树海人家"；陈羽说是"霜落寒空月上楼，月中歌吹满扬州"；权德舆说是"层台出重霄，金碧摩颢清"；李绅说是"夜桥灯火连霄汉，水郭帆樯近斗牛"；徐凝说是"天下三分明月夜，二分无赖是扬州"；张祜说是"十里长街市井连，月明桥上望神仙"；赵嘏说是"红映高台绿绕城，城边春草傍墙生"。

唐代扬州城的经济发达已经是毫无疑问的了，而经济发达给市民生活带来的结果，首当其冲就是生活消费品的丰富。在此，我们不妨尝试对唐代扬州城中市民的日常消费品的情况做一些分析。唐代扬州是连接长江和运河的枢纽，为南北货物重要的集散地，商业和手工业也日益兴盛起来，这都是生活用品或者说消费品丰富的重要保障。

扬州当时是"商贾如织"的地方。商是行商，转运四方的物产到本地，或将本地物产送到各地的周市（定期市）以贩卖。贾是坐贾，居住于市廛之内，从事商业经营。这里云集着本地和外地的商贾。还有"诸道节度观察使，以广陵当南北大冲，百货所集，多以军储货贩，列置邸市，名托军用，实私其利"[1]。商业的兴盛为商贾们带来了滚滚财源，除了当地的一般商人外，称得起富商大贾的，"动逾百数"。

商贾们的流动性是很大的。他们不论是从四面八方来到扬州，还是从扬州去到四面八方，总以扬州为根据地，做着运往输来的大买卖。他们所到之处极广，有携家带眷前往江西的，所谓"大舸高帆一百尺，新声促柱十三弦，扬州市里商人女，来占江西明

[1] 见《唐会要》，卷第八十六。

月天"[1]；有一别数年远赴长安的，所谓"扬州桥边少妇，长安城里商人。三年不得消息，各自拜鬼求神"[2]。这种全国性的商业活动，促进了各地物资的广泛交流。

接下来就以几种具体的物品为例，分析唐代扬州城生活物资的丰富情况。

茶。茶作为一种新的经济作物，当时南方已普遍种植，且已有了规模较大的茶园，尤以江西梁产茶最为有名。当时饮茶的风气也由南方传到北方，陆荆的《茶经》出现在这个时期不是偶然的。那时往浮梁等南方地区贩茶的茶商很多，他们为了把南方的茶弄到北方去销售，多先把茶运到扬州，然后从扬州沿运河北上。扬州成了茶叶集散市场，也成了茶商聚集之地。茶成为仅次于盐的大宗商品，茶叶税也是朝廷仅次于盐税的另一项收入来源。穆宗时盐铁使王播又"增天下茶税，率百钱增五十"，岁得六十万缗，可见茶利之丰。

药。唐代扬州是药材的集散地。《太平广记》卷十七引《玄怪录·裴谌》故事："谌曰：'……吾与山中之友市药于广陵，亦有息肩之地，青园桥东有数里樱桃园，园北车门，即吾宅也。'"这是在扬州卖药的。同书卷二十三引《原仙记·冯俊》故事："唐贞元初，广陵人冯俊，以佣工资生，多力而愚直，故易售。尝遇一道士，于市买药置一囊，重百余斤，募能独负者，当倍酬其值。俊乃请行。至六合，约酬一千文，至彼取资。"这是来扬州买药的。卖者是从别处贩来扬州的，买者是从扬州贩往别处的，扬州成了

[1] 刘禹锡《夜闻商人船中筝》。
[2] 王建《江南三台词四首》。

南北药材的交易市场。

金银珠宝。由于"扬州地当冲要，多富商大贾珠翠珍怪之产"，因而珠宝金银交易也占有重要地位。唐人传奇《柳毅传》中的柳毅，把在龙宫得到的珍宝拿到扬州来卖，"毅因适广陵宝肆，鬻其所得；百未发一，财已盈兆。故淮右富族，咸以为莫如"。小说这样写，就是因为当时扬州确是珠宝市场之所在。日僧圆仁在《人唐求法巡礼行记》中，记有他在扬州兑换砂金的事："（开成三年十月）十四日，砂金大二两，于市头令交易。市头秤定一大两七钱，七钱准当大二分半，价九贯四百文。"可做这方面的说明。

铜器。当时扬州最著名的物产是铜器。天宝二年（743），陕郡太守、水陆转运使韦坚于长安城东九里开广运潭成，玄宗登望春楼观看新潭，韦坚以新船数百艘，写各郡名，陈列各郡货物，搞了个物产展览会。广陵郡船上堆积的为锦、镜、铜器、海味等。陕县尉崔成甫命妇女大唱"潭里船车闹，扬州铜器多"。崔成甫这种讨好献媚之举虽不足称道，但说明扬州铜器的名声确实很大。当时扬州铜镜除用于进贡外，又为一般仕女所爱好，很有销路。韦应物《感镜》诗："铸镜广陵市，菱花匣中发。"张籍《白头吟》诗云："扬州青铜作明镜，暗中持照不见影。"扬州铜镜已得到广泛的使用和受到普遍的好评。

毡帽。唐代扬州生产的毡帽，由于质地坚韧，式样美观，颇受欢迎。宪宗时裴度主张对淮西用兵，遭到反对派的忌恨，派人行刺，据说因为他戴的是扬州毡帽，保护了头部，才遭刺不死。"是时京师始重扬州毡帽"，自此扬州毡帽更加有名，以致供不应求。有人竟因"此间甚难得扬州毡帽，他日请致一枚"，托人到扬州或别处去买。李廓《长安少年行》诗中说: 长安少年"划戴扬州帽",成为一种时尚。

丝织品。扬州丝织品的质量好,品种也多,有锦、绫、纻等。《通典》卷六说,扬州进贡的丝织品有"蕃客锦袍五十领,锦被五十张,半臂锦百段,新加锦袍二百领……独窠细绫十匹"。前面提到,玄宗登望春楼观广运潭和各地特产,广陵郡船上有"锦",《唐六典》也提到扬州贡品有"细纻"。

糖。扬州制糖业也很有成绩。《唐会要》卷一百说: 西蕃胡国出石蜜,中国贵之。唐太宗遣使自印度摩伽陀国取其法,令扬州煎蔗之汁,于中厨自造焉,色味逾西域所出者。《新唐书·西域传》也说: "摩揭它,一日摩伽陀,本中天竺属国……太宗遣使取熬糖法,即诏扬州上诸蔗,拃沸如其剂,色味逾西域远甚。"可见扬州制糖业吸取了外国的制糖法而有所发展,质量大有提高。

木器家具。扬州的木器家具也做得很精巧,远销外地。《稽神录》记载: 广陵有贾人,以柏木造床几什物百余事,制作甚精,其费已二十万。载之建康,卖以求利。其他如皮革、衣服、漆器等在市场上都很有名。

唐代扬州生活物资之丰富,已经可见一斑,不仅如此,人们在城内的消费活动,也因为大量专门市场或店家的存在而十分便利。比如: 扬州有果品市。《太平广记》卷三百五十五引《稽神录》故事云: "广陵瓜洲市中,有人市果实甚急,或问所用,云: '吾长官明日上事。'"这说明扬州有果品市。有饼市。饼市卖烙饼和蒸饼(即今之馒头)之类。《太平广记》三百七十四引《稽神录》故事云: "广陵有卖饼王老,无妻,独与一女居。王老昼日,自卖饼所归家,见其女与他少年共寝于北户下……"所谓"卖饼所",即卖饼的市肆。有鱼市。《酉阳杂俎》续集卷三《支诺皋下》云:有丹徒女子郑琼罗"来扬州寻亲,夜至逆旅,市吏子王惟举,乘醉将逼辱,妾知不免,因以领巾绞项自杀,市吏子乃潜埋妾于鱼行西渠中"。从这件逼奸致死的案件中,得知扬州不仅有鱼市,且有"行","西渠"当即养活鱼的水渠。有酒肆。唐代酒类甚多,地方名酒有金陵酒、金华酒、扬州酒等。有酒必有酒肆。《续玄怪录》记云:有义方者,"偶游扬州",路遇他所熟识的张家昆仑奴。昆仑奴说他的主人张家"阿郎与王老会饮于此酒家,大郎(指义方)且坐,昆仑当入报"。义方坐于酒旗下,"至暮不见,乃进而观之,不见(张家)阿郎、王老与昆仑奴",只见"饮者满座"。又《太平广记》卷四十六《续仙传,刘商》云:刘商自长安东游广陵,于城街遇一卖药的道士,"携手登楼,以酒为劝"。次日又访之,复上酒楼,道士以一小药囊相赠,并戏吟曰:"无事到扬州,相携上酒楼。"

餐馆业更为兴旺。日僧圆仁于唐文宗开成三年(838)七月抵扬州,是年在扬州度岁,他见到的情况是"街店之内,百种饭食,异常弥满",可见肴馔之丰盛和生意之火爆。唐时,烹饪"南味"已渐渐分为三类,西南长江中上游为川味,东南长江中下游为淮扬味,岭南珠江和闽江流域为粤味。这些"味"的形成,与地理环境、天气物候、产品特色和风俗习惯关系很大。淮扬处于长江中下游,临江濒海,海产发达,水产丰富,时鲜蔬果终年不断,再加上烹饪技术的交流、融会,自成风格。做过淮南节度使的诗人李绅在《入扬州郭》中写道:"兰芳沙渚残花少,柳过秋风坠叶疏。堤绕津门喧市井，路交村陌混樵渔。"描述了扬州饮食市肆的繁华。

（2）清代扬州城的市民生活情况

清代扬州城的经济水平，与唐代相比有过之而无不及，这一点已在方方面面表现出来，而城市经济水平的提高，直接带来了市民生活情况的变化。包括：

清代扬州各种专业性的市场蓬勃兴起。例如，缎子街（后称"多子街"）是绸缎铺集中之地，品种有八团、大洋莲、横壁兰等，颜色有蓝、墨、灰、泥金黄、黄粱红、樱桃红等，花样翻新，争奇斗艳。翠花街（又名"新胜街"）以首饰店集中而得名，店铺鳞次栉比。罗湾街则是出售日用箩筐、竹篮的专门商区。其他如新衣街（彩衣街）之专做服装，皮市街之专卖皮革，打铜巷之专卖铜器，夹剪桥之专卖剪等，名目繁多，应有尽有。

这时，扬州本地的手工业也有了新的进步。手工业品基本上分两大类：一类为日用的，如铜器、纺织品、木器、竹器、香粉等；一类为特种工艺品，如漆器、玉器、镂玉器、镶嵌器、刺绣、檀制器物。这些手工业都是个体的，没有官营的作坊。扬州漆器工艺，明代已很发达，品种有彩绘、雕漆、平磨螺甸、石镶嵌、宝石镶嵌等，出现了周翥、江千里等大匠。周翥所作称"周制"，桐西漫士《听雨闲谈》记云：周制之法唯扬和有之，明末有周姓者始创此法，故名周制。其法以金、银、宝石、真珠、珊瑚、碧玉、翡翠、水晶、玛瑙、玳瑁、砗磲、青金、绿松、螺甸、象牙、蜜蜡、沉香为之，雕成山水、人物、树木、楼台、花卉、翎毛，嵌于檀制漆器之上，大而屏风、桌椅、窗桶、书架，小则笔床、茶具、砚匣、书箱，五色陆离，难以形容，真古来未有之奇玩也。香粉也是扬州特产。清代扬州制作香粉的有五十余家，资格最老的是戴春林香粉店，开设在钞关城内街，据传它的招牌还是明代大书画家董其昌写的。北上赴京经过这里的商旅，一定要买戴春林的香粉制品到京作为赠品，故而戴春林香粉驰名南北，享誉京师。

清代扬州的服务行业十分发达，茶肆、酒楼、客栈、浴室密布。茶肆多集中在北门桥一带，有"扬州茶肆甲于天下"之称。酒楼多集中于红桥（虹桥）附近，供应有通州雪酒、泰州枯酒、陈老枯酒、高邮木瓜酒、五加皮酒、宝应乔家白酒、绍兴老酒等南北名酒。曾在扬州生活过的孔尚任在诗中写道："东南繁华扬州起，水陆物力盛罗绮。朱橘黄橙香者橼，蔗仙糖狮如栉比。一客已开十丈筵，客客对列成肆市。"这是康熙时的情况。到乾隆时愈加繁盛，听听那些"醉仙居""吃吃看"的街道名称，就可想见当时的情景。

经济的发展确实丰富了扬州饮食文化的内容，也更加完善了淮扬菜的特色。盐商对饮食的考究是出了名的。当时盐商家中大都雇有身怀烹调绝活的"家厨"，《扬州画舫录》说：烹饪之技，家庖最胜，如吴一山炒豆腐，田雁门走炸鸡，江郑重十样猪头，汪南溪拌鲟鳇，施胖子梨丝炒肉，张四回子全羊，汪银山没骨鱼，汪文密蟑嫩饼，管大骨董汤、鬷鱼糊涂，孔切庵螃蟹面，文思和尚豆腐，小山和尚马鞍桥，风味皆臻绝胜。别看有些菜很平常，但选料、烹制颇有讲究。不仅选料、加工讲究，而且吃的气氛也有讲究。朱彝尊《虹桥诗》云："行到虹桥转深曲，绿杨如荠酒船来。"游湖品佳肴是一大乐事，故有专办酒宴的"沙船"，"画舫在前，酒船在后，橹篙相应，放乎中流；传餐有声，炊烟渐上，幂历柳下，飘摇花间，左之右之，且行且却，谓之行庖"。"行庖"即是边游边做边吃，别有一番风味。乾隆曾称"广陵风物久繁华"，"广陵繁华今胜昔"，正是指以上情况。郑板桥诗中所说的"千家养女先教曲，十亩栽花算种田"，则是这个消费城市的另一个侧面。"养女"不是指亲生女儿，而是"养瘦马"之类调教好了卖给人家作婢妾。这种风气明代已然，张岱《陶庵梦忆》中有过记述。其实在他之前明代地理学家王士性在其著作中早已提及："广陵蓄姬妾家，俗称'养瘦马'，多谓取他人子女而鞠育之，然不啻己生也。天下不少美妇人，而必于广陵者，其保姆教训，严闺门，习礼法，上者善琴棋歌咏，最上者书画，次者亦刺绣女工。至于趋嫡长，退让侪辈，极其进退浅深，不失常度，不致憨戆起争，费男子心神，故纳侍者类于广陵觅之。""扬州出美人"，这大概是原因之一。这种出现在特定历史时期和特定地区的特殊现象，蕴含着无数的辛酸。清代扬州繁荣而又称"畸形"者，不可忽视此类现象。

（3）扬州市民文化特征概述

归纳前述唐代和清代扬州城市民生活情况的论述，我们大致可以得出这样的结论：得益于扬州城在这两个时期经济发达的水平，市民生活所需的物质资料得到充分满足；当基本生活需求的满足不再成为问题，市民就开始追求更高层次的生活享受。在这样的情况下，物质消费的高档化、服务行业的发达、休闲娱乐活动的丰富就成为必然的发展趋势。而长期处在这样一种环境之下的扬州，市民生活的总体情况也就形成了不同于它者的自身特征。

奢侈性

物质消费的高档化，具体来说包括如精细的饮食、精美的服饰以及奢侈品的使用等。饮食虽是最基本的生活需求，但从饮食的精细程度也最能看出生活水准的高下，扬州城的经济发展到鼎盛时期，扬州菜也同样名扬天下，发展到极致的扬州饮食以奢华著称，对食材、食器、烹饪技艺的要求达到苛求的地步，世人评价其"上惊帝王、下动四方"，最终发展成了全国知名的淮扬菜系。服饰与饮食相似，同样是衡量社会消费程度的晴雨表。明清时期，世人已经有"苏扬服饰天下先"的说法，而扬州服饰既学苏州，又学京师，形成自己的特色。最后，在奢侈品的使用方面，扬州可以说是奢侈品的最大集散地，这与商人聚集有关，最突出的例子来自《扬州梦》这一文学作品，其中提到很多别处难得一见的舶来品，在扬州普通人家中都是很常见的摆设，可见一斑。

经济发展带来的奢侈消费之风，在清代扬州盐商群体的日常生活中表现得最为突出，盐商的奢侈，达到了奢靡的程度，遭到很多的诟病，也被认为是盐商衰落的主因之一。的确，奢侈并不是一个正面的特征，但是这一对扬州市民生活的归纳却实实在在的是一种历史的客观，它也是扬州城市经济在历史上曾经达到极度发达的侧面证明。当然，奢侈性也不是一个具有可持续性的特征，这一特征只存在于某几个特定历史阶段的扬州，在更长的时间段内它的意义在于作为一种反面的教训而存在。

对于扬州这样一个历史上几经极盛极衰的城市，善于总结和吸取教训是它最大的长处，因而对奢侈性这一特征，更多的应该是去反思，它真正意义在于认识到这一点之后，可以努力去避免重蹈覆辙，进而走向与之相对的积极一面。基于这一点，相信在新的时代背景下，当扬州再一次实现城市的复兴和经济的发展，这座城市本身以及身处其间的市民，一定会更加懂得珍惜，而不是轻易就陷入经济发达——挥霍浪费的怪圈。

公共性

扬州这座城市服务行业的发达，与其在大运河开通后作为商贸枢纽的城市性质相关，各地行商商人汇聚于此，茶馆、酒肆、客栈、澡堂乃至青楼这样一些最典型的服务性行业大量涌现成为必然。我们可以想见当时的景象，这是一座人群流动性极强的城市，往来商旅构成这座城市最大的流动人口，而城市固定人口中的大部分则以为商旅提供服务为业。随着城市的发展，固定人口不断增加，城市功能不断完备，业态结构也不断完善，但是城市形成之初就确立的很多特征却像基因般地保留下来，扬州服务业的发达，即源于这样的背景。

我们都知道，服务性行业一般都是依托公共性的场所开展业务，而服务性行业的发达，反过来又创造了更多的公共性空间。最早在扬州这座城市活动的人们，不是在接受服务（主要是往来商旅），就是在提供服务（主要是本地常住人口）。在一种公共性的空间中活动，占据了他们绝大多数的生活时间，在这样的情况下，他们对公共空间和公共活动相对就更加熟悉和习惯。而生活习惯经过一种文化或者说传统遗传性的作用，得以长时间地保留、一代代地遗传。"早上皮包水，晚上水包皮"，喝早茶也好、泡澡堂也好，都是一种公共性极强的市民生活方式，它们至今仍在扬州人的日常生活中延续。

公共性的这一市民生活特征的背后所呈现出来的，至少有两大关于城市文化的内涵。首先，城市居民经常性地参与公共性活动，有助于密切城市的人际关系，对于市民形成共同的城市身份认同和增强城市凝聚力颇有助益。其次，公共性活动能够培养人的开放性和包容性。市民这方面素质的提升，也将直接影响到整个城市的开放度和包容度的提升。拥有开放和包容的心态，对于每一个市民乃至一座城市的发展都是最重要的财富。

休闲性

市民的基本生活需求的满足不成为问题的情况下，人们生活中出现了额外的需求，于是休闲娱乐的要求应运而生。休闲的形式是多种多样的，茶馆、酒肆、浴池等公共场所提供的服务，从某种程度上说也是对休闲需求的一种满足，只不过是一种层次相对较低的休闲活动。人们总是更希望追求一种能够更高层次的休闲，那些能够获得精神放松和享受的休闲娱乐活动。于是，休闲游览活动开始成为多数扬州人所热衷的活动。

市民休闲游览需求的满足，自然而然就催生了游览景观的出现和发展，瘦西湖就是一个典型的例子。这样一种景观的发展经历了从郊野特质向人工打造的逐步转变，从观景到造景，人们出于自身需求，甚至开始因地制宜地创造景观。于是，在扬州城这样一个市民休闲出游需求不断增长的城市中，瘦西湖作为一个景观不断被充实直至成熟，也成为一种必然。

注重休闲能够被归纳成一个城市市民生活的特征之一，并没有太多的城市能够适用这一点，扬州恰恰可以算作其中之一。这源于这座城市曾经的经济发达水平，并且一直影响到今天这座城市的城市性格和市民性格。休闲性不仅是对扬州市民生活的历史性概括，同时也是对今天的市民生活的现实写照。扬州市民注重休闲的传统延续至今，扬州人喜爱出游，节假日游人纷来扬州，扬州人则出游各地；扬州人大都热衷花鸟鱼虫，假日人群最密集的地方除了瘦西湖（游客多），就是花鸟市场（本地人多）。市民注重休闲的性格，也使得扬州这座城市整体的生活氛围表现为一种慢节奏和悠闲的状态，成为一个公认的适宜居住的城市。

2.7.2 瘦西湖与扬州市民生活

在对扬州市民文化有了一个系统的认识之后，我们可以进一步关注瘦西湖与扬州市民生活这样一个问题。瘦西湖与扬州市民生活之所以存在联系，其前提条件是瘦西湖作为一个市民公共活动的空间而存在。明确了这一点，我们的考察重点也就清楚了，那就是扬州市民在瘦西湖这样一个文化景观空间内，都开展了哪些活动。

很明显，瘦西湖作为一个景观空间，它首先满足的是市民出游和休闲的基本需求；其次，它本身所具有的文化内涵，还满足了市民的文化需求，这就是瘦西湖在市民生活中所发挥的最关键的两大功能。具体来说，要考察瘦西湖与扬州市民生活的关系，我们大致可以确定两大对象，一是从市民的角度，看他们在瘦西湖中开展了哪些活动，二是从瘦西湖的角度，它通过何种景观功能来满足市民的需求。

（1）扬州市民在瘦西湖的活动

随着城市的发展，扬州市民生活的一个显著的特质就是休闲出游的需求日益增加，同时也因为瘦西湖等景点的成熟，市民这方面需求得到很好的满足。如果我们将这种出游的需求再进行细化，大概可以分成郊游、聚会、祭扫等不同的形式。

关于郊游的情形，我们并不难想象，毕竟这样的情况今天仍在继续着。关于历史上扬州人如何游览瘦西湖的问题，我们可以找到不少的文字记载，而其中比较有代表性的一条就是清代孔尚任的记述。1674 年平山堂重建，扬州城西北地区也受到物质和思想上的关注。1688 年孔尚任在一篇评论中花了很多笔墨解释新兴旅行路线的范围：

> 广陵之胜，以平山堂为最，其所称红桥、法海寺、观音阁者，皆平山堂之附丽也。红桥稍近，冶游者及之，而必放于法海寺；平山堂稍远，韵游者及之，而必放于观音阁。然四者亦各有所宜。红桥之傍，游人杂沓，柳掩花映，宜于春者也。法海寺上，殿阁高敞，藕花四围，宜于夏者也。至于松林修洁，远对江山，平山堂特宜于秋者。若断草寒塘，若古城高下。冬之游者，盖非观音阁不宜矣。由红桥而法海寺，由法海寺而平山堂、观音阁，随景物之次第，由春而夏，由夏而秋冬，顺天时之变迁。譬之为诗者，其中联也。起于红桥，承于法海寺，结于观音阁，游人之亦如选诗，虽手眼甚高，必不能分寸逾行墨焉。[1]

孔尚任指出了重建后的平山堂在休闲旅行路线中的位置。乾隆年间，为方便皇家游船的通行，新挖了一条河道，这条路线被分成水陆两部分。游人自镇淮门（也叫广储门）进城，舟行至法海寺，再往前就得步行了。孔尚任的评论强调了欣赏景致的季节

---

[1] 孔尚任《于臣虎选诗小引》，207 页。"入迷"和"和谐"的对比，暗示的是对红桥歌妓的沉迷与从平山堂所得到的更加优雅的娱乐感受，季节性变化的特征更加强化了这一点。

性和唯美性。尽管景点显然是同一时代的一部分，每处都与某种特定的情调相关，不同的季节人们青睐不同的景致。这种季节性的情调也体现了不同阶层的嗜好，如春天的红桥会让人联想起感官的欢娱，而秋天适宜怀旧，历来是文人学士阶层所偏好的季节。袁耀的宏伟画卷《邗上胜览图》对1747年的路线进行了描摹。红桥在平山堂的左下方，正中间是法海寺，康熙南巡期间将其更名为莲性寺，平山堂和观音寺高高在上。此画严密细致地展现了建筑物的风景，并附有商业性和旅游性质的景点简介，这表明18世纪的这条旅游线路仍然存在并广受欢迎。[1] 显然这些材料所记述的就是今天瘦西湖景观范畴的市民郊游的情况。

至于说聚会，瘦西湖范围内从来就不乏各种聚会活动，前文已经提到文人士大夫的诗会、雅集、修禊，这些当然都是比较有表现力的聚会活动，文人士大夫的聚会留下了很多文字记载，普通民众的则几乎没有记载，但这并不表示普通民众没有在瘦西湖开展聚会活动的情况，相反我们相信这种情况一定存在。这和瘦西湖是一个公共性空间的属性有关，毕竟它不是属于文人士大夫特殊群体所有的财产，而是所有扬州市民共同享有的财富。历史上向来如此，即使是在盐商普遍建筑私家园林的时期，瘦西湖也是一个公开的场所，甚至很多建于其中的私家园林，也带有半开放的性质。

再说到祭扫，在前文中我们也已经详细提及，尤其在元明时期，当整个瘦西湖相对处于一种郊野景观状态时，曾出现很多关于扬

第 2 章 瘦西湖景观对扬州特征文化的演绎

---

[1] 袁耀的《邗江胜揽图》是藏于北京故宫博物院里的一幅水平画卷，画于1747年。

州市民在其中开展扫墓活动的记载，比如明朝张岱《陶安梦忆》中有《扬州清明》一篇，描绘了清明时分扬州百姓前往蜀冈扫墓，一并在郊野畅游的场面。除了清明扫墓之外，还有一项定期的民众活动，也与瘦西湖有关，那就是城中市民每逢重要的宗教节日前往观音山、大明寺等处烧香拜佛。扬州市民前往观音山和大明寺除了陆上线路，还有一条重要的线路就是由瘦西湖坐船直接到观音山下码头，而选择水路前往的市民，对瘦西湖景观的游览，多半也是顺便附带的一种活动。

（2）瘦西湖为市民生活提供的景观条件

植物景观

作为一处景观，可供人观览的最基础条件大概就是植物景观，这是一种最直接让人感受到的景观。瘦西湖的植物景观不可谓不丰盛，而其中又以花为胜。从正月初五财神节到九月初九重阳节，扬州都遍是游客。除了标准节假日以外，还有一些以各种鲜花的盛开为标志的节日：春天有梅花和桃花，夏天有牡丹、菊花和莲花，秋天有桂花和芙蓉。[1]扬州遍地都是花："扬人无贵贱皆戴花。"[2]如同李斗暗示的，各种鲜花节有着特殊的利益，如果它们在吸引游客数量方面可以跟其他节日相提并论的话。扬州花市的高峰期就在他写作的时候，即18世纪的最后几十年。18世纪以前，扬州园艺已经得到了很好的发展，但作为一个赏花之处，瘦西湖肯定从湖边富商园林的发展中获益良多。鲜花不仅夺人之目，它们提供的审美愉悦乃是基于一种充分发展起来的人物崇拜观念之上。

[1]《扬州画舫录》，第11卷，第251页。
[2]同上，第4卷，第77页。

计成在其《园冶》中倡议："编篱种菊，因之陶令当年；锄岭栽梅，可并庾公故迹。"[1] 当然，绿树红花并非始终是瘦西湖景观的全部，当瘦西湖处在郊野风光状态之时，营造出其植物景观特色的，应该就是农田桑林等要素，它们支撑起了瘦西湖不一样的但同样有韵味的景观特色。

画舫

画舫无疑是扬州瘦西湖标志性的游览交通工具，将游客们载往城内各地以及城外的瘦西湖。然而，它还不仅仅是一种工具，事实上它本身就已经成为一道景观，以至于李斗的著作《扬州画舫录》也以之为名。这些画舫体现了园林建设对旅游业的直接影响，因为它们的数量随着园林的建造而增长。李斗列出了顺治年间3条、康熙年间5条、雍正年间6条和乾隆初年的12条画舫之名。然后，"迨丁丑后，凿莲花埂，浚河通平山堂，遂为巨洇津，画舫日增"[2]。运河上的交通变得如此密集，以至于引入了规章制度；画舫需要经过登记，才能在城里和周围的12个码头之一靠泊。李斗发现自己写作该书时有235艘在册画舫，还有许多未登记的船只，它们虽然不准在码头停靠，却可以在其他地方拉客。[3] 在最繁忙的季节，可资雇用的画舫总数更多，价格也随之高涨。[4] 画舫载着观光者沿着运河前进，从天宁门往西拐，划着或撑着来到瘦西湖的门户——红桥。这里原有一家酒肆，1757年皇帝巡游时变成一座官园，但仍由原先的业主承包下来，继续料理酒肆。它昼夜营业，

[1] 计成：《园冶》，第55页。
[2] 《扬州画舫录》，第18卷，第404页。
[3] 同上，第404-407页。
[4] 同上，第11卷，第234-241页。

白天挂着帘子作为招牌，晚上挂着灯笼，出售绍兴和扬州各县出产的各种酒。[1] 画舫出红桥即进入瘦西湖，穿过各处水湾，绕着各个小岛蜿蜒而行。不管走到哪里，都能看到茶馆和酒肆。恬爽酒肆在法海寺后面一片偏僻的松林开张以后，那里成为一个流行的去处。[2] 由于"野食"顾客的增多，城墙外也开起了餐馆：韩园、留步、郭汉章馆、苏式小饮、流觞，还有其他餐馆。[3]

湖上园林

提到瘦西湖的景观，不能不提及错落于其中的园林建筑。瘦西湖区域内的园林建造史，最早大约可以追溯到元代，而这些相继出现于期间的园林，多数都是私家园林，只不过这些私家园林，并非都是封闭式的。有记载表明，瘦西湖边的私家园林，可能对游客偶尔开放。根据吴沃尧（1867—1910）的说法："原来扬州地方，花园最多，都是那些盐商盖造的。上半天任人游玩，到了下午，园主人就来园里请客，或做戏不等。"[4] 不过采取了某些措施来约束入园者，即人们不能随便进入其中。乾隆南巡期间，两淮盐运使组织警卫人员在这些园林入口处巡逻。[5] 而在其他时候，园林中或许也规定了稍宽松一些的警戒方式。然而，湖边园林的一个突出特征，就是路人可以进去观光。城内的园林总是高墙围绕。这并不意味着它们与行人队伍隔离开来：正如晚明时期一些有着丰富记载的例子那样，偶尔可以有客人进入其中。但湖边各园林显然提供了更大的开放性。它们迎湖而开，很容易进入。这就使

[1] 同上，第13卷，第279页。
[2] 同上，第284页。
[3] 分别为韩园、留步、郭汉章馆、苏式小饮、流觞（同上，第11卷，第254页）。
[4] 吴沃尧：《二十年目睹之怪现状》，转引自朱江：《扬州园林品赏录》，第99页。
[5]《扬州画舫录》，第4卷，第101页。

得瘦西湖的湖上园林更为有机地融入整体景观之中，并且成为满足市民游览观光需求的重要因素之一。

2.7.3　小结

总的来说，历史上扬州的经济发达，使生活于城中的市民日常生活物质需求得到极大满足，在生活富足的前提下，市民文化衍生出了三大特征，即奢侈性、公共性和休闲性。在基本生活需求得到满足的情况下，市民群体中生发出诸多奢侈性的需求，休闲游览需求就是其中之一，而这种需求，直接导致了城市景观的建设和发展。扬州市民生活中日益增加的休闲活动需要，催生了对瘦西湖这一活动空间的要求，而瘦西湖通过不断地发展和完善，反过来又可以不断地满足这样的要求，这两者之间没有先后的问题，有的只是在互相的配合和磨合中共同发展。最后，扬州市民文化奢侈性、公共性和休闲性的三大特征，无一不通过瘦西湖景观以及市民在其中的活动而鲜明地展现出来。这就是瘦西湖和扬州市民生活、市民文化的关系。时过境迁，我们依旧不难通过瘦西湖景观的演绎，看到这些属于过去历史的，但同时也存在于当下的市民文化的内容。

2.8　结论

综上所述，在本章节中，我们谈到的各历史阶段扬州城的政治、经济、文化特征，所有这些内容，都在一定程度上丰富了我们对于瘦西湖所依托的地缘基础的认识和了解，当我们对这些背景性的知识和信息有了把握之后，我们便会发现，一旦我们把问题的重心转向我们的研究对象——瘦西湖的时候，这些对于扬州城的基础性的理解，无疑是使我们更好地理解瘦西湖的形成、发展、变迁的最好的铺垫。事实上，瘦西湖作为一种文化景观，最大程度地承继了扬州城的历史变迁所承载的政治、经济和文化特征，而这些特征也内化为瘦西湖本身的一种文化内涵。从这个意义上说，我们本章节所讨论的所有历史和文化的内容，最后都浓缩进了瘦西湖这一景观之中，而瘦西湖实际上也就成为演绎扬州种种特征文化的重要的景观载体，这也就构成了我们所说的瘦西湖作为一个文化景观的巨大价值所在。

关于瘦西湖形成过程中各阶段扬州政治、经济、文化地位及其特征，我们认为，扬州的地位在历史时期波动甚大，盛衰相间。初时，当其为邗城时，城虽小而地位极其关键。当其为楚广陵城时，只是一般的小城邑。秦朝亦然。楚汉之际至西汉初年，广陵城地位陡然提高，吴王濞时全面繁盛，无论是政治、经济，还是文化地位，都达到了其第一个千年中的顶峰。不过这段时间为时甚短，"七国之乱"后，一直至东汉末年，广陵城都只作为一个普通郡国存在着。三国时期，广陵城地处吴、魏间地，成为频繁交兵之地。西晋亦无起色。东晋南朝期间，广陵城又数次三番变成"芜城""空城"，显示出其在军事战争方面的异常重要性，所以其一直都是江淮地区的军政重地，因而此期扬州的地位在全国都是比较突出的。总体上说，这一千年正是瘦西湖的发轫阶段，扬州的地位是从低到高的。隋唐是扬州最繁盛的时代，向称"东南首善"，甚至号称"扬一益二"，冠绝天下。无论政治、军事地位，还是航运、商贸、手工业，甚至文化艺术方面，其地位都空前绝后。此期，扬州的运河文化、盐商文化、宗教文化、市民文化等都很繁盛，这种繁盛大致持续到五代时期。只不过这一时期瘦西湖虽然有扩展，却变化不大，与其所在的扬州的地位似乎不太相称。北宋一朝，扬州地位略有降低，但仍不失为江淮军政中心以及掌控东南半壁财赋的转运中心，此时士大夫文化开始崛起。南宋至明朝前期，扬州又陷入一次长时段的衰败。明中叶起，扬州也逐渐恢复元气，再一次繁盛起来。这一时期扬州的地位是由高到低再由低到高的，略呈一"微笑曲线"型，然总体地位偏低，而瘦西湖此期却迅速发展起来，水系基本成型，文化景观的几个重要节点，如平山堂、观音山、法海寺、红桥等，也都形成了。清初扬州百废待兴，但到了清中期，却又一次达到辉煌的巅峰，只不过这一时期其政治和军事战略地位却颇平庸，其繁华主要体现在商业方面和文化领域。不仅传统的运河文化、盐商文化、市民文化、宗教文化再度大放异彩，而且帝王文化、士大夫文化也都大行其道。瘦西湖文化景观则成了当时扬州繁盛的最好注脚，在东南三大名城的比较中，号称"扬州以园亭胜"。但是，道光以后，天灾人祸接踵而至，扬州宿命似的又一次跌入低谷，瘦西湖与扬州城池一起，沦为丘墟。之后虽有恢复，却难以重振雄风，至今为一普通的地级市，泯然众城矣。

关于对扬州运河文化的演绎。我们认为，今扬州市区一带的运河，最早为邗沟，其走向大致即唐代的"九桥河"，亦即今天瘦西湖 C 段的前身；隋代在其东面新挖了一条运河，即唐代城内的"官河"，宋以后称"市河"，新中国成立后被填作汶河路；中唐的运河主干道又一次向东迁徙，变成城外靠东城墙流淌的新河，其南段在宋代改沿南城墙而流，此后一直沿用，即今天所谓的"古运河";新中国成立后,在茱萸湾一带开挖了新的南北直向的大运河航道。因此,扬州运河几千年来一个大的总体趋势是东徙。扬州运河与城池和瘦西湖的变迁也息息相关。当扬州古城在蜀冈上时,运河不仅是其南城濠,还是瘦西湖一部分的前身。隋唐罗城扩张至冈下平原,运河则纵贯其中,后来逐渐改绕城东而过,北宋后期,更进而萦绕城南。于是宋、元、明、清乃至民国,运河都不仅成为扬州的护城河,甚至还成了约束城市发展的一条主要界限。此期,运河并通过扬州四通八达的水网与瘦西湖水系相沟通,为瘦西湖的建设源源不断地输送各种物资。扬州运河文化既是一种商业文化,也是一种政治文化;既具有经济性,也具有政治性,同时它还具备包容性和开放性。这几种特征,恰好也都与瘦西湖的景观特征相契合。

关于瘦西湖景观对扬州盐商文化的演绎。我们认为,对盐商之于扬州的作用,需要客观评价。所谓客观,实际上就是避免过度诠释,过分评估盐商的重要性。盐商作为一个有限的社会群体,对于一个城市历史的发展,是否能够达到一个全盘主导的程度,我们认为还是应该保守估计。一方面,盐商归根结底是一个利益优先的商人团体,其主观上是否有主动建设城市的崇高理想,今天我们不能为其代言。另一方面,他们的行动客观上对城市建设、文化、生活产生了影响,但这些时效性有限的影响,是否就能够一跃而上升为某种类似于对扬州城市文化或者城市性格的根本性的塑造,还应当存疑。否则,我们是不是应该接受,扬州的城市精神就是安逸、享乐,抑或高消费、奢靡呢?所以,对于盐商,我们还是将其作为扬州历史长卷中的一页看待即可,尽管这是相当出彩的一页，但也绝对不能用它来概括扬州这座沧桑城市的历史全景。其次，对于如此丰富厚重的扬州盐商文化，我们可以发现它与瘦西湖之间存在千丝万缕的关系，而当我们理清这些关系之后，我们又发现瘦西湖作为一种实体的景观载体，因承载着关于盐商的历史记忆，而成为我们今天审视盐商文化的重要渠道。归根到底一句话，时至今日，我们依旧可以从瘦西湖中看到大量它所演绎出来的扬州盐商文化的信息。

关于瘦西湖景观对扬州士大夫文化的演绎。我们认为，扬州的士大夫文化与其城市的地位相若，有高潮也有低谷。其高潮处，在西汉前期、隋唐北宋和清代；而西汉后期至南朝、南宋至明代，则相对沉寂。从外来文化和本土文化的角度来看，则整个清代中期以前，扬州都是外来文化占主导，其中尤以外来任官者最为突出，其时扬州士大夫文化最著名的代表，如枚乘、谢安、杜牧、欧阳修、苏轼、王士禛等，均非扬州本地居民。但到了清代康熙后期，扬州本地文化名人逐渐涌现，形成了声动九州的"扬州画派"和"扬州学派"，将扬州士大夫文化推向了最高潮。在扬州士大夫文化的演进中，瘦西湖逐渐成了焦点，先是北宋平山堂、谷林堂的修建，确立了北郊人文渊薮的地位；后来王士禛等人在红桥历次修禊，使红桥为代表的瘦西湖南部，成了士大夫经常聚会的场所。二者互动，遂使得瘦西湖在扬州士大夫群体的心目中，具有了一种精神依归的意象，瘦西湖也逐渐成为扬州士大夫文化的景观象征。

关于瘦西湖景观对扬州宗教文化的演绎。我们认为，作为历史文化名城，扬州拥有丰富多彩的宗教文化，不但佛教文化灿烂夺目，而且道教、伊斯兰教、基督教等宗教文化也异彩纷呈。而

第 2 章　瘦西湖景观对扬州特征文化的演绎

231

在扬州这璀璨的宗教文化长卷中，瘦西湖占据了其中相当多的画面，其中尤为突出的，是大明寺、观音阁、法海寺和天宁寺为代表的佛教文化。大明寺和观音阁是瘦西湖的北部终端，二者一个气势宏大，享誉海内外；一个是本规模地最大的宗教活动的场所，从而使得瘦西湖北部，成了扬州人或到扬州的人不得不去的地方。天宁寺一直以来就具有崇高的政治地位，清代成了皇帝驻跸的行宫，于是造就了其瘦西湖南部终端的地位，瘦西湖的范围亦从清初的红桥延伸到此。而处于中间的法海寺，却是构成瘦西湖整体系统不可或缺的中枢，是瘦西湖南来北往的必由之路。此四者的存在，构建了一个内涵丰富的宗教文化带，也使瘦西湖景观的文化内蕴更足了。

关于瘦西湖景观对扬州战争历史的演绎。我们认为，不难发现，历史上的扬州城，经历无数大小战争的洗礼，而其间很多次战争对其造成的创伤，都可以说是毁灭性的。然而，每一次经过战火洗礼的扬州，哪怕是化为一座"芜城"之后，都一次次实现了凤凰涅槃般的重生。这样的一种历史进程，固然和扬州这座城市的所处的地理环境以及当时代的政治、经济因素有着直接的关系。但是，这样一种沧桑与磨炼，也同样会以一种城市文化和城市性格的深层内涵的形式，融入扬州这座城市的血液之中，让我们对这座城市的顽强的生命力和充沛的活力产生无限的期待和遐想。战争，对于一座城市来讲，永远不会仅仅只留下痛苦的创伤记忆，更多的积淀起一座城市深厚的文化底蕴，成为可供后世凭吊和怀古的重要的思想资源。回到我们关心的瘦西湖，也即扬州历史城濠文化景观上来。城濠作为城市防御体系的一部分，和发生在城市的战争的关系可谓更加直接，而因战争积淀下来的历史文化因素，通过城濠景观的发展和营建，似乎又有了一种别样的意义——将历史上战争的残酷、无情，以现今一种和平、美好的景观的形式展现出来，战争的创伤和痛苦，大概也可由此治愈和走出，让城中之人积极地面对和憧憬未来的无限可能和希望，也为这座城市注入源源不断的向前发展的动力。

关于瘦西湖景观对政治及帝王文化的演绎。我们认为，帝王与扬州的关系，在关于扬州的历史中往往是最为人们所津津乐道的部分，而其中又以隋炀帝和清代康熙、乾隆二帝的事迹最为典型。帝王与一地关系之相近，背后暗含的逻辑是证明这一地在历史上的地位之重要，所以帝王的因素自然而然地成为一种重要的历史文化资源进入一地的历史撰写。这一点在扬州的历史上尤为明显。事实上，从历史的角度客观地分析帝王与扬州的关系，不外乎得出两个方面的结论。其一，扬州这座城市在历史上的确占有重要的地位，无论是经济上、文化上均是如此，这一点毋庸置疑。帝王对扬州的重视，实际是对这个城市的地位和价值的重视。扬州城的历史地位，根本上说源自这座城市特殊的地理位置，地理位置的优势为其经济的发达、文化的昌盛奠定了坚实的基础。帝王所看重的，实际上是这座介于南北方之间的城市，在政治、经济乃至文化等方面，都可以为其统治提供一个统辖南北的重要抓手，尤其是看重其作为政治影响向南方渗透的桥头堡的作用，这一点在隋炀帝也好，康熙、乾隆也好，都是很明显的一点。其二，帝王对扬州的重视，反过来又在诸多方面对扬州这座城市产生了很多具体而实在的影响，以我们所关注的景观的问题为例，隋炀帝在蜀冈上建造的江都城、开挖的九曲池都成为后来蜀冈及瘦西湖诸多景观的源头，康熙、乾隆二帝的南巡对瘦西湖景观达到鼎盛的影响则更为直接，而且帝王文化的因素也内化到了各种景观的诠释之中，成为景观文化的一部分。

关于瘦西湖景观对扬州市民文化的演绎。我们认为，历史上扬州的经济发达，使得生活于城中的市民日常生活物质需求得到极大满足，在生活富足的前提下，市民文化衍生出了三大特征，即奢侈性、公共性和休闲性。在基本生活需求得到满足的情况下，市民群体中生发出诸多奢侈性的需求，休闲游览需求就是其中之一，而这种需求，直接导致了城市景观的建设和发展。扬州市民生活中日益增加的休闲活动需要，催生了对瘦西湖这一活动空间的要求，而瘦西湖通过不断地发展和完善，反过来又可以不断地满足这样的要求，这两者之间没有先后的问题，有的只是在互相的配合和磨合中共同的发展。最后，扬州市民文化奢侈性、公共性和休闲性的三大特征，都通过瘦西湖景观以及市民在其中的活动而鲜明地展现出来。这就是瘦西湖和扬州市民生活、市民文化的关系。时过境迁，我们依旧不难通过瘦西湖景观的演绎，看到这些属于过去历史的，但同时也存在于当下的市民文化的内容。

后　记

冬　冰

2006 年年底，国家文物局公布《中国世界文化遗产预备名单》，跟扬州有关的项目有两个：大运河、瘦西湖及扬州历史城区。2012 年 9 月，这一名单重新调整后公布，扬州从两项增加到三项：大运河、海上丝绸之路、扬州瘦西湖及盐商园林文化景观。

对扬州来说，六年两份名单的背后是，扬州牵头大运河联合"申遗"跑到冲刺线；正式参与海上丝绸之路 9 城市共同"申遗"；扬州地方"申遗"项目路径主题重新明确。

项目及名称的调整只是一个结果，作为参与者、亲历者，我们的团队感受到的是资料收集整理的琐碎辛苦，观点交锋碰撞的认真执著，路径价值苦苦寻觅中的焦虑担忧，峰回路转重生后的豁然开朗。

对那些幸存下来的扬州文化遗产点而言，这六年是其保护水平不断提升的过程：通过"申遗"推动，借助专业机构，按照世界遗产标准要求，扬州相关古建筑、遗址、河道、景观的基本尊严得以维护，保护状态得以改善，抗风险灾害的能力得以加强。

这六年更是扬州文化遗产价值重新发现的过程。扬州是一个对中国封建时代的经济政治文化作出了巨大贡献、产生过重要影响的通史式城市。但在"申遗"之前，罕有把扬州文化放在世界历史进程中，从人类文明演进的高度，对其价值进行梳理、研究、比较、审视。这些年来，借助三项"申遗"项目的带动，国际古迹遗址保护协会、中国建筑设计研究院历史研究所、中国文化遗产研究院、清华大学、同济大学等专业机构的专家与扬州申遗办团队一道，共同探寻扬州遗产的特色、内涵，思考大运河、海上丝绸之路、瘦西湖及盐商园林在中国文化、人类历史发展过程中的作用地位。一次次考察讨论交流碰撞带来了一次次认识上的提高。《世界的扬州·文化遗产丛书》就是三项"申遗"工作进行以来大家认识、思考的积累转化，一章章一节节的陈述判断提炼，共同展示扬州文化遗产价值再发现的初步成果。

成果来源于"申遗"过程，服务于"申遗"目标，更服务于扬州这座城市。近年来，扬州"深刻认识城市文化价值、坚守城市文化理想、突出城市文化特色，取得了遗产保护与城市发展双赢"，城市"人文、生态、精致、宜居"特色愈加明显，以大运河、海上丝绸之路、瘦西湖及盐商园林为代表的扬州文化遗产在城市发展中的地位和作用日益凸显。

"国以人兴，城以文名"。扬州市委市政府提出建设世界名城的奋斗目标，深厚的历史文化资源是扬州迈向这一目标的基础力量。在世界名城建设总体战略总局中，两个重要的着力点是将瘦西湖建成世界级公园、打造以大运河扬州段"七河八岛"为生态核心的江广融合地带生态智慧新城。《世界的扬州·文化遗产丛书》从前所未有的跨领域视角——历史、美学、文献学、遗产学、考古学、建筑景观学、民俗学等，较为系统地分析扬州文化遗产的历史原貌、物质形态、精神气质、布局结构、发展演化、建筑风格、构成要素等内容，并站在人类文明和普世精神的高度，对瘦西湖、大运河扬州段、海上丝绸之路扬州史迹等进行观察和阐述，它的出版将为扬州建设世界名城提供一个广域的参照，诠释扬州这座城市的世界精神，揭示扬州的历史内涵，展现扬州独特的文明价值。

六年来，跟我们一起走过这一过程的有：国家文物局和江苏省文物局的各位领导；国内外专业机构、高校专家及同行；扬州历任市领导；扬州地方文史专家；热爱家乡历史、珍爱古城文化的扬州市民。感谢他们多年来对扬州文化遗产事业的一贯支持，对扬州文化遗产保护研究队伍的指导和帮助，对扬州这座城市多年来无怨无悔的奉献和热爱。

本书编写时间紧、任务重，相关资料更是浩如烟海。限于编者的水平，难免挂一漏万，不当之处，恳请读者指正。

2013 年 3 月 1 日

后
记

237